예수님의 경제학 강의

예수님의 경제학 강의

지은이 벤 위더링턴 3세
옮긴이 김미연
펴낸이 김명식
펴낸곳 (주)넥서스

초판 2쇄 발행 2010년 11월 20일

2판 1쇄 인쇄 2016년 4월 5일
2판 1쇄 발행 2016년 4월 10일

출판신고 1992년 4월 3일 제311-2002-2호
04044 서울시 마포구 양화로 8길 24(서교동)
Tel (02)330-5500 Fax (02)330-5555

ISBN 979-11-5752-748-9 03230

이 책은 《예수와 돈》의 개정판입니다.

출판사의 허락 없이 내용의 일부를 인용하거나
발췌하는 것을 금합니다.

가격은 뒤표지에 있습니다.
잘못 만들어진 책은 구입처에서 바꾸어드립니다.

www.nexusbook.com
넥서스CROSS는 (주)넥서스의 기독 브랜드입니다.

경제 위기 시대의 그리스도인을 위한
성경적 재정 지침서

예수님의 경제학 강의

벤 위더링턴 3세 지음 | 김미연 옮김

넥서스CROSS

위기의 때에
다시 생각하는 돈의 가치

왜 하필 지금 돈에 대한 책인가? 경제가 엄청난 속도로 곤두박질치고, 불황까지는 아니더라도 지금 우리는 경기후퇴기를 지나고 있기 때문이다. 왕의 모든 병력과 신하도 험프티 덤프티[1]를 회복시킬 순 없다. 설사 할 수 있다 해도 조속한 시일 내에는 불가능할 것이다. 당분간 우리는 화려함과 과시를 위한 소비를 접어두고 고통과 희생을 감내해야 한다. 달갑지 않은 사람이야 많겠지만, 좋든 싫든 이제 더 적은 물질을 가지고 사는 법을 배워야만 한다.

2008년 하반기부터 세계 경제가 돌아가는 모습을 보면서 우리는 시장 경제를 더 이상 신뢰할 수 없게 되었다. 수중에 항상 충분한 돈이 있으리라는 보장이 없다는 사실도 알게 되었다. 어쩌면 지금이 우리에게 돈이란 무엇인지, 그것을 어떻게 사용해야 하는지를 다시 생각해보고 부와 물질에 대한 예수님과 제자들의 가르침을 새로이 살펴보아야 할 적기인지도 모른다.

남침례교 신자인 나의 할머니는 1930년대 대공황을 겪으셨다. 그녀는 그 시절을 이렇게 회고한다. "모든 것이 엉망진창이었지." 오늘날 우리의 모습이다. 이것이 당분간 피할 수 없는 현실이라면 이 '엉망진창' 가운데서 어떻게 살아나가야 할지를 모색해야 한다. 세계 경제의 위기에 대한 거시적 해결책들은 경제학자들과 정치인들에게 맡겨야 한다. 나는 단지 '우리 모두가 이 문제에 어떻게 접근해야 하는가'라는 미시적 해결책에 초점을 맞추고자 한다.

첫째로 우리는 대부분 자신의 경제적 능력을 넘어서서 살고 있다. 때로는 지나치게 그 범위를 넘어서곤 한다. 주택 담보 대출이나 자동차 할부금을 말하는 것이 아니다. 대부분의 물건을 수중에 있는 현금이 아닌 신용카드에 기대어 구입하는 현실을 말하는 것이다. 이 나라에 신용카드 산업이 등장한 것은 그리 오래된 일이 아니다. 미국이 채무국이 된 데는 사람들이 감당할 만한 능력이 있든 없든 플라스틱 조각을 즐겨 사용한 것이 한 몫을 했다. 중국과 같은 세계 강대국들이나 사우디아라비아와 같은 산유국들에게 빚진 국가라는 사실이 문제가 아니다. 문제는 우리 모두가 신용카드를 아무런 제한이나 거리낌 없이 사용한다는 사실이다. 우리의 소비 습관은 통제할 수 없는 지경이 되어버렸다. 앞으로 예수님과 초기 그리스도인들의 가르침을 다시 살펴보는 가운데 알게 되겠지만, 사실상 우리의 소비 습관은 상당히 비기독교적이다.

둘째로 우리는 성공과 부를 얻을 권리, 부자들과 유명인들의 삶을 누릴 권리가 있다는 믿음에 길들여졌다. 때로는 교회의 설교자들까지 우리에게 그런 믿음을 심어준다. 그 가운데 무엇을, 언제, 얼마만큼 소비할 것인가에 대한 도덕적 책임감을 향한 우리의 양심은 무뎌져버렸다. 우리보다 가지지 못한 자들에 대한 의무는 까맣게 잊은 채 거리낌 없이 소비하는 법을 배우게 되었다. 광고주들이 끊임없이 내세우는 것은 권리를 찾으라는 자기중심적 메시지이다.

나아가 우리는 아무런 희생 없이도 원하는 것을 얻을 수 있다고 생각하게 되었다. 각 주(州)에서 발행하는 복권을 포함한 다양한 종류의 도박 사업은 거대한 소나무 숲을 뒤덮는 칡처럼 번성하고 있다. 당연히 도박은 적은 돈을 크게 불려 인생 역전을 노리기 위한 것이다. 도박에서 노동과 성과의 관계는 중요하지 않다. 따라서 도박 문화는 "정직한 하루 보수에 대한 정직한 하루의 노동"이라는 오랜 격언의 의미를 퇴색시킨다. 노동과 성과는 별개가 되어버린다.

이쯤 되면 우리가 자녀들을 망치고 있다는 결론에 이르게 된다. 우리는 자녀들에게 사치스러운 자가용과 (안 해도 될) 성형 수술을 안겨주었다. 그 돈으로 삶에 꼭 필요한 물건을 구입하고 이웃을 구제하며 하나님의 일을 하는 데 사용할 수도 있었다. '망치다'의 사전적 의미는 '심하게 손상시키다', '자질을 떨어뜨리다'이다. 우리의 이런 행위는 자녀들에게 도움이 되지 않는다. 어찌됐든 자녀들을 위한다는 명목하에 소비는 가속화되고 빚은 늘어날 것이다.

오락은 근사해 보이고 사치는 매력적이다. 경제학자들에게 대부분의 미국인이 남는 수입으로 무엇을 하는지 묻는다면 대부분 저축하지 않고 오락이나 사치품에 소비한다고 답할 것이다. 우리는 자신의 기본적인 필요를 채우기도 전에 욕망을 채우려 할 때가 많다. 무엇을 먼저 소비해야 하는가에 대한 기준이 흔들리고 있다. 우리는 음식과 자가용, 그리고 우리 자신을 제일 먼저 생각한다.

뿐만 아니라 성경은 믿음의 형제들에게 이자를 받고 돈을 빌려주지 말 것을 분명하고도 단호하게 가르친다. 이 시대 그리스도인들은 아무 거리낌 없이 이자를 요구한다. 아닌 게 아니라 터무니없는 수수료를 지불하고서라도 그 자리에서 신용카드로 구입하고 지불할 날짜가 되어서야 후회하는 것이 우리의 모습이다. 이 경제 위기 속에서 많은 사람이 집을 잃은 현실에 대해 진심으로 안타깝게 생각한다. 하지만 불행히도 이 고난은 우리가 스스로 자초한 것이다. 우리는 감당할 수 없는 더 큰 집을 사고, 탐욕스러운 대출 기관들은 자신의 담보 대출이 고정 이율인지 변동 이율인지와 같은 기본적인 사실조차 모르는 사람들에게 점선 위에 사인하라고 부추겨 욕심을 채우고 있다.

많은 그리스도인이 오직 자신의 퇴직 이후를 위해 저축을 한다. 언젠가 그리스도인임을 상징하는 물고기 모양 스티커가 붙여진 RV차량을 보았다. 그런데 바로 그 옆에는 "나는 손자들의 유산을 소비하고 있다"라는 범퍼 스티커가 붙어 있는 것이었다. 그것이 재미있거나 나름대로 대단한 일이라고 생각하는 것 같았으나 나는 어이가 없었다. 신상품이 진리이자 최고라고 여겨지는 문화 속에서 그리스도인들은 유행과 천박한 패션, 어리석은 금융 거래에 사로잡혀 버렸다. 거의 모든 사람이 건전하고 유익한 가치, 거룩한 것들을 놓아버렸다. 모두가 머리를 숙이고 눈을 감아버렸다. 당신 혹은 당신의 자녀의 죄를 인정한다면 손을 들어보라!

이런 예들이라면 끝없이 이야기할 수 있다. 그러나 돈, 대출, 나눔, 경제적 삶의 방식 등과 관련된 수많은 문제에 대한 그리스도인들의 시각은 대부분 성경에 의해서가 아니라 문화적 요소들과 그 영향력에 의해 결정된다는 사실을 강조하기에는 이미 충분하다고 여겨진다.

이 그림의 문제가 무엇인가?

얼마 전 달라스 공항에서 발이 묶였던 적이 있었다. 공항에 설치된 커다란 TV에서 영상 복음 전도자가 나와 설교를 하고 있었다. 그의 이름을 밝히지는 않겠다. '번영신학'을 전파하는 이들 중 한 명이었다. 아주 깔끔한 머리 스타일에 점잖은 아르마니 정장을 빼입은 그는 치아가 보이도록 환하게 웃고 있었다. 그는 희생에 관해서는 단 한 마디도 언급하지 않았다. 그 모습은 마치 이따금씩 복음의 메시지를 내비치는 지그 지글러(Zig Ziglar) 정보 광고와 같았다. 바로 미국인들이 사랑하는 종교의 모습이다. 신학은 가볍게, 죄책감은 외면하되, 물질의 축복을 강조하고, 마음의 욕망을 쉽게 채울 수 있는 길을 제시하는 종교말이다.

그 장면이 내게 그토록 큰 충격이었던 이유는 바로 직전 초대 교부 존 크리소스톰의 글을 읽은 까닭이었다. 크리소스톰은 아시시의 성 프란체스코와 마찬가지로 훌륭한 수도자였다. 그는 "확실하지 않은 것은 그만두라"는 교훈을 따라 살았다. 충격적인 것은 하나님이 정말로 우리에게 원하시는 것과 참된 복음의 요구에 대한 가르침에 있어서 크리소스톰과 영상 복음 전도자가 전혀 다르다는 사실이었다. 크리소스톰은 물질과 부를 얻고 부자와 유명인들의 삶을 좇는 것은 비그리스도인들에게만 속한 일이라고 분명하게 가르친다. 그들만이 넘치게 먹고 넘치게 소비하며 옷과 집, 사치품이나 자가용 등을 늘리는 데 열중한다고 말한다. 크리소스톰은 오직 비그리스도인들만이 방종한 삶을 좇는다고 주장한다. 따라서 크리소스톰의 가르침대로라면 번영신학은 세상의 신학이지, 메시아의 신학이라 할 수 없다.

누가 옳은가? 성경은 "하나님은 스스로 돕는 자를 돕는다"고 가르치는가? 열심히 믿는 모든 자에게 부를 약속하는가? 아니면 전혀 다른 복음, 즉 "너희 가난한 자는 복이 있나니 하나님의 나라가 너희 것임이요"(눅 6:20)라고 가르치는가? 돈, 재산, 부에 대한 성경의 가르침은 진정 무엇인가? 성경은 선한 삶과 그러한 삶을 사는 방법에 대해 무엇을 가르치는가? 분명하게 말하건대, 나는 어떤 의미에서는 영상 전도자와 크리소스톰 모두 옳지 않다고 생각한다. 그러나 분명 번영신학의 설교자보다 크리소스톰이 진리와 문제의 진짜 핵심에 더 근접해 있다. 앞으로 이 작은 책을 통해 그 이유를 밝혀갈 것이다.

이쯤에서 나는 잠시 높은 말에서 내려 번영신학의 설교자가 말하려던 중요한 문제를 짚고 넘어가려 한다. 사람들, 특히 그리스도인들은 돈과 같은 실제적인 문제들에 대한 영적인 해답들을 구한다. 그들은 그런 문제들에 대한 하나님과 성경의 가르침을 알고 싶어 한다. 기특하게도 그들은 교회가 아니라면 화면을 잘받는 목사님들이라도 그들의 질문에 답해주기를 기대한다. 번영신학의 설교자들이 물질을 중시하는 세계와 물질 자체에 대하여 보다 성경적인 관점으로 이해하도록 돕고 있다는 사실은 인정해야 한다. 또한 성경은 이 주제에 대하여 획일적 입장을 취하지 않는다는 사실을 분명히 할 필요가 있다. 그것은 보다 복잡한 문제이다. 그래서 정황과 뉘앙스를 고려하지 않고 성경을 인용하면 번영신학이 지닌 오류로 이어진다. 그러한 메시지를 듣는 사람들을 모두 성경으로 무분별한 소비 성향을 정당화하려는 탐욕스러운 자들이라고 여겨서는 안 된다. 모든 사람이 다 그런 것은 아니다.

개인적으로 덧붙일 말이 있다. 나를 포함한 대부분의 미국 그리스도인은 이미 국제적 기준으로나 역사적 기준으로나 부를 누리고 있다. 일반적인 미국인들의 기준에서 그리 가난하지도 부유하지도 않은 나와 같은 사람들도 국제적인 기준으로는 충분히 부유하다. 번영신학에 매력을 느끼는 사람들을 이토록 심하게 비판하는 것을 이해하지 못하는 이들도 있을 것이다. 그들은 이렇게 말할 것이다. "오래 살아 번성하자(live long and prosper)"는 스타트랙의 모토가 무슨 문제가 된단 말인가? 정상적인 사람이라면 모두가 꿈꾸는 일이 아닌가?

바람직한 질문이다. 그리고 그들은 솔직한 대답을 들을 자격이 있다. 가장 솔직한 대답은 이것이다. 나는 보다 성경적으로 행하는 사람이 되기 위해, 보다 관대하고 베푸는 사람이 되기 위해 노력한다. 뿐만 아니라 우리 문화를 지배하고 있는 물질주의 패러다임에 잠식되지 않으려고 노력한다. 이것이 물질의 소유를 좇아가는 미국의 흐름에 역행하는 것이며 그 몸부림은 쉽게 끝나지 않으리란 사실도 잘 알고 있다. 번영신학 설교자들의 근본적 문제점은 우리 문화에 깃든 물질주의적 정신이 사탄의 유혹임이 자명한 상황에서도 그것을 거룩하고 선하다 하며 하나님의 축복이라고 부른다는 사실이다. 그런 메시지만 강조하면서 물질에 대한 신약성경의 계속되는 경고들은 무시하고 있다. 이런 질문들에 대한 답을 찾는 것은 절대 그렇게 사소한 문제가 아니다. 진정 영혼이 살고 죽는 문제이다.

뿐만 아니라 한 인간이 물질, 부, 건강의 문제들과 어떤 관계를 맺고 있는가는 그가 궁극적으로 누구에게 충성하며 무엇을 우선시하는가를 보여준다. 그것은 영혼의 문제이다. 지금 수많은 미국의 교회, 특히 보수주의 교회와 복음주의 교회가 이 영혼의 병, 영혼의 심장병, 다양한 형태의 우상 숭배, 거짓 신을 향한 욕망으로 고통당하고 있다. 우리가 진리라 믿고픈 것들을 정당화하기 위해 성경을 부분적으로 이용하는 것도 물론 큰 문제이다.

비교적 부유한 그리스도인이자 성경학자로서 내가 가장 우려하는 것은 돈, 그리고 돈과 관련된 문제들에 대한 성경의 참된 가르침을 전혀 받아들이지 않는 현실이다. 어쩌면 우리는 다시 처음으로 돌아가 돈, 부, 재산, 십일조, 저축, 안정된 삶의 추구에 대한 성경적 관점을 총체적으로 새롭게 세워야 하는지도 모른다. 어쩌면 우리는 그러한 문제들에 대한 성경의 가르침을 완전히 잊었거나 철저하게 왜곡시켰는지도 모른다. 따라서 우리는 종전의 이슈들을 자신의 편리에 따라 정당화하려고 성경을 이용하기에 앞서 그러한 주제들에 대해 성경이 가르치거나 제시하는 것들을 정확히 기억해야만 한다.

그림 다시 걸기 : 예고편

우리가 사는 시대는 세분화된 것에 열광한다. 핵심만 들으려 하고 최대한 빨리, 짧고 간결하게 전달되는 메시지를 좋아한다. 정보의 시대에 정보의 바다를 항해하며 늘 듣게 되는 말은 "줄이라"는 것이다. 즉, 쉽고 단순하게 만들라는 뜻이다. 따라서 돈이나 부와 같이 까다로운 주제의 정보들이 그토록 왜곡되어 있는 것은 어쩌면 당연한 일인지도 모른다. 부와 소유에 대한 종전의 신학을 정당화하기 위해 이 구절 저 구절, 이 말씀 저 말씀을 선별하여 사용하고픈 유혹이 없을 리 없다. 그렇게 성경 본문을 선별적으로 이용하는 것을 피할 수 있는 방법이 몇 가지 있다. 가장 좋은 방법은 물론 최대한 많은 성경 본문을 살펴보고 자신에게 불편하게 다가오는 본문을 제쳐두고픈 유혹을 이겨내는 것이다. 손드라 윌러(Sondra Wheeler)는 선호하는 한두 가지 본문이 아닌 성경 전체를 살펴보면 돈에 대한 시각이 바뀔 수밖에 없다고 지적한다. 그는 이렇게 말한다. "예를 들어 누가복음 12장 33절('너희 소유를 팔아 구제하라')을 때와 장소를 불문하고 믿는 자들은 모두 모든 가진 것을 포기하라는 도덕률로 해석하는 사람에게 '손님 대접하기를 잊지 마라'(히 13:2)는 또 다른 명령은 문제가 될 수밖에 없다. 가진 것이 없는데 어떻게 손님을 집에 초대할 수 있단 말인가?"[2]

이렇게 성경에 총체적으로 접근하기 위해서는 각 명령이 기록된 본문의 배경뿐 아니라 사회적 배경도 이해해야 한다. 예를 들어 누가복음 12장 33절('너희 소유를 팔아 구제하라')을 〈누가복음〉이라는 더 큰 배경 속에서 살펴보자. 예수님과 누가 모두 이 명령이 때와 장소를 불문하여 모든 사람을 향한 명령이 되기를 원하지 않았음을 알 수 있다. 더 큰 배경 속에서 본문을 주의 깊게 살펴보지 않는 한 이 사실을 알 방법은 없다. 이것이 바로 오늘날 많은 사람들이 돈에 대한 성경의 가르침을 연구하며 간과하는 부분이다. 부와 소유에 대한 구약성경과 초기 유대 문학의 기록들을 총체적으로 연구하는 가운데 발견한 흥미로운 사실은 유대 문학은 부유함에 대해 그리 호의적이지 않다는 것이다. 신약성경은 부와 삶의 풍요로움에 대해 덮어놓고 비판적인 자세를 취하지는 않는다. 그 증거는 보다 복잡하다단하다. 윌러는 부와 풍요에 대해 구약성경의 가르침을 네 가지로 요약하였다.

1. 우상 숭배의 시작(신 32:10~18; 사 2:6~8, 3:16~24; 렘 5:7; 겔 7:19~20, 16:15~22; 호 2:5~9; 암 6:4~7). 선지자들은 부가 우상 숭배로 이어질 수 있음을 경고한다. 우상 숭배란 하나님, 특히 절대적인 충성과 믿음을 요구하시는 하나님의 명령을 저버리고 자신의 안위를 위해서만 하나님을 의지하는 것을 가리킨다.

2. 불의의 열매(사 3:14~15, 10:1~3; 미 6:10~12; 렘 5:27~28; 암 2:6; 4:1~2). 선지자들은 남의 것을 착취하거나 불의한 방법으로 부를 축적하는 자들에 대해 신랄하게 비판한다. 월러는 이렇게 강조한다. "[이 본문은] 폭력과 압제만 책망하지 않는다: 언약은 빚을 탕감해주고 희년에는 양도한 땅을 가난한 자에게 돌려주며 노예로 팔려간 자들을 풀어주라고 명한다. 이와 같은 명령을 어기는 것은 하나님의 진노를 일으키는 일이었다"(참조. 슥 7:14).[3] 그러나 부와 풍요로운 삶이 항상 불의나 우상 숭배와 연관되는 것은 아니다.

3. 신실함의 증거(레 26:3~10; 신 11:13~15; 사 54:11~12, 60:9~16; 렘 33:6~9). "배교와 압제를 일삼는 무자비한 부자들을 냉혹하게 비판한 율법서와 예언서들은 물질의 풍요가 하나님과 그분의 언약 앞에 성실히 행한 결과라 기록하기도 한다."[4] 여기서 우리는 '하나님의 축복으로 얻은 부와 인간의 압제와 불의를 통해 얻은 부를 어떻게 구분할 수 있는가'라는 질문을 제기할 수밖에 없다. 다시 한 번 말하지만 현대 번영신학의 설교가 지닌 문제점은 한 가지 성경적 관점만 이야기한다는 것이다. 그것도 매우 선별적이기 때문에 말씀이 왜곡되고 한 가지에 치중될 수밖에 없다.

4. 노동의 대가(잠 10~21장). 지혜 문학에서 노동과 그 보수는 종종 게으름과 대비된다.[5] 흥미로운 것은 구약성경에 담긴 이 네 번째 주제가 신약에 가서는 거의 찾아볼 수 없다는 사실이다.

그렇다면 부에 대한 신약의 기본적 입장은 무엇인지 살펴보자. 월러는 이번에도 네 가지로 요약한다.

1. 장애물(눅 18:18~30). 공관복음(〈마태복음〉, 〈마가복음〉, 〈누가복음〉)은 하나 같이 부자가 하나님 나라에 들어가기가 얼마나 어려운지를 역설한다. 윌러 는 이렇게 요약한다. "복음서들을 보면 부에 대한 관심은 예수님의 말씀을 따르지 못하도록 끊임없이 방해한다. 따라서 부는 예수님을 좇지 못하게 하 는 주요 원인이다."[6]

2. 헌신의 경쟁 상대. 복음서들은 사람이 소유에 과도하게 집착하게 되면 선 택을 할 수밖에 없다고 가르친다. 하나님과 재물을 동시에 섬길 수 없기 때 문이다(마 6:24; 눅 16:13). 예수님은 제자들에게 이 땅에 보물을 쌓아두지 말 라고 명하신다(마 6:19~21; 눅 12:31). 사람은 처음으로 마음을 준 것에 끌리 기 때문이다. 또한 탐심은 우상 숭배의 다른 모습이라며 비난한다(눅 12:15; 참조. 엡 4:28; 골 3:6). 동시에 윌러는 궁핍의 추구가 선하다는 것이 신약의 가 르침은 아니라는 사실을 적절하게 지적한다: "소유 자체를 절대적으로 정 죄하자는 것은 아니다. 부가 예수님의 제자가 되는 데 걸림돌이 되고 하나님 보다 물질을 더 믿도록 유혹한다는 것이 신약의 첫 번째, 두 번째 입장이었 다면, 이 두 가지 입장으로 인한 부작용도 있기 마련이다. 단지 가난해지기 위해, 혹은 도덕적으로 깨끗하게 살기 위해 궁핍을 추구하는 것은 옳지 않 다. 하나님의 주권에 대한 복종과 충성이 나뉘지 않게 하는 보호의 수단으로 서만 가난이 정당화될 수 있다. 신약이 가르치는 현실이라는 범위 내에서는 사실상 다른 그 어떤 것도 문제가 되지 않는다."[7]

3. 남을 섬기기 위한 자원. 신약은 일관되게 이 메시지를 전한다. 바울(롬 15:25~27; 갈 6:6), 야고보(약 2:15~16), 누가(행 2, 4장)는 하나같이 관대함을

가르친다. 바울은 돈과 소유를 나누어주는 것은 복음에 복종하는 방법 중 하나라고 가르치기도 한다(고후 9:13). 믿음의 형제들에게만 나누어야 한다고 생각지 못하도록 바울은 모든 사람에게 선을 행하되 특히 믿음의 가정들을 섬기라고 기록한다. 또한 예수님은 구하는 모든 자에게 주라고 가르치신다 (마 5:42; 눅 6:30). 또한 바울은 원수까지도 먹이라고 가르친다(롬 12:20). 이러한 본문들을 통해 예수님과 여러 성경 기자들은 부를 가지고 있어도 그리스도의 제자가 될 수 있다고 생각했음을 알 수 있다.

4. 부정행위의 증거. 구약의 선지자들의 가르침이 그대로 신약으로 옮겨온 예다. 특히 〈누가복음〉은 이 메시지를 거듭 전한다(1:51~53, 4:18~19, 6:21, 16:19~26). 〈요한계시록〉에도 동일한 경고가 기록되어 있다(17:3~4, 18:9~19). 이는 누가복음 18장의 비유와 더불어 가난하지만 경건하여 천국에 들어간 자들에 대한 말씀과 대조를 이룬다(계 2:8~10, 7:16~17). 이 경고의 말씀을 따라 가난한 자들보다 부요한 자들을 선대하는 관행에 대해서도 엄하게 꾸짖기도 한다(약 2:5, 4:1~2, 5:1~6).

이렇게 미리 자료들을 열거한 것은 부와 소유에 대한 성경의 기록에 대한 다양한 사고방식과 자료가 존재한다는 사실을 보여주기 위함이다. 손드라 윌러는 이 다양성을 잘 지적해주고 있다. 고대와 현대의 시대적 차이와 정황이 큰 요인이다. 또한 성경 시대 문화가 지닌 집산(集散)주의적 성향과 현대 서구 문화의 지극히 개인적이고 세분화된 성향도 적지 않은 비중을 차지한다.

우리는 지금까지 신약의 경고들을 포함하여 부와 소유에 대한 입장들을 간략하게 살펴보았다. 그러나 이렇게 다양한 입장들이 존재하는 이유를 이해하려면 더 많은 양의 자료를 면밀히 살펴보아야 한다. 앞으로 우리는 월러, 그리고 이 문제에 대해 건설적인 논의를 해왔던 여러 학자들과 더불어 대화를 이어갈 것이다. 이 학자들은 자유주의 신학자인 후스토 곤잘레스(Justo Gonzalez)와 복음주의 신학자 크레이그 블룸버그(Craig Bloomberg)만큼이나 상이한 신학적 견해를 가지고 있다. 우리는 부를 축적하고 화려한 삶을 살기 위해 자신을 정당화하는 현대 그리스도인들의 삶을 신약성경 그 어디에서도 지지하지 않는다는 사실을 발견하게 될 것이다. 신약의 가르침은 그러한 문제들에 대해 구약보다 훨씬 엄중하고 높은 차원의 도덕적 기준을 요구한다. 돈과 부에 대한 신약의 가르침은 주로 구약성경의 부와 탐욕, 우상 숭배의 위험에 대한 선지자들의 메시지로부터 출발한다.

앞으로 가야할 길

성경은 그리 간단하지 않다. 그러나 이 책은 간단하다. 우리는 앞으로 구약의 가르침을 간략하게 살펴볼 것이다. 그다음에는 그리스도의 제자로서 돈에 대한 문제에 대해 어떻게 생각하고 행해야 하는가를 보다 직접적으로 가르쳐주는 신약의 말씀들에 집중할 것이다. 번영신학을 정당화하기 위해 구약을 이용하는 것이 문제가 되는 가장 큰 이유는 그리스도인들은 더 이상 모세의 율법 아래 있지 않다는 사실이다. 우리는 새로운 언약 아래서 더 높은 차원의 삶을 살도록 부르심받았다. 따라서 어떤 면에서 그리스도인들은 고대 유대인들을 위하여 쓰인 〈잠언〉의 말씀을 근거로 돈이라는 문제를 이해할 수 없다. 신약의 기자들이 그것을 인용하거나 다시 언급한 경우에는 관련된 배경이 있기 마련이다. 그리스도인들은 역대상 4장 10절에 기록된 야베스의 기도가 아니라 주기도문을 근거로 그러한 문제들에 접근해야 한다. 야베스의 기도와 주기도문 사이에는 엄청난 차이가 존재하기 때문이다.

자, 그럼 시작해보자. 절대 지루한 시간이 되지 않을 거라고 약속한다. 오히려 풍성하고 놀라운 시간이 될 것이다.

벤 위더링턴 3세

차례

서문 위기의 때에 다시 생각하는 돈의 가치 · 04

01 CHAPTER
우리의 위치는 **어디인가?** · 21

02 CHAPTER
왕의 **몸값** · 39

03 CHAPTER
예수님 시대의 **돈** · 61

04 CHAPTER
예수님과 **보물찾기** · 83

05 CHAPTER
야고보의 **풍성한 지혜** · 117

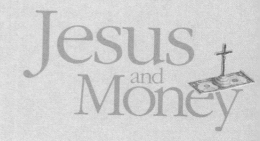

Jesus and Money

06 CHAPTER
〈누가복음〉과 〈사도행전〉이 말하는 **부와 가난** · 137

07 CHAPTER
바울이 말하는 **노동, 보수 그리고 탐욕** · 163

08 CHAPTER
밧모섬의 요한, **상인들과 미스터 666을 위한 뉴스 속보** · 203

09 CHAPTER
신약성경이 말하는 돈, **청지기적 삶, 구제** · 217

10 CHAPTER
과시적 소비와 **자기만족 버리기** · 235

부록 1   그리스도인들이 가지고 있는 돈에 대한 10가지 근거 없는 믿음 · 254
부록 2   돈의 사용 – 존 웨슬리 · 260
주 · 278

CHAPTER 01

우리의 위치는
어디인가?

우리에게 생각할 능력이 없다면
힘과 탐욕 따위의 짐승 같은 마음이
우리를 찾아오리라

우리에게 스스로 절제할 능력이 없다면
가진 모든 것을 빼앗기리라

우리에게 긍휼이 없다면
홀로 괴로워하리라
홀로 파멸의 고통을 겪으리라
웬델 베리

돈은 민감한 주제다. 돈이 있든 없든 상관없이 돈에 대해 말하기를 꺼리는 사람이 있는가 하면 너무 집착하는 사람도 있다. 돈과 같이 민감하고도 본질적인 문제를 성경적 관점으로 살펴보려면 어디서부터 시작해야 할까? 통찰력을 가지고 하나님의 관점으로 사물을 바라보기 위해서 우리는 최초의 시간, 창세기 1장으로 돌아가야 한다. 거기서 우리의 위치를 파악하고 돈에 대한 성경의 가르침을 배우기 위한 여정이 시작될 것이다.

▶ 창조의 시간에 무슨 일이 있었는가?

시작하기에 앞서 돈을 세상에 존재하는 한 가지 종류의 자산이나 물질로 이해해야 한다. 모든 종류의 '물질'은 신학적 관점에서 통합적으로 다루어져야 한다. 그러한 논의들의 근본은 성경의 제일 첫 번째 장에서부터 시작된다. "태초에 하나님이 천지를 창조하시니라"(창 1:1). 그리고 그 장 마지막 절은 이렇게 말한다. "하나님이 지으신 그 모든 것을 보시니 보시기에 심히 좋았더라"(창 1:31). 모든 것, 즉 우주와 그 안에 들어 있는 것들은 하나님이 창조하셨다. 그리고 그것들은 모두 선한 존재로 창조되었다. 나무, 해, 동물, 음식, 광물, 그리고 사람, 모든 것이 선하다. 모든 물질, 심지어 돈까지도 본래 악한 것은 없다. 물론 사람에게는 코카나무로 코카인을 만드는 것처럼 좋은 것으로 해로운 것, 심지어 악한 것을 만드는 능력이 있다.

하나님이 모든 것을 창조하셨고 또 그 모든 것을 선하게 만드셨다는 것으로 한 가지 중요한 사실을 알 수 있다. 모든 것은 결국 하나님의 것이라는 사실이다. 인간에게 '속한' 것은 하나도 없다. 〈시편〉 기자는 말한다. "땅과 거기에 충만한 것과 세계와 그 가운데에 사는 자들은 다 여호와의 것이로다"(시 24:1). 정확히 말하면 선천적인 것이든 후천적인 것이든, 자연적인 것이든 인위적인 것이든, 모든 것은 하나님께 속해 있다. 어쩌면 너무나 단순하고 당연한 이야기인데 이러한 신학적 배경을 가지고 돈이나 물질의 소유와 같은 문제에 접근하는 것이 매우 어렵고, 그래서 많은 문제를 일으키게 된다.

분명 우리는 아무것도 없이 이 세상에 태어났고, 핑크색 캐딜락과 함께 무덤에 묻힌다 해도 절대 그것을 갖고 떠날 수는 없다. 그러나 우리는 그 사실을 쉽게 잊어버린다. 가진 것을 다 팔아 그것을 모두 금궤로 바꾼 한 남자의 이야기를 들어보았는가? 그는 죽기 전 그 금궤들을 두 개의 옷가방에 넣어 자신과 함께 묻어달라고 가족들에게 부탁했다. 그가 천국의 문에 다다랐을 때 베드로가 그를 맞으러 나와 있었다. 천국까지 짐가방을 들고 온 남자를 이상하게 여긴 베드로가 물었다.

"그 가방엔 무엇이 들어 있소?" 남자는 의기양양하게 가방을 열어 보였다. 가방을 들여다본 베드로는 당황하며 말했다. "아니, 보도블록을 가지고 왔소? 보도블록을 왜?"

세상은 소유에 대한 그리스도인들의 관점을 꽤나 남다르게 본다. 〈창세기〉에 기록된 창조의 이야기가 가르쳐주는 것처럼 하나님은 만물의 창조자요, 주인이시다. 아담과 하와가 분명하게 보여주듯이 우리는 하나님의 것을 관리하는 청지기일 뿐이다. 우리의 임무는 우리에게 속하지 않은 것들을 잘 관리하는 일이다. 하나님은 아담과 하와에게 이 땅을 채우고 정복하라고 명하셨다. 그들에겐 생육하고 번성하며 에덴동산을 관리하고 지켜야 할 의무가 있었다. 그러나 땅에서 일한다 하여 그 땅이 그들에게 속한 것은 아니었다. 이 사실은 우리에게 또 다른 중요한 사실을 일깨워준다.

현대 서구 문화는 노동을 높이 평가한다. 좋은 일이다. 그러나 그러한 사고방식은 내가 얻었거나 구입한 것은 곧 내 것이라는 생각으로 이어질 수 있다. 성경적 관점에서 이런 생각은 매우 위험하다. 노동과 소유권은 별개의 문제이다. 예를 들어 이집트 피라미드를 세우는 데 들었던 노동을 생각해보라. 대부분의 노동자는 노예들이었다. 그들은 내가 피라미드를 세웠으니 피라미드는 내 것이라고 감히 생각하지 못했다. 오히려 피라미드뿐 아니라 자기 자신도 파라오의 것이라고 믿었다. 이런 관점에서(물론 파라오를 하나님에 비할 순 없지만), 어쩌면 그들은 노동에 대하여 우리보다 더 성경적인 관점을 가지고 있었다. 우리는 노동의 정당한 대가를 받을 수도, 그렇지 않을 수도 있다. 부를 얻을 수도, 그렇지 않을 수도 있다. 그러나 노동을 통해 얻었든 노동 없이 얻었든, 우리 손에 있는 모든 것은 하나님이 주신 선물이며 그 선물의 본 주인이 누구인지 알고 사용해야 물질에 대한 성경적 관점을 가지고 있다고 말할 수 있다.

⧉ 소유와 사유 재산에 대한 **그릇된 믿음**

인간에게 소유권이 있다는 믿음은 모든 문제의 근원이 된다. 작은 땅뙈기를 놓고 싸우며 유언장과 유산 때문에 갈등한다. "땅, 땅, 땅"이라는 기치 아래 최대한 많은 토지를 사들인다. 그러는 가운데 우리가 가진 것, 혹은 우리가 가지고 있다고 믿는 것이 곧 우리의 정체성이 되어버린다. 우리는 "가장 많은 장난감을 갖고 죽는 사람이 승!"이라는 범퍼 스티커를 만들어 붙이기도 하지만 유감스럽게도 많은 물질을 축적했다 해서 죽음을 피할 수는 없다.

물론 일부 고대 문화에서는 사람이 죽을 때 소유를 가지고 갈 수 있다고 믿었다. 실제로 이집트 왕의 계곡에서 발굴된 투탕카멘의 무덤에서는 엄청난 양의 보물과 의복, 전차와 음식 등이 쏟아져나왔다. 그러나 파라오의 미라는 여전히 카이로의 이집트 박물관에 있고 그의 화려한 재물들은 모두 여기저기 흩어진 채 전시 중이다. 파라오는 재물들을 가지고 갈 수 없었다. 결국 부활하여 무덤으로 돌아간다 해도 그곳엔 아무것도 없을 것이다.

성경적인 창조신학은 '개인 재산'과 '공공 재산'이란 개념을 모두 인정하지 않는다. 개인의 소유권과 집단이나 정부의 소유권 같은 이론들은 아무런 의미가 없다. 성경은 오직 하나님만이 우주의 주인이시라고 가르친다. 애당초 하나님이 창조하셨고 계획하셨으며 우리에게 잘 사용하도록 맡기셨기 때문이다. 우리는 이러한 신학적 견해를 좇아 어떤 물질이든지 그것을 사용할 때마다 이렇게 자문해야 한다. '하나님은 이것을 어떻게 사용하길 원하시는가?' '나는 하나님의 것을 잘 관리하고 있는가?' '이렇게 돈과 자산을 사용하는 것이 하나님을 영화롭게 하고 사람들에게 은혜를 끼치는가?'

왜 이런 질문들을 던져야 하는가? 창세기 3장이 가르쳐주듯이 우리 모두는 타락한 창조물이기 때문이다. 우리는 모두 하나님의 영광에 이를 수 없다. 우리는 돈이나 소유와 관련된 자신의 결정을 합리화하는 탁월한 능력을 가지고 있다. 자기를 정당화시키는 엄청난 능력도 있다. 타락 이후 인간은 모두 '자기 생각에 파묻혀버렸기' 때문이다.

사유 재산이라는 이론이 낳은 가장 안타깝고도 비성경적 개념은 바로 자선행위이다. 언젠가 나는 '자선행위는 죄'라는 제목으로 설교를 한 적이 있다. 설교는 당연히 성도들의 관심을 끌었다. 자선행위라는 개념에는 부를 나누는 것이 선택 사항이라는 듯 '내 것은 내 것, 내가 이것을 당신과 나누면 나는 자비롭고 관대한 사람'이라는 전제가 들어 있다. 그러나 성경은 물질을 나누고 가난한 이들을 보살피며 타인을 위해 희생하는 삶에 대한 명령들로 가득 차 있다. 그렇게 하는 것이 어떻겠느냐고 제의하지 않는다. 부를 나누는 것은 하나님의 백성에게 주어진 명령이다. 그리고 모든 재물은 하나님의 것이다. 그렇다면 십일조는 무엇인가? 하나님께 드리고 남은 90%는 내 것, 그것이 십일조의 의미가 아닌가?

❖ 강제적인 십일조에 **복이 있나니**

"그 땅의 십 분의 일 곧 그 땅의 곡식이나 나무의 열매는 그 십 분의 일은 여호와의 것이니 여호와의 성물이라"(레 27:30). 놀랍게도 구약성경에는 내세에 대한 말씀보다 십일조에 대한 말씀이 더 많이 기록되어 있다. 그러나 정확한 신학적 배경이 없이 십일조를 온전히 이해하는 것은 불가능하다. 십일조에 대한 구약의 가르침은 창조라는 특정 신학의 관점에서 살펴보아야 한다. 하나님은 물질을 원치 않으신다. 그러나 하나님은 첫 열매의 십 분의 일, 사람들이 먹기 전에 드리는 가장 좋은 첫 소산을 요구하신다. 또한 출애굽기 13장을 보면 하나님은 장자를 구별하여 드리라고 명하신다. 하나님은 우리가 가진 자원이 아니라 우리를 원하시는 것이다.

왜 하나님은 모든 것의 십 분의 일을 바치라고 명하셨는가? 심지어 박하와 회향과 근채의 십일조까지 드리라고 명하신(마 23:23) 이유는 무엇인가? 답은 간단하다. 십일조는 모든 것이 하나님께 속했음을 하나님의 백성에게 일깨워주기 때문이다. 이것은 하나님의 몫과 우리의 몫, 하나님의 물질과 우리의 물질을 나누기 위함이 아니다. 모든 것은 하나님의 것이다. 첫 열매, 첫 소산을 포함한 다른 모든 것의 십 분의 일을 드림은 끊임없이 우리에게 이 진리를 상기시켜준다.

십일조에 대한 구약의 가르침에서 주목할 것은 하나님이 우리에게 십일조를 요구하신다는 사실이 아니다. 모든 것이 하나님께 속했으니 그 모든 것을 그분에게 바치라고 요구하지 않으신다는 사실이다. 은혜롭고 자비로우신 하나님은 그분의 백성이 삶을 영위하고 또 삶을 온전히 누리길 원하신다. 물론 만물의 주인이 누구인지를 잊어버리지 않는다는 가정하에서 말이다.

그리스도인들이 십일조를 내야 하는가? 이 질문은 늘 논란의 여지가 있다. 나의 대답은 '아니요'다. 〈레위기〉나 〈신명기〉를 자세히 살펴보면 십일조를 드리라는 명령이 "불순종한 자녀를 돌로 쳐라, 가난한 사람들이 이삭을 주울 수 있도록 밭의 가장자리를 남겨두라, 문신을 피하라" 등, 그리스도인들이 오랜 시간 따르지 않았던 다양한 명령들과 나란히 등장한다는 사실을 알 수 있다. 성경에 대한 지식이 그리 많지 않은 그리스도인들도 우리가 더 이상 모세의 율법 아래 있지 않다는 사실 정도는 알고 있다. 우리는 그 옛날 히브리인들에게 주어졌던 모세의 율법에 얽매이지 않는다. 우리는 예수님이 주신 새 언약 아래 있다. 물론 새 언약도 많은 명령을 수반한다. 그러나 십일조는 포함되지 않는다. 만일 신약성경이 그리스도인들을 위해 구약의 명령들을 다시 언급했다면 우리는 아직도 그 명령 아래 있을 것이다. 그렇지 않다면, 우리도 그 명령들을 지킬 필요가 없다.

이렇게 이의를 제기하는 사람이 있을 것이다. "잠깐! 예수님은 마태복음 23장 23절에서 박하와 회향과 근채의 십일조를 드리라고 말씀하셨다. 이는 신약의 말씀이 아닌가?" 그렇다. 하지만 예수님이 누구를 향해 말씀하셨는가를 살펴보라. "화 있을진저 외식하는 서기관들과 바리새인들이여 너희가 박하와 회향과 근채의 십일조는 드리되 율법의 더 중한 바 정의와 긍휼과 믿음은 버렸도다 그러나 이것도 행하고 저것도 버리지 말아야 할지니라." 예수님은 제자들이 아닌 바리새인들을 향해 말씀하셨다. 부활 이후 그리스도인은 말할 것도 없이 아니다. 예수님은 바리새인들에게 모세의 율법을 지키기로 서약한 이상 말과 행동이 일치해야 한다고 가르치신다. 분명 모세의 율법은 십일조를 요구한다. 그러나 놀랍게도 예수님이 제자들에게 십일조에 대해서 요구하신 말씀은 성경 그 어디에서도 찾아볼 수 없다. 다음 장에서 살펴보겠지만, 사실 예수님은 수입의 십 분의 일을 드리는 것보다 훨씬 더 혁명적인 것을 제자들에게 요구하셨다.

모든 그리스도인에게 적용 가능한, 이 본문에서 얻을 수 있는 최고의 메시지는 무엇인가? 유대인이자 참 그리스도인인 사람이 있다고 하자. 그는 형제에게 선한 증인이 되려면 율법을 지켜야 한다고 믿는다. 그래서 그는 십일조도 헌신적으로 지켜왔다. 그러나 분명히 기억하라. 바울은 자기와 같이 믿는 유대인들도 전도의 목적으로 율법 아래 있을지언정 율법을 지킬 의무는 더 이상 없다고 가르친다(고린도전서 9장을 참고하라).

성도들에게 십일조를 하라고 강요하는 설교자들의 가장 큰 모순은 그들이 설교하는 성경 본문 속의 돈의 사용에 대한 가르침은 무시하고 있다는 사실이다. 예를 들어 고리대금에 대한 모세오경의 가르침을 살펴보자. 고리대금(usury)의 어원은 라틴어 '유저리아'(usuria)이다. 이 단어는 원래 이자를 청구하는 모든 행위를 가리켰다. 고대 문명은 이 문제에 대해 다양한 입장을 가지고 있었다. 흥미롭게도 구약은 가장 엄격하고 강제적인 입장을 취하고 있다. 위키피디아는 고리대금이라는 주제를 다음과 같이 요약하고 있다.

> 고대 근동 아시아에 존재했던 대부분의 초기 종교 체제, 그리고 그 가운데 등장한 세속적 관례는 고리대금을 금지하지 않았다. 이들은 무생물도 식물과 동물, 사람처럼 살아 있어 스스로 번식할 수 있다고 여겼다. 따라서 '교환가치가 있는 식량(food money)'이나 금전적 가치를 지닌 것을 빌려주는 경우 이자를 청구하는 것이 합법적이었다. 올리브, 대추야자, 씨앗, 동물과 같은 식량들이 늦어도 B.C. 5000년경에는 화폐처럼 사용되기 시작했다. 메소포타미아, 히타이트, 페니키아, 이집트에서 이자는 합법적인 것으로 여겨졌고 국가에서 인정하는 경우도 있었다. 그러나 유대인들은 이에 대해 다른 생

각을 가지고 있었다.[2]

율법을 포함한 구약성경은 이자를 취하는 행위를 강하게 금지한다. 그러나 이에 대한 해석은 다양하다. 이스라엘 백성들 사이에서 거래가 이루어진 경우에는 이자를 취하는 것이 금지되었으나 이방인들과 거래를 할 때는 인정되었다는 주장이 일반적이다. 그러나 구약성경에는 이와 다른 예가 많이 기록되어 있다. 플라톤, 아리스토텔레스, 카토, 키케로, 세네카, 플루타르크, 아퀴나스, 무함마드, 모세, 필로, 고타마 부다와 같은 고대의 수많은 영적 지도자와 철학자는 고리대금(이자를 취하는 모든 행위)을 비난했다.[3]

이 문제에 대해 언급하고 있는 성경 본문은 출애굽기 22장 25절, 레위기 25장 35~37절, 신명기 23장 20~21절이다. 이 본문들은 하나같이 하나님의 백성은 이자를 받고 빌려주는 행위를 하지 말아야 한다고 분명하게 가르친다. 신명기 23장은 타국인에게 빌려주는 경우에 대한 예외를 둔다. 그리고 처음 두 본문은 특히 가난한 자들의 돈을 빼앗지 말라는 메시지로 보는 것이 타당하다. 그럼에도 불구하고 믿는 자들은 다른 믿는 자들에게 이자를 받고 돈을 빌려주면 안 된다는 원칙이 성립된다. 물론 때때로 하나님의 백성은 이 명령을 어겼다. 그러나 세월이 한참 흐른 후에 에스겔도 이자, 특히 고리대금을 불법이라고 강하게 비난했음을 주목하라(겔 18:8~17). "거저 주라"는 신약성경의 가르침도 이자를 받지 말라는 명령의 확장이라는 사실을 명심해야 한다. 사실 구약성경보다 신약성경이 우리에게 물질에 대하여 훨씬 더 많은 것을 요구한다.

내가 이런 것들을 이야기하는 이유는 십일조를 강조하는 설교자들 중에서 이

자를 취하지 말라는 설교를 하는 이들을 본 적이 없기 때문이다. 그것은 모순이다. 그러나 우리는 더 이상 모세의 율법 아래 있지 않다. 따라서 사실상 구약의 그어떤 규례도 그리스도인들을 속박할 수 없다. 십일조도 예외는 아니다.

▶ 돈을 따라서?

이쯤에서 구약성경에는 풍요로운 삶, 때로는 부에 대한 기록이 많이 있지만 정작 돈 자체에 대한 기록은 하나도 없다고 말하는 이가 있을 것이다. 그것은 고대의 경제가 화폐를 기반으로 돌아가지 않았기 때문이다. 자유시장 자본주의 경제체제가 아니었음은 말할 것도 없다. 앞으로 살펴보겠지만, 화폐는 예수님 시대에 와서야 큰 경제적 역할을 감당하기 시작했다. 그러나 그 시기에도 화폐는 주로 물물교환이나 '매매와 교환' 경제라는 테두리 안에서만 힘을 발휘했다. 세금 등을 낼 때나 사용되었지 일상에서 사용될 일은 많지 않았다.

돈이나 부에 대한 성경의 가르침을 살펴볼 때마다 간과하는 중요한 사실이 또 하나 있다. 모든 고대 경제, 특히 주요 제국들이나 강대국들의 경제는 노예 노동에 의존하고 있었다는 사실이다. 한 통계에 따르면 바울과 베드로가 로마를 방문했던 주후 60년대 즈음, 도시에 거주한 노동자의 50% 이상이 노예였다고 한다.[4]

오늘날 우리는 우스갯소리로 최소한의 임금을 받고 일하는 것을 '노예 노동'이라 부른다. 그러나 성경 시대에는 그야말로 노예 노동이 일반적이었다. 이 부분에 대해서는 뒷장에서 더 자세히 살펴볼 것이다. 요점은, 성경이 기록된 시대는 우리가 사는 이 시대와 경제적으로 매우 달랐다는 것이다. 돈에 대한 신약성경의 주요 본문들을 올바로 이해하기 위해서는 그 시대의 문화와 우리의 문화를 경제적으로 구분 짓는 기본 요소들을 먼저 염두에 두어야 할 필요가 있다.

❖ 구약이 말하는 부

번영신학의 설교자들은 끊임없이 다른 말씀을 전하고 있지만, 실제로 구약성경에는 과시적 축재(蓄財)를 정당화할 만한 말씀이 없다. 과시적 소비는 말할 것도 없다. 오히려 부가 지닌 위험을 경고하는 말씀들이 거듭 등장한다. 때로 부는 우상숭배와 연관되기도 한다.[5] 예를 들어 에스겔 7장 19~20절은 부가 이스라엘 백성을 불법과 우상숭배로 이끄는 걸림돌이라고 기록한다. 또한 구약은 값비싼 보석으로 우상을 만드는 행위를 강하게 비난한다. 우상을 만들었다는 것은 상당한 양의 부를 가지고 있었음을 의미한다. 신명기 32장 15절은 풍요로움 속에서 비대해지고 믿음을 저버린 하나님의 백성들에 대해 경고한다.

선지자들이 가난한 자들을 속이고 착복하는 부자들을 향해 크게 격분하는 것은 당연하다. 미가 6장 10~12절은 강포가 가득하고 부정한 저울과 거짓 저울추로 재산을 쌓은 부자들을 책망한다. 이사야 10장 1~3절은 "가난한 자를 불공평하게 판결하여 가난한 백성의 권리를 박탈하는" 불의한 법을 만드는 자들을 거듭 비난한다. 이사야 10장을 포함하여 구약에는 고아와 과부의 것을 도적질하는 행위를 책망하는 말씀이 상당히 많이 기록되어 있다. 이사야 3장 14~15절은 가난한 자를 짓밟고 노동력을 착취하며 그들의 식량과 소유를 탈취하는 백성의 장로들과 고관들을 정죄한다.

여기서 우리는 레위기 26장 3~5절과 신명기 11장 13~15절에 등장하는 비와 산물에 대한 약속을 살펴볼 필요가 있다. 각 본문을 보면 약속에는 하나님의 "모든 규례"를 지키거나 평생 명령을 성실히 행해야 한다는 조건이 붙는다. 즉, 이 약속들은 무조건적인 것이 아니었으며 단지 하나님께 축복을 구하거나 기원하기 위한 것도 아니었다. 신명기 11장 13~15절을 보자. "내가 오늘 너희에게 명하는 내 명령을 너희가 만일 청종하고 너희의 하나님 여호와를 사랑하여 마음을 다하고 뜻을 다하여 섬기면 여호와께서 너희의 땅에 이른 비, 늦은 비를 적당한 때에 내리시리니 너희가 곡식과 포도주와 기름을 얻을 것이요 … 네가 먹고 배부를 것이라." 이는 분명 모든 믿는 자가 부를 얻으리라는 약속이 아니다. 이것은 곡식을 주어 주리지 않게 하리라는 약속이다. 풍요로움에 대해 이야기할 때 (이방 나라들의 재물이 이스라엘에 들어온다는) 이사야 60장 8~12절과 같은 본문들을 예로 드는 경우도 있다. 그러나 본문은 유배 중에 있는 백성들에게 주신 종말의(혹은 마지막 때에 대한) 약속이지 누구나 언제든 하나님께 구하기만 하면 얻을 수 있는 풍요의 약속이 아니다. "평안과 진실의 풍성함"을 약속한 예레미야 33장 6~9절도 물론 마찬가지다.

시편 37편 4절("여호와를 기뻐하라 그가 네 마음의 소원을 네게 이루어주시리로다") 또한 믿는 자들을 향한 풍요의 약속으로 인용되는 경우가 많다. 번영신학의 설교자들은 이 말씀이 물질과 소유의 축복을 가리킨다고 믿는다. 다시 한 번 말하지만 본문의 전후 문맥을 살피는 것이 매우 중요하다. 이 시편은 세상의 부를 약속하지 않는다. 하나님이 그분의 백성을 그 땅에서 안전하게 지키시고, (보물이 아닌) 그분의 의가 해처럼 빛나게 하시며 백성들의 공의를 드러나게 하시리라는 약속이다. 시편은 이렇게 이어진다. "의인의 적은 소유가 악인의 풍부함보다 낫도다." 〈시편〉 기자는 반대로 이렇게 덧붙이기도 한다. "악인은 꾸고 갚지 아니하나 의인은 은혜를 베풀고 주는도다." 여기서 우리는 중심 메시지, 즉 4절로 돌아가게 된다. 본문이 말하는 의인의 "마음의 소원"이란 무엇인가? 당연히 우리 주님이다. 주님이 악한 자들 앞에서 자신을 지지해주길 바라는 마음이다. 따라서 이 시편이 번영신학을 뒷받침한다고 보기는 힘들다.

번영신학 설교자들이 자주 인용하는 또 다른 말씀은 시편 25편이다. 이는 고뇌의 시편이다. 압제자들 가운데서 구원해달라고 하나님께 울부짖는 기도이다. 시편은 하나님이 참으로 그분을 경외하며 섬기는 자들에게 길을 보이시고, 그들이 풍요를 누리며 그들의 후손들은 땅을 상속하게 하신다고 기록한다. 이 시편의 약속도 하나님을 경외해야 한다는 조건이 붙는다. 뿐만 아니라 이 시편은 곤궁 가운데 처한 사람의 괴로움과 외로움, 근심에 대해서도 언급한다는 사실에 주목하라. 분명 시험과 괴로움을 통과하지 않고는 풍요를 맛볼 수 없다.

이러한 성경 본문들을 통해 풍요가 하나님의 선대하심을 증거할 수도 있지만, 반드시 그런 것은 아니라는 사실을 알 수 있다. 풍요가 죄악의 증거인 경우도 있기 때문이다. 다음 장에서 우리는 솔로몬과 다른 이들의 잠언과 교훈을 보다 심도 있게 살펴볼 것이다. 그 말씀들이 풍요와 부에 대한 비성경적 주장을 뒷받침하는 데 자주 사용되기 때문에 좀 더 자세히 다뤄야 할 필요가 있다.

▶ 다시 읽는 야베스의 기도

역대상 4장 9~10절이 관심의 대상이 되는 것은 이해해야 할 듯하다. 브루스 윌킨슨이 그 말씀을 가지고 《야베스의 기도》라는 작은 책을 출간한 까닭이다. 이 책은 출판 후 두 해 동안 자그마치 900만 권이 팔려(지금은 1,700만 권을 넘어섰

다) 역사에 남을 베스트셀러가 되었다. 역대상 4장 9~10절이 이렇게 큰 반향을 불러일으킨 이유가 무엇인가? 평이하게 이어지는 유다 자손의 족보 가운데 다음의 두 절이 등장한다. "야베스는 그의 형제보다 귀중한 자라 그의 어머니가 이름 하여 이르되 야베스라 하였으니 이는 내가 수고로이 낳았다 함이었더라 야베스가 이스라엘 하나님께 아뢰어 이르되 주께서 내게 복을 주시려거든 나의 지역을 넓히시고 주의 손으로 나를 도우사 나로 환난을 벗어나 내게 근심이 없게 하옵소서 하였더니 하나님이 그가 구하는 것을 허락하셨더라." 기록된 이야기는 이것이 전부다. 이야기 앞뒤로는 별 관련없는 족보만 이어질 뿐이다.

이 짧은 이야기를 어떻게 받아들여야 하는가? 제일 먼저 우리가 주시해야 할 것은 이 이야기의 주제가 고통이라는 사실이다. 이 이야기는 해산의 고통과 고통에서 벗어나기를 구하는 기도를 담고 있다(야베스가 고통 가운데서 이 기도를 했음을 암시한다). 또한 야베스라는 이름은 고통을 뜻하는 히브리어와 비슷한 소리가 난다. 히브리어를 음역하여 보다 원문에 가까운 번역본으로 읽으면 이해하기가 쉬울 것이다.

> 야베스는 그의 형제보다 귀중한 자라 그의 어머니가 그의 이름을 야베스[y' bts]라 불렀으니 이는 내가 고통[b'tsb] 가운데 낳았다 함이었더라 야베스가 이스라엘 하나님께 부르짖어 이르되 주께서 내게 복을 주시려거든 나의 영토를 넓히시고 주의 손으로 나를 도우사 나로 환난을 벗어나 그것이 나를 상치 못하게 하소서['tsby] 하였더니 하나님이 그가 구한 것을 허락하셨더라 (대상 4:9~10).

고대에는 이름을 지을 때 워드플레이를 하는 일이 흔했다. 그의 이름은 야베스였다. 그의 이름이 야제브였다면 고통을 뜻하는 히브리어에 더 근접했을 것이다. 이것은 가난하거나 궁핍한 자의 기도이다. 생존을 위한 땅도 충분치 않은, 위험에 처한 자의 기도이다. 그러나 기억하라. 하나님이 이 기도에 응답하셔서 야베스가 부요해졌다는 증거는 아무것도 없다. 야베스가 부를 구했다는 증거가 없기 때문이다. 그는 그저 생계를 유지하고 가족들을 돌보는 데 필요한 땅과 안전을 구했을 뿐이다. 이 짧은 두 절이 분명하게 가르쳐주는 사실은 하나님은 기도를 들으시되 특히 안전이나 생계를 위한 능력과 같이 기본적인 필요를 구하는 신실한 백성들의 기도를 들으신다는 것이다. 하나님은 물질의 축복을 주실 수 있는 분이라고 믿고 구한다 하여 풍요로운 자가 더 풍요롭게 된다는 메시지는 어디에도 없다.

결론

우리는 이번 장에서 돈과 부에 대한 신약의 가르침을 공부하기 전 잠시나마 우리의 위치를 확인하는 시간을 가졌다. 나는 진정 구약이 이러한 문제들에 대해 신약과 크게 다른 입장을 취하고 있다고 생각하지 않는다. 그러나 야베스의 기도와 같이 사람들을 혼동시킬 수 있는 말씀들은 짚고 넘어가지 않을 수 없다. 분명 그러한 말씀들은 현대적 의미의 번영신학을 말하지 않는다. 또한 우리의 여정이 제대로 골격을 갖춰나가려면 창조신학과 하나님이 우주 만물의 주인이시라는 진리에서 벗어나서는 안 된다.

우리는 십일조가 구약성경의 창조신학에 그 뿌리를 두고 있으며 모세의 율법 아래 있는 자들에게만 구속력이 있다는 사실을 살펴보았다. 또한 고대의 경제체제는 여러 가지 이유에서 현대와 다르다는 사실도 언급했다. 구약성경에서 돈이라는 개념이 직접적으로 등장하지 않는 것은 고대 경제가 화폐를 기반으로 한 체제가 아니었기 때문이라는 사실도 강조했다. 물물교환이 주를 이루던 경제체제에서 돈의 역할은 오늘날과 매우 달랐다. 그리고 오늘날 십일조를 강조하는 수많은 설교자가 구약이 동일한 비중으로 강조하는 고리대금에 대해서는 아무런 언급을 하지 않는 것은 아이러니한 현실이다.

그러나 만일 성경에 번영신학과 부의 축적을 정당화한다고 여길 만한 본문이 있다면, 그것은 바로 〈잠언〉의 격언과 경구들일 것이다. 이제 우리는 지혜 문학으로 눈을 돌려 〈잠언〉, 그리고 그와 비슷하지만 전혀 다른 분위기를 풍기는 〈전도서〉를 만나볼 것이다.

CHAPTER 02

왕의 몸값

부자의 재물은 그의 견고한 성이요
가난한 자의 궁핍은 그의 멸망이니라.
잠 10:15

재물은 진노하시는 날에 무익하나
공의는 죽음에서 건지느니라.
잠 11:4

경제적 측면만 본다면
돈이 가난보다 낫다.
우디 앨런

오늘날 부와 번영이 언급될 때마다 구약의 〈잠언〉만큼 많이 오용되는 말씀은 아마 없을 것이다. 결국 잠언 10장 22절은 "여호와께서 주시는 복은 사람을 부하게 하고 근심을 겸하여 주지 아니하시느니라"라고 말하지 않는가? 그러나 교훈과 훈계로 가득 찬 이 책에는 "자기의 재물을 의지하는 자는 패망하려니와 의인은 푸른 잎사귀 같아서 번성하리라"(잠 11:28)는 가르침도 분명히 들어 있다.

우리는 돈과 부에 대한 예수님과 제자들의 가르침을 살펴보기에 앞서 〈잠언〉과 그의 음울한 쌍둥이인 〈전도서〉(오늘날에는 부와 번영을 이야기할 때 〈전도서〉를 무시하는 경우가 많다)를 면밀히 살펴볼 것이다. 예수님과 제자들의 가르침이 구약의 지혜 문학 및 초기 유대교와 깊은 관련이 있기 때문이다.

▶ 솔로몬의 **지혜**

지혜 문학을 이해하기 위해서는 인내가 필요하다. 그 이유 중 하나는 은유와 직유, 상징과 이미지, 의인화와 수수께끼 같은 간접적인 표현들이 많이 등장하기 때문이다. 이 문학 장르는 동의를 이끌어내어 상대방을 설득하는 화법이 아닌 확실한 발언을 통해 듣는 이로 하여금 그 가치관을 다시 생각하도록 하는 화법을 사용한다.[1] 지혜는 보통 '위'로부터 온다. 하나님으로부터 오는 계시의 지혜도 있고 솔로몬 왕처럼 공동체의 높은 계급으로부터 오는 지혜도 있다.

〈잠언〉은 이런 지혜들을 담고 있다. 〈잠언〉의 교훈을 대할 때는 이 책이 비교적 건강한 기능을 하는, 즉 하나님을 경외하는 사회적 배경에서 기록되었다는 사실을 기억해야 한다. 그렇기 때문에 "여호와께서 의인의 영혼은 주리지 않게 하시나 악인의 소욕은 물리치시느니라"(잠 10:3)는 말씀이 통했던 것이다. 이는 〈전도서〉의 기자, 코헬렛(솔로몬이라고도 지칭함)이 바라본 사회와 사뭇 다르다. 유대 역사의 훗날 코헬렛은 이렇게 탄식한다. "너는 어느 지방에서든지 빈민을 학대하는 것과 정의와 공의를 짓밟는 것을 볼지라도 그것을 이상히 여기지 말라 … 은을 사랑하는 자는 은으로 만족하지 못하고 풍요를 사랑하는 자는 소득으로 만족하지 아니하나니 이것도 헛되도다"(전 5:8, 10).

다시 말해서 격언과 경구는 늘 특수한 상황 속에서 기록된다. 사회적 배경과 상관없이 어디에서나 내밀 수 있는 부적이 아니다. 특수하고 제한된 상황하에서 일어난 사건과 더불어 만물의 주인이신 하나님과 올바른 관계를 맺고 있는가, 아닌가를 이야기한다. 좋아하는 구절만 뽑아서 외우지 말고 지혜 문학을 처음부터 끝까지 읽어본다면 부(富)가 의로움을 증거하는 만큼 죄악을 증거하고, 축복을 의미하는 만큼 방관을 의미한다는 사실을 알게 된다. 다시 말해서 물질이 하나님이 주시는 축복일 때가 분명 있다. 그러나 언제든 은행 계좌에 들어 있는 돈의 양으로 하나님과의 관계를 판단할 수는 없다.

여기서 우리는 지혜라는 단어부터 정의할 필요가 있다. 히브리어의 '호크마', 헬라어의 '소피아'는 다양한 의미를 가지고 있다. 구약성경에는 적어도 다섯 가지 종류의 지혜가 등장한다. 그중 하나가 정치적 지혜, 혹은 곤란한 상황 가운데 정치적으로 옳은 결정을 할 수 있는 지혜이다(왕상 5:21). 또한 지혜는 자연에 대한 해박한 지식을 가리키기도 하며(왕상 4:33), 인간의 본성과 바람직한 인간관계에 대한 통찰력을 가져다주기도 한다. 때로 지혜가 분별이나 비판적으로 판단할 수 있는 은사를 가리키는 경우도 있다. 어려운 상황에서 바른 일을 할 수 있는 것이 지혜이다(왕상 3:16~28). 뿐만 아니라 인생에 대한 깊은 진리나 비밀을 알려주는 격언, 수수께끼, 교훈을 의미하기도 한다. 인생에서 정말로 중요한 것이 무엇인지, 어떻게 살아가야 할지에 대한 통찰을 전해주기도 한다. 마지막으로 지혜는 기술, 전문적 지식이나 장인정신을 가리키기도 한다(대상 22:15; 대하 5:7).

〈잠언〉을 포함한 구약에서의 지혜는 주로 분별의 능력을 가리킨다. 〈잠언〉은 주로 사회가 요구하는 도덕성과 도덕적 행위를 이해하는 방법, 또한 그런 도덕 체계를 이해함으로써 단순히 삶을 영위하는 단계를 뛰어넘어 잘사는 방법이 무엇인지를 가르친다.

격언은 주로 현자들이 기록했지만, 지혜로운 왕이 농축된 지혜의 정수를 창조해내는 경우도 있었다. 고대 대부분의 궁정에는 왕의 고문이나 서기 역할을 하는 현자들이 있었다. 사무엘하 16장 23절, 열왕기상 4장 1~19절과 10장 1절은 이스라엘 왕들의 신하 중에 그러한 고문 혹은 현자들이 있었음을 증거한다. 그러나 이들은 인생에 대한 일반적인 지침보다는 주로 정치적 지혜를 제공하는 사람들이었다. 왕궁만 이러한 지혜의 원천이었던 것은 아니다. 지혜는 (아버지가 아들에게 하는 권고와 같이) 가정에서도 흘러나왔고 마을의 어른들을 통해 전해지기도 했다. 〈잠언〉에 이집트의 현자 아메네모페의 글이 일부 들어 있는 것으로 보아(잠 22:17~25, 22:28~23:11, 19:23) 지혜란 보편적인 가치로 여겨졌으며 현명한 삶의 가르침을 동급의 타 문화에서도 배웠다는 사실을 알 수 있다. 왕궁의 현자와 고문들이 여러 지역에서 지혜를 모았을 것이다. 그리고 그렇게 모인 지혜의 일부가 〈잠언〉에 기록되어 있다(30~31장 아굴과 르무엘의 잠언을 보라).

무엇보다 우리는 고대 성경 시대의 문학이란 상류층의 전유물이었다는 사실을 기억해야 한다. 문학은 귀족과 그들의 고문, 현자들만 누릴 수 있는 사치품이었다. 지혜를 찾아 기록할 수 있는 시간과 에너지, 재력이 있는 사람들은 사회적 상류층이거나 그들과 긴밀한 관계를 맺고 있는 사람들이었다. 그 관계란 단순히 부를 소유했다는 의미도 되지만 왕궁에 관련되어 있다는 의미이기도 했다.

뿐만 아니라 고대 히브리 문화는 구두 문화였다. 가정집으로부터 흘러나온 지혜가 입으로 전해져 다른 사회 계층으로 들어가 결국 왕궁 고문들에 의해 기록되었을 수도 있다. 또한 〈잠언〉을 만들어낸 현자들과 그것을 기록한 서기들을 구분하는 것도 도움이 된다. 물론 기록까지 겸한 현자들도 있었을 것이다. 전도서 12장 9~11절은 이러한 문학이 제일 처음 생기게 된 단서를 제공해준다. 코헬렛 같은 현자들은 말로 떠돌아다니던 잠언을 모았고, 그것들은 다양한 방법으로 기록, 정리, 분류되었다.

〈잠언〉은 장소, 시간적으로 부유함의 기풍이 넘쳐난다. 따라서 이 잠언 모음집은 사회적 상류층이라는 배경 아래서 등장했다고 볼 수 있다. 보다 중요한 사실은 이 〈잠언〉이 주로 상류층의 관점, 때로는 왕의 사고를 반영한다는 것이다. 로버트 고디스(Robert Gordis)는 이렇게 말한다.

> 지혜 문학은 기본적으로 수도 예루살렘에 거주하던 상류층의 소산물이었다. 모두 알고 있듯이 상류층은 보수적이다. 현재에 만족하고 변화를 거부한다. 그들의 보수주의적 성향은 삶의 모든 분야에 젖어든다. 사회적, 경제적, 정치적 태도뿐 아니라 종교적인 생각까지도 지배하게 된다. 그들의 보수주의적 성향이 (코헬렛처럼) 관습을 좇지 않았던 지혜 교사들에게도 나타난다는 사실이 사뭇 놀랍다.[2]

격언은 시대를 초월하는 지혜의 정수를 담고 있다. 특정 개인에게만 국한되는 통찰력이 아니라 모든 세대에 적용되는 지혜이다. 대부분의 격언이 작자 불명인 것은 바로 이 때문이다.

경구는 다르다. 경구는 솔로몬이나 아굴, 아메네모페 같은 창조적인 개인의 통찰력을 드러낸다. 격언과 경구는 모두 지혜를 농축한 것이다. 제임스 크렌쇼(James Crenshaw)는 그것들을 가리켜 '오랜 경험을 기반으로 짧은 문장에 담은 진리'라고 불렀다.[3] 격언과 경구는 모두 운율과 압운, 두운, 유음 등의 구술된 청각적 장치들을 사용하는 경우가 많다. 이런 언어적 장치들 때문에 격언과 경구를 기억하기가 쉽다.

일반적으로 경구는 통상적인 전통의 흐름을 거스르는 개인적인 통찰을 담고 있다. 그러나 격언은 오래도록 용인된 전통에서 시작되고, 또 그 전통을 수호하기 위한 것이다. 따라서 경구를 전통에 역행하는 지혜, 격언을 전통적 지혜라 부르기로 하자. 〈잠언〉은 상류층이 모은 전통적 지혜들이다. 이는 번영과 평화의 시대에 위에서 내려다본 삶을 담고 있다. 그러나 〈전도서〉는 전통을 역행하는 지혜들이다. 상류층의 생각에 이의를 제기한다. 전통을 역행하는 지혜는 보통 사회가 극심한 고통과 혼란 가운데 있을 때 등장한다.

이러한 사실들을 짚고 넘어가는 것은 후에 신약성경에 담겨 있는 지혜에 대해서 살펴보기 위함이다. 예수님과 그분의 제자들이 언급한 지혜는 주로 전통을 역행하는 것들이었다. 즉 나중 된 자가 먼저 되는 등 전통적인 가치들을 전복시키는 지혜였다. 하나님의 나라를 침노하는 지혜, 하나님의 구원의 사역이 담긴 지혜였다. 따라서 사회적 배경과 성향의 차이를 염두에 두지 않고 바벨론 유수 이전의 이스라엘을 위한 지혜를 현대 그리스도인의 삶에 그대로 적용하려 한다면, 이 격언과 경구들을 오용하게 될 것이 뻔하다. 뿐만 아니라 그리스도인들의 이 마지막 대표적인 해석 방식은 예수님과 제자들의 전통을 역행하는 지혜, 즉 돈과 부가 지닌 위험성에 대한 가르침을 거부했음을 나타낸다. 이에 대한 예수님의 가르침은 뒤에서 더 자세히 살펴보자.

성경적 전통에서 지혜란 자연만물과 성경의 특별 계시를 통해 자신을 드러내시는 하나님에 대한 믿음을 반영한다. 히브리 현자들은 사람이 지혜를 얻는 세 가지 방법이 있다고 말한다. 즉 자연과 인간의 본성을 유심히 살펴보는 것이다. 또한 이전 세대의 축적된 지혜를 갖고 있는 연장자의 가르침을 받는 것이다. 마지막은 하나님과의 만남 가운데 그분의 특별한 계시를 받는 것이다(잠 8장; 욥 40~41장). 히브리 전통은 지혜를 얻으려면 이성과 지성이 필요하되 지혜는 하나님, 또한 하나님과의 관계로부터 시작된다고 믿었다. "여호와를 경외하는 것이 지식의 근본이거늘"(잠 1:7). 따라서 〈잠언〉에서 지혜의 세속적 개념을 이해할 수는 없다. 〈잠언〉에 기록된 모든 말씀은 하나님 중심의 사고에 기반하고 있다.

또한 〈잠언〉의 지혜는 성경에 기록된 여러 지혜 중 하나일 뿐이다. 〈잠언〉의 지혜가 나름대로의 한계와 취약함이 있는 것처럼 〈전도서〉나 〈욥기〉와 같은 이후의 지혜 문학들도 마찬가지다. 〈잠언〉의 지혜들은 불안정한 시대에 등장하는 회의론 앞에 무너질 수밖에 없었다. 기록된 격언과 경구들이 항상 참일 수도 없고 모든 상황에 적용될 수도 없기 때문이다. 또한 의로운 자들이 고통을 받고 빈궁에 처해야 하는 상황 속에서 〈잠언〉의 말씀들은 힘을 잃게 된다. 부정적인 말을 할 수도 없고 그들의 믿음이 부족한 연고라 말할 수도 없다. 〈욥기〉는 의인이 받는 고통에 대한 장황한 묵상이다.

다시 말해서 사회가 마비되고 전쟁과 기근이 판을 치는 혼란의 시대에 보편적인 지혜는 아무런 효용이 없다. 〈잠언〉은 현실성 없는 진부한 말이 되어버린다. 다르푸르 수용소에 피난해 있는 그리스도인들에게 번영의 복음을 설교한다 한들 무슨 소용이 있겠는가. 그 복음은 복음처럼 들리지도 않을 것이며, 진정 참된 복음이라 할 수 없을 것이다. 그들은 평화의 때처럼 정상적으로 일을 할 수 없고 성과를 위한 능력을 발휘할 수도 없다. 고난의 시기에 사람들은 계시의 지혜, 위로부터 내려오는 특별한 통찰을 필요로 한다. 단지 보편적인 인간의 지혜를 배우는 것으로는 충분치 않기 때문이다.

뿐만 아니라 〈잠언〉은 (〈전도서〉나 〈욥기〉와 마찬가지로) 창조신학을 기반으로 한다는 사실을 분명히 기억해야 한다. 앞의 1장에서 살펴보았던 것처럼 부와 돈, 부요함에 대한 모든 말씀은 창조신학을 바탕으로 한다. 따라서 지혜는 창조 때부터 있었다. 창조는 삶에 대한 모든 질문에 답을 가지고 있다. 그래서 성경말씀은 개미에게 가서 개미가 일하는 것을 보며, 하나님이 만드신 별을 묵상하라고 명하는 것이다(참조. 잠 6:6~8; 시 8편). 성경이 가르치는 지혜는 인간이라는 범위 안에서 대부분의 교훈을 얻는다. 인간에 가까운 창조물로부터는 그 교훈을 얻을지언정 무생물의 범위에서 교훈을 얻는 법은 없다.

창조에는 선하고 참되며 아름다운 질서가 숨어 있다. 그러나 인간은 그 큰 그림을 잘 보지 못한다. 세상을 자세히 연구하면 할수록 우리가 모르는 것이 얼마나 많은지, 인간의 한계를 배우게 된다(이것이 욥기 38장의 주제이다). 창조신학은 인간이 판단력을 가지고 있으며 그것을 설득하는 것이 가능하다고 말한다. 또한 이성적이고 도덕적인 선택을 할 수 있다고 말한다. 그러나 어리석은 자들과 그들의 어리석은 행위에 대한 〈잠언〉의 말씀들이 증거하는 것처럼, 인간은 어리석은 선택도 할 수 있다.

정반대의 말씀들을 나란히 배열한 것은 부나 재물에 대한 지혜의 말씀들을 필요에 따라 마음대로 고르는 것을 막기 위함이다. 예를 들어 잠언 26장 4~5절은 미련한 자의 어리석은 것을 따라 대답하지 말라고 가르친다. 그러나 바로 이어서는 상황에 따라서 그렇게 하라고 가르친다. 이 한 쌍의 말씀은 〈잠언〉의 기능에 대한 중요한 원칙을 알려준다. 이 말씀들이 어떤 상황에서도 적용될 수 있는, 시대를 초월하는 진리 같은가? 아니면 특정한 상황에서만 적용될 수 있는 진리 같은가?

말씀에 모순이 있는 것으로 보아 이것은 순전한 가르침을 위한 것이라기보다는 문답(혹은 결론이 필요 없는 논쟁)을 위한 것이다. 〈잠언〉은 여러 상황에 대한 교훈을 주기 위한 것이다. 잠언 26장 4~5절의 가르침도 경우에 따라서는 각각 쓸모가 있을 것이다.

〈잠언〉에 거듭 등장하는 도덕적 가치들은 이미 모세오경에서 강조되었던 것들이다. 즉, 하나님과 그분의 거룩한 명령에 순종하고 의와 정직을 사랑하며 가난과 궁핍에 처한 자를 돌보는 것, 삶을 하나님이 주신 선물로 받아들이고 악하고 부정한 것들을 미워하고 피하는 것이다. 이는 곧 인간이 자연이나 인간의 본성으로 분별할 수 있는 지혜(신학자들은 이것을 일반 계시라고 부른다)가 여러 가지 면에서 하나님이 율법을 통해 직접 주신 계시와 크게 다르지 않다는 것을 현자들이 인정했다는 의미이다.

부에 대한 격언과 경구만 따로 떼어놓는 것이 위험한 가장 큰 이유는 그 말씀들이 따로 존재하지 않기 때문이다. 예를 들어 그 말씀들은 한 인간의 의로움에 대한 이야기 속에서 등장한다. 현대에는 부와 인간의 의로움을 함께 이야기하는 경우가 극히 드물다. 이는 단순히 누가 〈잠언〉에 기록된 축복을 받을 것인가의 문제가 아니다. 누가 하나님을 두려워하는 의로운 사람인가라는, 보다 구체적인 문제이다. 다시 말해서 이는 야베스의 기도처럼 기도하고 하나님께 물질의 축복을 구하는 문제가 아니다. 의로운 영혼과 탐심 없는 마음처럼 그보다 더 중요한 문제들이 많다. 이런 사실들을 명심했다면, 솔로몬의 경구 및 그와 관련된 격언들을 자세히 살펴볼 준비가 된 것이다.

▌▌ 솔로몬의 **지혜에 담긴 말씀**

오랜 세월 동안 솔로몬의 잠언이라 여겨지고 있는 잠언 10장 1절~22장 6절부터 시작해보자. 잠언 10장 4절은 말한다. "손을 게으르게 놀리는 자는 가난하게 되고 손이 부지런한 자는 부하게 되느니라." 이 말씀은 홀로 존재하지 않는다. 바로 앞에 이렇게 기록되어 있기 때문이다. "여호와께서 의인의 영혼은 주리지 않게 하시나"(잠 10:3 상). 10장 4절에서 현자가 말하고자 하는 것은 단지 근면성에 그치지 않는다. "의인의 머리에는 복이 임하나"(잠 10:6)라는 말씀도 이를 증명한다. 본문은 명령의 형태가 아닌 행위와 그 행위의 결과를 제시함으로써 과연 무엇이 덕인가를 거듭 가르친다. 단순한 인과관계가 아닌 하나님이 축복하시는 사람과 행위의 결과를 말하는 것이다. 현실에는 도덕적 구조라는 것이 있다. 일반적으로 행위는 예상 가능한 특정 결과, 아니면 적어도 그에 대한 보상으로 이어지게 되어 있다. 잠언 10장 9절, 그리고 그와 거의 동일한 말씀인 28장 18절은 도덕적 행위와 결과의 관계에 대해 분명히 언급한다. 즉, 의롭게 행하는 자는 그 걸음이 보다 평안하다는 사실이다.

〈잠언〉이 말하는 의로움과 부의 관계에 대한 증거가 더 필요하다면 10장 16절을 보라. "의인의 수고는 생명에 이르고 악인의 소득은 죄에 이르느니라." 이 구절 바로 앞에는 부자의 재물이 그의 견고한 성이라는 말씀이 기록되어 있다. 앞에서도 언급했던 것처럼, 〈잠언〉에 기록된 부에 대한 말씀들은 이미 부를 소유했거나 앞으로 부를 얻게 될 자들을 위한 것이다. 노예나 궁핍한 자들을 위한 것이 아니다. 10장 21절에서 한 번 더 의인에 대해 언급한 후, 〈잠언〉은 이렇게 기록한다. "여호와께서 주시는 복은 사람을 부하게 하고"(10:22). 잠언 10장을 다 읽고 나면 경건과 의, 장수, 평안, 부가 서로 연관되어 있는 것처럼 어리석음과 악함, 멸망과 박명이 서로 연관되어 있다는 사실을 알게 된다. 한 번 더 말하지만 본문의 이 모든 말씀은 어느 정도 부를 소유한 자들, 혹은 앞으로 부를 누리게 될 자들을 위한 것이다. 모든 사람을 위한 것이 아니다.

〈잠언〉에 등장하는 고정 인물 중 하나가 바로 '게으른 자'이다. 이는 우둔하고 어리석은 자가 아니라 도덕적 판단을 하지 못하는 자를 가리킨다. 게으른 자는 10장 26절을 포함하여 〈잠언〉 곳곳에 등장한다(6:6~8; 10:4, 12:24, 27, 19:15, 21:25). 게으른 자는 쓸모없고 무능력한 자로 그려진다. 그러한 사람에게 인생은 너무 고되다. 이러한 고정 인물들을 통해 배울 수 있는 사실은 현자들은 게으르거나 도덕적으로 둔감한 자, 지혜롭지 못한 자를 인정치 않는다는 것이다. 동시에 열심히 일하고 온전한 도덕적 판단을 할 수 있는 자들은 상을 받게 되리란 사실도 알 수 있다.

잠언 10장 27절은 하나님을 경외하는 자에 대한 친숙한 말씀이다. 하나님을 경외하면 장수하게 되거나 적어도 수명이 늘어나는 복을 얻는다. 물론 현자는 이 법칙에도 예외가 있다는 사실을 알고 있었다. 선하고 의로운 자들도 단명하는 경우가 있다. 중요한 것은 장수는 하나님의 축복이라는 사실이다. 하나님은 자신을 경외하는 자에게 그 축복을 주신다. 세상이 하나님의 섭리에 따라 적절하게 돌아가는 정상적인 환경에서 일반적으로 의인의 선한 행위는 선한 결실을 맺는다.

지혜자가 평범하고도 일상적인, 심지어 세속적인 삶에 대해 이야기하고 있다는 사실이 가장 흥미롭고도 놀랍지 않은가! 그는 신앙(혹은 종교적 의식)에 대해 이야기하지 않는다. 그는 어떻게 매일의 삶을 경건하게 살아야 할 것인가를 이야기한다. 부를 관리하는 계획이나 부자가 되는 확실한 방법에 대해서도 전혀 말하지 않는다. 또한 하나님이 구하는 모든 자에게 물질의 축복을 주시리라 약속하지도 않는다. 지혜자들도 부가 심판의 날에 사람들을 보호해줄 거라고 믿지 않았다는 사실을 기억하라. 오직 의인들만 그날을 견딜 수 있다. 잠언 11장 4절은 기록한다. "재물은 진노하시는 날에 무익하나 공의는 죽음에서 건지느니라." 분명 의는 우리가 끊임없이 가르치고 좇아야 할 것이다. 그러나 부는 열심히 일하고 경건한 삶을 사는 자들에게 주어지는 보너스 혹은 부산물에 불과하다.

잠언 14장 4절은 여러 가지 면에서 흥미롭다. "소가 없으면 구유는 깨끗하려니와 소의 힘으로 얻는 것이 많으니라." 소가 없으면 할 일도, 치울 일도 없다. 그러나 일 잘하는 소가 있으면 더 많은 이득이 있다. 건강한 소는 새끼도 많이 낳아 주인에게 큰 이윤을 가져다주기도 한다. 말씀의 요지는 부나 돈을 얻으려면 희생을 감수해야 한다는 것이다. 시간과 에너지, 자원의 투자가 선행되어야 한다. 일확천금을 위한 지침은 〈잠언〉 그 어디에서도 찾을 수 없다. 다시 한 번 강조하지만 지혜자들이 모순인 듯 보이는 말씀들을 나란히 기록한 것은 인생을 살아가다 보면 늘 일반적인 가르침에서 벗어나는 예외가 있다는 사실을 알고 있었기 때문이다. 지혜자들은 누가 보아도 상반되는 가르침을 나란히 기록함으로써 어느 상황에나 적용할 수 있는 보편적인 가르침이란 없으며, 상황과 배경에 따라 달라질 수 있다는 것을 이야기한다.

〈전도서〉로 넘어가기에 앞서 〈잠언〉에는 노예나 가난한 자들을 위한 교훈이 없다는 사실을 보다 명확하게 짚고 넘어가야 할 것 같다. 〈잠언〉에 기록된 말씀들을 궁핍 가운데 있는 이 시대 사람들에게 현실성 없는 꿈을 심어주겠다며 사용하는 것은 책임감 없는 행동일 뿐 아니라 말씀을 남용하는 것이다. 그보다 더 안 좋은 것은 "당신에게 믿음만 있다면"[4] 무엇이든 구하라는 메시지에 이 말씀들을 이용하는 것이다. 그렇게 되면 누군가 갑자기 부를 잃게 되는 경우, 자신의 믿음뿐 아니라 나아가 그러한 문제들 속의 믿음의 역할에 대해서도 의심하게 된다. 〈전도서〉를 살펴보면 구약성경의 지혜 문서에 기록된 격언과 경구들이 중산층과 상류층을 위한 것이라는 사실을 더욱 명확히 이해하게 될 것이다.

〈전도서〉, 전혀 다른 세계

삶의 위기가 찾아올 때 우리는 어떻게 반응하는가? 1929년, 주식 시장이 붕괴하고 미국의 모든 은행이 문을 닫았을 때 일어났던 일을 생각해보라. 은행에 넣어둔 돈은 안전하다고 믿었던 사람들은 은행도 절대적으로 안전한 장소는 아니란 사실을 불현듯 깨닫게 되었다. 최근 미국인들은 2008년 경기 하락에 따라 은행이 퇴출되는 상황 속에서 이 교훈을 다시 한 번 깨달았다. 위기가 찾아오면 지혜도 달라 보인다. 〈전도서〉의 지혜는 고난의 때를 위한 것이다. 바로 전통을 역행하는 지혜다.

〈욥기〉는 의롭고 선한 성정을 가졌음에도 불구하고 갑자기 다가온 위기 속에서 극심한 고통을 겪는 사람의 이야기다. 어쨌든 〈욥기〉의 이야기는 한 특정한 개인에게 일어난 일이다. 그러나 〈전도서〉는 그렇듯 한 개인의 배만 갑자기, 그리고 부당하게 가라앉지 않는다고 가르친다. 오히려 바다는 지금도 출렁이고 있으며 모든 인간이 탄 배는 물에 빠지지 않을지언정 늘 위험 가운데 놓여 있다고 말한다. 즉, 〈전도서〉는 〈잠언〉이 일반화시킨 이슈들, 특히 인과응보라는 법칙에 이의를 제기한다.[5] 〈전도서〉는 돈이 중요한 경제적 요소로 등장하기 시작할 즈음 기록된 것으로 보인다. (필자를 포함한) 대부분의 학자는 〈전도서〉가 구약성경 중 비교적 후반부에 기록된 책이라고 의견을 모은다. 〈전도서〉는 전반적으로 회의적인 태도를 내비치며, 〈전도서〉 기자는 혈족, 가족, 인과응보의 법칙이 아닌 돈이 인생의 형통함을 결정한다고 말한다. 전도서 5장 8~14절을 보자.

> [8]너는 어느 지방에서든지 빈민을 학대하는 것과 정의와 공의를 짓밟는 것을 볼지라도 그것을 이상히 여기지 말라 높은 자는 더 높은 자가 감찰하고 또 그들보다 더 높은 자들도 있음이니라 [9]땅의 소산물은 모든 사람을 위하여 있나니 왕도 밭의 소산을 받느니라 [10]은을 사랑하는 자는 은으로 만족하지 못하고 풍요를 사랑하는 자는 소득으로 만족하지 아니하나니 이것도 헛되도다 [11]재산이 많아지면 먹는 자들도 많아지나니 그 소유주들은 눈으로 보는 것 외에 무엇이 유익하랴 [12]노동자는 먹는 것이 많든지 적든지 잠을 달게 자거니와 부자는 그 부요함 때문에 자지 못하느니라 [13]내가 해 아래에서 큰 폐단되는 일이 있는 것을 보았나니 곧 소유주가 재물을 자기에게 해가 되도록 소유하는 것이라 [14]그 재물이 재난을 당할 때 없어지나니 비록 아들은 낳았으나 그 손에 아무것도 없느니라.

분명 〈전도서〉는 부에 대하여 〈잠언〉과 사뭇 다른 태도를 취한다. 여기서 〈전도서〉 기자는 부가 늘 하나님의 축복을 증거한다고 말하지 않는다. 오히려 부정하게 얻은 소유, (부정적 의미의) 돈을 향한 사랑, 탐심에 대하여 이야기한다. 더 큰 소유는 더 큰 소비로 이어질 뿐 실제적인 이득을 가져다주지 못한다. 타락한 사회 속에서 잃을 것이 없는 자들과 달리 부자들은 밤에 편히 자지 못한다. 〈전도서〉 기자는 세금과 소산의 십일조로 빈민들을 압제하는 행위에 대해 이야기한다. 그는 물론 재물과 부요가 악보다 하나님으로부터 말미암는다고 믿는다(전 5:19). 그러나 하나님은 때때로 부자들이 그들의 부를 누리지 못하도록 막으신다. "어떤 사람은 그의 영혼이 바라는 모든 소원에 부족함이 없어 재물과 부요와 존귀를 하나님께 받았으나 하나님께서 그가 그것을 누리도록 허락하지 아니하셨으므로 다른 사람이 누리나니 이것도 헛되어 악한 병이로다"(전 6:2). 바로 그 다음 절은 부를 가졌으나 그 부를 누리지 못하는 자가 낙태된 자보다 못하다고 말한다.

여기서 우리는 부와 재물의 어두운 면, 곧 그것들이 가져오는 문제들을 볼 수 있다. 즉, 타락한 세상에서 불안해하고, 부를 가졌으나 누리지 못하며, 그 욕망과 탐심이 절대 채워지지 않는 것이다. 전도서 10장을 자세히 읽어보라. 통치자들은 백성을 감시하고 소유를 빼앗으며 백성은 통치자들을 불신한다. 통치자들은 사회 구석구석까지 모두 압제하려 든다. 철저히 타락한 사회 속에서 사람들은 오직 자신의 안위만 생각하게 된다. 〈전도서〉에는 이 불행한 개인주의가 종종 등장한다. 통치자와 백성, 부자들과 빈민들 사이의 신뢰가 깨어진 것이 개인주의가 나타난 원인 중 하나이다.

〈전도서〉 기자는 지혜라는(혹은 지혜 지향적인) 관점에서 그럴듯하게, 또한 피상적으로 인생을 이해하려는 태도를 바로잡으려는 듯하다. 즉, 성실한 삶과 참된 믿음이 언제나 부요한 삶으로 이어지는 것은 아니라고 가르친다. 또한 모든 이가 고난과 압제의 시기에 쉽게 하나님의 손길을 분별하는 것은 아니라고 말한다. 지혜를 따라 사는 것은 옳지만, 어둠의 시대에 그렇게 산다 하여 행복하거나 건강한 삶, 혹은 부요한 삶을 누릴 수 있는 것은 아니라는 것이다. 다시 말해서 그러한 시대에는 미덕, 그 자체로 만족해야 한다. 그 대가를 받는다 해도 충분하지는 못할 것이다.

〈전도서〉 곳곳에는 죽음의 그림자가 드리워져 있다. 죽음과 스올이 부와 풍요로운 삶을 좇고 있는 모든 인생 위에 허무와 모순의 그림자를 드리울 때도 있다. 이에 지혜자는 어깨를 으쓱하며 그야말로 현재를 즐기라고 권한다(전 9:10, 11:9). 구약성경 가운데서 〈전도서〉의 역할은 삶의 어두운 면을 드러냄으로써 타락한 세상에서 지혜를 보호하고자 함인 듯하다.

〈전도서〉에서 아쉬운 부분은 다른 초기 지혜 문학과 마찬가지로 사후라는 개념, 혹은 사후에 받는 상이나 보상에 대한 언급이 전혀 없다는 사실이다. 만일 〈전도서〉 기자가 사후에 인생의 불의나 악과 같은 문제들을 바로잡을 수 있다는 사실을 믿었다면, 그는 인생을 허무하고 무의미한 것으로만 보지 않고 다르게 보았을 것이다. 이것이 지혜에 대한 예수님의 가르침과 코헬렛의 가르침 사이의 가장 큰 차이점이다. 예수님의 가르침 또한 전통에 역행하는 지혜이다. 그러나 예수님은 심판 후에 인생의 역전이 있을 거라고 가르치신다. 아니 그분의 사역과 함께 역전은 이미 시작되었다고 말씀하신다. 코헬렛은 오랜 지혜가 담긴 격언을 인용하되 그것을 심하게 수정한다. 전도서 7장 1절을 보자. "좋은 이름이 좋은 기름보다 낫고"(솔로몬의 말일 가능성이 높다), "죽는 날이 출생하는 날보다 나으며"(솔로몬처럼 나이 들고 지혜로운 군주가 이런 말을 했을 가능성은 극히 적다).

이와 관련하여 전도서 5장 10~20절도 자세히 살펴보자. 코헬렛은 부(富)는 사람을 불안하게 하고 심령의 만족과 평안을 가져다줄 수 없다고 믿는다. 부는 잠깐의 이익만 가져다줄 뿐, 재물이 많으면 식객만 몰릴 뿐이다. 가난한 자와 하루 벌어 하루 사는 사람들은 밤에 잘 자지만, 부를 가진 자들은 걱정이 많아 잠을 이루지 못한다. 재물은 불확실한 미래로부터 우리를 보호해주지 못한다. 왔다가도 금세 사라지는 것이 부이기에 가지고 있을 때 그것을 누려야 한다. 전도서 5장 19~20절을 보면 근면함이 반드시 성공으로 이어지고 열심히 일한다 하여 꼭 부를 얻을 수 있는 것은 아닌 듯하다. 오히려 부는 하나님이 주시는 선물이며, 그 부를 누릴 수 있는 능력도 마찬가지다. 그러나 하나님은 그중 하나, 혹은 둘 다를 신실한 자에게 허락지 않으시는 듯하다.

분명 〈전도서〉 기자는 지혜에 대하여 독립적인 입장을 취한다. 전통적인 지혜를 그대로 받아들일 때도 있지만, 그것을 수정하거나 거부할 때도 있다. 그의 말 속에서 역설의 본질을 찾아보라. "죄인은 백 번이나 악을 행하고도 장수하거니와 또한 내가 아노니 하나님을 경외하여 그를 경외하는 자들은 잘될 것이요 악인은 잘되지 못하며 장수하지 못하고 그날이 그림자와 같으리니 이는 하나님을 경외하지 아니함이니라"(전 8:12~13). 코헬렛은 인생의 분명한 모순을 깨닫도록 하기 위해 문답식 대화체를 사용하고 있다. 그는 지혜 속에는 진리가 있으나 그 지혜 하나하나가 모두 진리는 아니라고 말하는지도 모른다. 그것은 지혜가 사용되는 상황에 따라 달라질 수 있다.

전도서 8~9장을 자세히 살펴보면 〈전도서〉 기자가 의와 장수, 부, 다시 말해서 건강과 재물, 신실한 삶 사이의 절대적인 관계를 믿지 않는다는 것을 알 수 있다. 물론 그런 요소들이 맞물릴 때도 있으나 늘 그런 것은 아니다. 그렇다고 믿음이나 의의 부족이 그 원인은 아니다. 코헬렛은 혼란의 시대를 이렇게 바라본다. "우매한 자가 크게 높은 지위들을 얻고 부자들이 낮은 지위에 앉는도다 또 내가 보았노니 종들은 말을 타고 고관들은 종들처럼 땅에 걸어다니는도다"(전 10:6~7).〈잠언〉에서는 당연하게 여겨졌던 전통적 질서가 코헬렛의 시대에 와서는 완전히 무너져버렸다. 그가 이 현실을 인정하는 것은 아니다. 그러나 현실은 그의 눈앞에서 펼쳐지고 있다. 바로 이것이 우리에게〈전도서〉가 중요한 이유이다. 즉,〈전도서〉는 부에 대해 조금도 천진난만한 태도를 취하지 않는다. 부는 압제와 탐욕의 결과물이 아닌 하나님의 축복이라는 믿음에 대해서도 마찬가지다.

따라서〈전도서〉의 그늘 아래서 재물에 반응하는 방법을 배우기란 쉽지 않다.〈전도서〉기자는 부가 하나님으로부터 왔다면 그것을 누리라고 말한다. 그러나 부정한 방법, 즉 거짓으로 부를 얻은 자는 이에 해당되지 않는다(부정직한 거래를 비난하는 것은 지혜 문학에 늘 등장하는 주제이다).〈전도서〉는 기존 질서를 거스르고 직관에 반한다는 점에서 예수님의 가르침과 유사하다. 그러나 코헬렛은 종말이나 마지막 때를 향한 소망에 관하여는 전혀 언급하지 않는다. 그와 반대로 예수님은 종말의 소망을 말씀하셨다.

▶ 결론

요약하면, 재물과 부에 대한 구약성경의 가르침은 전체를 사용해야지, 마음에 끌리는 대로 필요한 구절만 뽑아서 사용해서는 안 된다. 다양성과 모순이 넘치는〈잠언〉뿐 아니라 보다 도전적인 말씀으로 채워져 있는〈전도서〉도 마찬가지다.〈전도서〉는 재물과 부를 절대적인 존재로 보지 않을 뿐 아니라, 늘 하나님이 주시는 축복을 의미한다고 가르치지도 않는다. 부자와 권력자들에게 압제 당하는 가난한 자들을 향한 염려는 분명하게 드러난다. 부가 항상 하나님의 축복을 증거하지 않는 것처럼, 가난이 하나님의 저주를 증거하는 것은 아니라고 가르친다. 만일 그렇지 않다면 압제로 인하여 가난을 겪는 자들의 고통을 덜어 주고 도와주라는 가르침이 무색해질 것이다.

1장에서 언급했듯이, 그리스도인들은 부와 재물이라는 주제에 대하여 신약성경의 가르침만 공부해서는 안 된다. 뿐만 아니라 예수님의 강림 이후 그리스도인들은 어떠한 상황에도 더 이상 구약의 언약 아래 있지 않다는 사실도 잊지 말아야 한다. 그리스도인을 위한 도덕적 행위의 기준은 달라졌다. 어떤 면에서는 구약의 언약보다 더 많은 것을 요구하기도 한다. 또한 부와 가난, 재물과 돈과 같은 문제에 대한 관점은 종말의 상황과 예수님과 제자들의 가르침을 좇아 변화되었다. 돈, 청지기의 삶, 재물, 부 그리고 혹은 건강에 대한 기독교 신학은 결국 구약성경을 그 근본으로 한다. 그러나 구약성경에 사고의 근간을 두고 있는 사람이라 할지라도, 〈잠언〉과 〈전도서〉에 종종 등장하는 다양한 모순의 문제들을 공평하게 판단해야 할 것이다.

CHAPTER 03

예수님 시대의
돈

우정이라는 성스러운 열정은
달콤하고 확고하며 충성스럽고
흔들림이 없어 평생 지속된다.
단, 돈을 빌려달라는 부탁만 하지 마라.

마크 트웨인

현대를 사는 우리는 '시대착오'라는 개념을 분명히 이해하고 성경을 대해야 한다. 시대착오란 현대의 지식과 상황들을 고대 성경 시대와 그 문화 속으로 주입하는 가운데 본문을 왜곡하거나 오역하는 경우를 의미한다. 재물과 부라는 문제는 특히 시대착오를 일으키기 쉽다. 잠깐만 깊이 생각해봐도 과거와 오늘날의 경제 사회, 예수님 시대와 이 시대의 돈의 역할은 동일하지 않으리라는 사실을 알 수 있다. 우리의 새로운 여정을 시작함에 있어서 이러한 시대착오를 면하려면 예수님과 제자들이 살던 시대의 경제 체제와 시장과 화폐의 역할을 살펴볼 필요가 있다.

▪ 고대 경제 체제: 농경 시대

모든 고대 경제의 근간은 농업이었다. 예수님 시대뿐 아니라 그 전후도 마찬가지였다. 우리에게 경제라 하면 서구 세계를 지배하는 도시 생활과 문화만 떠올리지만, 고대에는 대부분의 사람이 시골에서 농사를 지으며 살았다. 주식 시장이나 투자자들, 은행 때문에 경제가 좌우되지도 않았다. 무엇보다도 그 시대 경제를 가장 크게 지배한 것은 날씨였다. 기아와 그로 인한 식량난은 거의 어김없이 찾아와 사람들의 일상에 영향을 끼쳤다. 냉장고나 식품 저장 공간이 없던 시대에 적절한 비와 풍작을 위한 간절한 기도는 끊어질 수가 없었다.

신약은 로마 제국이 막 세워질 때 즈음 기록되었다. 로마 제국이 지중해 지역을 모두 장악한 주후 20년대에 예수님의 사역이 시작되었다. 따라서 우리는 무엇보다도 그 당시 경제가 본질적으로 한 지역에 국한되기보다 세계를 아우르는 규모였음을 기억해야 한다. 로마 정권 아래 이 거대한 경제 체제는 성경에 등장하는 전 지역을 포함한 지중해 초승달 지대 전역을 지배했다. 이집트는 고대의 캔자스, 즉 대부분의 밀이 생산되는 주요 농업 지역이었다(〈창세기〉에서 흉년을 맞은 족장들이 이집트로 갔던 것으로 보아 수세기 동안 그랬던 것 같다). 고대 경제에 관하여 우리가 반드시 기억해야 할 두 번째 사실은, 막강한 힘을 가진 상류층이 고대 사회의 농업뿐 아니라 경제를 포함한 사회적 부문들을 좌우했다는 것이다. 그래서 D. E. 오크먼은 "고대 경제는 정치적 경제였다"[1]고 말한다. 정기적으로 찾아오는 기근이 주위 지역에 상당한 불안을 야기했으리라 예상할 수 있는 만큼 정치적 통제는 중요한 의미를 갖는다.

팔레스타인 지방의 우기는 겨울이다. 가뭄은 여름에 찾아온다. 현재까지도 이스라엘에는 늦은 5월과 늦은 9월 사이에 비가 거의 내리지 않는다. 이스라엘을 여행하며 싱싱한 초목들을 볼 수 있는 것은 거의 비가 아닌 관개(灌漑) 기술 덕분이다. 고대 이스라엘 연중 강우량은 정남부 네게브 지방에서는 50밀리미터였고 북

부 갈릴리 지방에서는 800밀리미터에 이르렀다. 이렇듯 물이 늘 부족했기 때문에 고대 이스라엘인들은 건지 농법을 사용했다. 깊은 흙 속에 수분을 유지할 수 있도록 표토만 기경(起耕)하는 농법도 그중 하나였다. 이스라엘 땅은 예나 지금이나 "밀과 보리의 소산지요 포도와 무화과와 석류와 감람나무와 꿀의 소산지(신 8:8)"이다. 농부들이 성장이 빠르고 가뭄에 강한 식물을 재배하기 때문이다. 이 지역의 주요 식량은 밀, 포도주, 무화과였고 지금도 마찬가지다(호 9:2~4; 잠 9:5; 느 5:11 참고).

수확물 주기에 따르면 밀은 늦은 봄에 추수했고, 포도는 여름에 수확해서 즙을 짰다. 올리브는 이른 가을, 단맛이 나는 무화과도 봄이 아닌 가을에 수확했다. 봄에 나오는 것은 (먹을 수는 있지만) 맛이 덜하고 쓴 수과일밖에 없었다. (예수님이 봄에 무화과나무를 저주하셨던 것을 기억하라.) 밀 추수는 특히 힘든 작업이었다. 동물들로부터 농작물을 보호하고 추수 직전에 잡초를 제거해야 했기 때문이다.

물론 농사만으로 식량을 공급했던 것은 아니다. 고대 이스라엘 사람들은 양과 염소를 키우기도 했다. 염소의 우유와 그것으로 만든 치즈는 필수 영양분의 공급원이었다. 대부분의 고대인은 식량을 마련하려는 목적으로 정기적으로 동물들을 죽이지는 않았다. 수요를 감당할 만큼 가축이 많지 않았기 때문이다. 따라서 그들은 채식 위주의 식사를 했다. 그러나 예루살렘의 성전 경제는 제사에 드려지는 많은 동물에 의존했다. 베들레헴과 그 근처에 살며 제사에 쓸 양과 새들을 공급하는 상인들도 마찬가지였다.

수확기나 기계 장비가 없었던 시대에는 곡식을 추수하고 처리하는 과정을 온전히 동물이나 사람이 도맡아야 했다. 대부분의 사람이 시골이나 농촌 지역에 살면서 농업에 종사했다. 그러나 아주 극소수의 사람들은 도시에 살면서 땅을 소유하고 교육, 종교, 정치 등에 여가를 사용하기도 했다. 오크먼의 말을 들어보자.

산업화 이전의 농업이 창출한 한정된 잉여 농산물은 절대적인 상류층의 규모를 고정시키는 역할을 했다. … 시골 경제는 각 가정의 필요나 농업에 집중되어 있었고, 도시 경제는 잉여물의 과세와 상류층을 위한 재분배에 기반을 두고 있었다.[2]

따라서 아주 극소수의 사람들에게만 부를 획득할 수 있는 가능성이 열려 있었다. 물론 오늘날 우리가 생각하는 부보다 훨씬 적은 수준이었다.

세분화된 사업이 등장하기 전에는 현대의 쇼핑몰이나 상점 같은 곳이 거의 없었기 때문에 시골 사람들은 으레 옷, 신발, 연장, 집까지 스스로 만들었다. 그러나 소수의 사람들이 통제하는 가운데 매매가 이루어지는 품목들도 있었다. 주로 (음료 용기를 비롯한) 유리 생산품, 무기, 고급 가구 제조 같은 것들이었다. 물론 화폐 주조는 상류층이 엄하게 통제했다. 고대에는 각 사회의 상류층이 독점적으로 화폐를 제조하고 관리하였으며 그들의 정치적, 종교적 선전을 위하여 사용되었다. 돈은 "본질적으로 과세를 용이하게 하거나 상류층이 후원하는 매매를 돕기 위한 그들만의 도구였다."[3] 따라서 예수님에 대한 기록 중 세금이나 통행세, 성전에 바치는 기부금 같은 문제가 거론될 때만 돈이 등장하는 것은 당연한 일이다. 돈은 오늘날과 같이 모든 경제의 근간이 아니었다. 그 당시 사람들은 가진 돈이 별로 없거나 아예 없다 해도 부유한 삶을 누릴 수 있었다. 은행이나 성전 헌금함에 넣어둔 돈은 말할 것도 없었다. 뿐만 아니라 유대교 초기에 세금 징수에 대한 저항이 그토록 거셌던 가장 큰 이유는 그것의 경제적인 영향 때문이었다. 일단 세금을 내고 나면 가족을 부양할 돈이 없는 사람들이 매우 많았다. 역사적으로 유대인들은 노동의 가치를 소중히 여겼다. 육체노동도 예외는 아니었다. 그럼에도 불구하고 손으로 일하는 사람들을 무시하는 그리스 로마 상류층의 태도가 예수님 이전에 이미 유대인의 상류층 문화에도 침투했다는 사실이 꽤 흥미롭다(참고. 시락서 38:25~34).

고대 경제를 연구하는 학자들은 그 당시 물자가 한정되어 있었다는 사실에 주목한다. 성경 시대에는 생산성이 낮았고 그 생산성을 증대시킬 만한 (현대의 화학비료나 관개 기술과 같은) 수단도 없었다. 이런 현실 속에서 사람들은 물자는 배분되는 것이라 믿게 되었다. 물자는 하나님이 배분하시는 것이기에 늘어날 수 없는 것, '한정된' 것으로 여겼다. 이는 곧 필요한 물자가 자신에게 없을 때는 교환하거나 훔치는 수밖에 없다는 것을 의미한다. 이것은 수입과 소비 능력을 증대하기 위해 어떻게 '더 많이' 생산할 수 있는가의 문제가 아니었다. 이러한 압박감과 가뭄은 정기적으로 찾아오고 분배한 토지의 생산성이 고갈되는 상황 속에서 많은 사람은 불황과 호황이 주기적으로 순환하며 찾아올 수밖에 없다는 사실을 알고 있었다.

고대 경제에 영향을 미친 또 다른 요소는 명예와 수치의 이데올로기였다. 사람들은 가난을 단지 불행한 것이라 여기지 않았다. 그들에게 있어서 가난은 수치였다. 가난한 사람은 사회적 망신거리였고 하나님의 벌을 받은 것이라 여기기도 했다. 이는 곧 부자들은 사회적으로 명예로운 존재일 뿐 아니라 하나님의 축복을 받은 자로 여겼다는 것을 의미한다. 그러나 이 이데올로기가 모든 상황에 적용되는 것은 아니었다. 고아와 과부를 보호하기 위한 율법과 전통이 구약성경에 자주 등장하는 사실로 알 수 있다(출 22:22; 사 1:17). 예수님을 포함한 다른 이들도 이 문제에 대해 언급하였다. 또한 우리는 〈잠언〉과 〈전도서〉에서 악하되 부유한 자들이 존재하며 그들은 절대 비난을 면할 수 없음을 이미 살펴보았다(잠 22:16, 22:23; 전 4:1~3). 따라서 경건하되 가난한 자들도 분명 이 명예와 수치 이데올로기의 예외라 할 수 있다.

❖ 예수님 시대의 **경제적 상황**

명예와 수치의 이데올로기, 농업과 농산물의 생산에 영향을 미쳤던 요소들과 더불어 두 가지가 예수님 시대 이 거룩한 땅의 경제에 가장 큰 영향을 미쳤다. 첫째, 로마가 총독들을 보내어 유대 땅을 통치했다는 사실이다. 또한 부재지주들에 의해 운영되었던 대규모 토지들에 따라 대부분의 경제가 좌우되었다. 소작농이 일반적이었고 지주가 아니면 세리들이 이 소작농들에게 세금을 걷으러 왔다. 세금은 현물 혹은 현금으로 납부했다. 토지 관리인, 세리, 노예들이 복음서에 빈번하게 등장하는 것은 우연이 아니다(눅 12:42, 16:1~8; 막 13:34~35).

둘째, 타락하고 경건치 못한 분봉왕, 헤롯 안티파스가 통치하던 갈릴리의 상황도 그보다 낫지 않았다(누가는 헤롯이 그 지역의 토지를 소유하고 있었으며 토지 관리인들을 두고 있었음을 누가복음 8장 1~3절에 기록해놓았다). 대규모 토지가 존재했다는 것은 곧 압제 아래 있던 소농들이 생계를 꾸려가기 힘들었다는 것이다. 그들 중에는 토지에서 쫓겨나 품꾼으로 전락하는 이들도 있었다. 예수님과 같은 장인들, 즉 석공, 가죽 직공, 목수와 같은 사람들은 헤롯의 큰 건축 사업에 참여하여 수입을 유지할 수 있었다. 그중 하나가 나사렛에서 아주 가까운 곳에 위치한 세포리스에 새 도시를 세우는 일이었다.

이 모든 사실을 통해 알 수 있듯이, 예수님 시대의 경제적 긴장은 단순히 사회적인 것으로 해석해서는 안 된다. 모세오경에 담긴 신학이 유대 문화 전체에 아주 오랫동안 영향을 미쳤다는 사실을 분명히 기억해야 한다. 에케하르트와 볼프강 슈테게만은 이렇게 말한다.

> 이 시대에 사회경제적인 모종의 균형이 유지되었으리라는 주장이 있다. 특히 (이자의 금지, 특히 빚을 탕감해주는 법처럼) 소작농들이 얻는 이익과 (세금에 대한 권리와 같은) 성직자들의 이익 사이의 균형은 신성한 법적 관례로 여겨졌다.[4]

희년과 이자의 금지, 고아와 과부에 대한 의무 같은 문화적 규범과 관습은 예수님 시대에도 분명히 유효했다. 이 세상과 그에 속한 모든 것이 하나님의 것이라는 기본적인 창조신학은 말할 것도 없었다. 그것들은 돈과 경제적 문제에 대한 사람들의 생각뿐 아니라 그들의 행동에까지 영향을 미쳤다.

예수님은 그러한 신학적 근본을 토대로 말씀하셨다. 예를 들어 예수님은 고향 회당에서 하신 첫 번째 설교에서 희년에는 노예들뿐 아니라 포로들에게도 자유를 주라는 말씀을 선포하신다(눅 4장).[5] 예수님은 늘 돈의 문제를 하나님과 연관시키신 듯하다. 물론 예수님만 그런 것은 아니었다. 안식일에 밀밭에서 이삭을 자른 배고픈 제자들이 비난을 받았던 사실을 통해 안식일은 예외라 할지라도 어쨌든 가난한 자들에게는 이런 행동이 널리 용납되었음을 알 수 있다(막 2:23~24).

우리가 아직 살펴보지 않은 중요한 경제 지표가 또 있다. 바로 갈릴리 바다의 어업이다. 갈릴리 사람들은 어업을 통해 부가적인 양식과 수입을 얻을 수 있었다. 예수님 시대 갈릴리 바다 주변 지역은 다른 지역에 비해 비옥하였고 어업에 기반을 둔 매매도 활발히 이루어졌던 것으로 보인다. 실제로 요세푸스는 갈릴리의 생산성과 비옥한 토지에 대해서 기록하였다.[6]

예수님 시대의 특정한 경제 동향을 살펴보는 것도 중요하다. 슈테게만은 이렇게 강조한다.

> 수공업, 상업, … 무역은 특히 그리스 문화인 헬레니즘과 연계되어 이스라엘 땅에 번창하였다. 그에 따라 도시화도 이루어졌다. 페르시아[포로] 시기에 이미 시작된 화폐 주조가 널리 퍼짐에 따라 무역도 활성화되었다. 이후 팔레스타인 지방은 동쪽 지중해 지방에 경제적으로 통합되었으며 그 이후에는 로마 제국이라는 더 큰 영역에 예속된다. 수공예는 보다 전문화되고 세분화되었다.[7]

헤롯 왕이 거대한 건축사업을 계획함에 따라 유대와 갈릴리 지방에 거주하는 여러 종류의 장인들을 필요로 하게 되었다. 그는 예루살렘 성전, 안토니아 요새, 헤로디온 요새, 지중해변 가이사랴, 사해의 마사다, 갈릴리의 티베리아스와 세포리스, 이후 가이사랴 빌립보가 된 바니아스, 헤롯 빌립의 수도 등의 건축을 계획하였다. 예루살렘 성전을 보수하고 유지하는 데 얼마나 많은 노동력이 동원되었을지 잠시 상상해보라. 금 세공인, 은 세공인, 빵 굽는 사람, 향 피우는 사람, 제물로 사용하기 위해 가까운 농장에서 예루살렘으로 가져왔을 양과 새들, 곡물 창고를 지키는 사람, 돈 관리하는 사람, 여러 제사장과 레위인들, 환전상, 동물 파는 사람, 음악을 연주하는 사람, 랍비, 필경가, 법을 다루는 사람에 이르기까지 건축 노동력 이외에도 여러 부문의 필요가 채워져야만 했을 것이다.[8] 그러나 토지가 헤롯의 세 아들들에게 분배되고 결과적으로 세 개의 독립적인 지역이 된 후에는 경제적인 상황도 훨씬 복잡해졌다는 사실을 기억해야 한다. 예를 들어 이들이 각자 다른 화폐를 주조함에 따라 등가성의 문제가 발생하기도 했다.

갈릴리는 남북을 가로지르는 향료의 옛 무역로에 가까이 자리 잡고 있었다. 페트라 지구에서 갈릴리 바다 동쪽에 이르는 왕의대로도 그 무역로 중 하나였다. 따라서 갈릴리에는 이스라엘에서 나지 않는 철, 구리, 납, 금, 은, 무엇보다도 향료 같은 물건들이 들어올 수 있었다. 그러나 남쪽 갈릴리는 해상 무역로에서 꽤 멀리 떨어져 있었다. 그곳에는 가까운 항구가 없었다(욥바는 갈릴리에서 너무 멀었다). 수공예, 상업, 무역이 갈릴리 경제의 일부였던 것은 분명하지만, 농업에 예속되어 있는 꼴이었다.

헤롯은 그 막대한 건축에 필요한 재정을 어떻게 충당했을까? 세금을 통해서였다. 그는 로마가 징수하는 세금보다 더 많이 착취했다. 뿐만 아니라 여러 지방의 접경 지역에는 통행세 징수원들도 두었다. 예수님은 세금 징수원과 통행세 징수원들을 모두 만나 복음을 전하셨다. 탐욕으로 가득 찬 헤롯 왕조는 그 땅을 모두 착취하여 작은 농장들을 통합, 대규모 토지로 만들어버리고 토지 관리인이나 노예들을 통해 관리했다. 이런 일은 유대뿐 아니라 갈릴리에서도 일어났다. 헤롯 일가에 속했던 토지와 (유대의 귀족층을 포함한) 상류 귀족층의 토지, 사두개인들이나 가야바와 같은 제사장 집안에 속해 있던 토지들은 구분이 가능하다.

이런 사실들을 통해 헤롯 왕조가 그 모든 땅을 자신의 소유로 여겼다는 사실을 알 수 있다. 그들은 필요하면 언제든 소농들의 토지를 몰수할 수 있다고 생각했다. 이미 사용 중인 오래된 토지뿐 아니라 새로운 토지의 양도 엄청났다. 예를 들어 세겜 근처에서 고고학자들이 발견한 토지는 약 10제곱킬로미터에 이르렀으며 175가정 이상이 그 땅에서 거주하면서 농사를 지었을 것으로 추정된다. 토지 압수는 소농들을 원래 그들의 소유였던 땅의 소작인, 혹은 품꾼으로 만드는 식으로 이루어졌다. 헤롯 왕이 공개적으로 거둬들인 세금만 일 년에 약 1,000달란트에 달했을 것이라 추정된다. 세금의 부담이 얼마나 컸을지 짐작할 수 있다. 헤롯이 건축을 크게 벌였을 때는 말할 것도 없었다.[9] 토지가 압수됨에 따라 농부들은 더 이상 자급자족할 수 없게 되었다. 그들은 새로운 토지주에게 예속되었고 건축 현장에서 일하는 사람들도 있었다. "소농들의 부채와 토지의 압수가 이 로마 시대를 증거한다"고 해도 결코 과언이 아니다.[10] 소농들이 소작농이 되고 또 품꾼이 되고 걸인이 되어 평민들이 점점 줄어들며, 온 마을이 대규모 토지를 소유한 한 사람에게 의존하는 것이 이 시대의 안타까운 현실이었다. 예수님이 비유에서 곤궁에 빠진 품꾼과 소유를 빼앗긴 사람들에 대해 언급하신 것이 절대 우연이 아니었다.

예수님 시대 바로 전에 활동했던 유명한 유대교 랍비, 힐렐이 정한 프로스볼(Prosbol)이라는 의제로 인해 희년 후에도 빚이 존속하게 되었다.[11] 이는 신명기

15장에 기록된 희년의 규범, 즉 빚을 완전히 면제해주라는 명령이 제거된 매우 안타까운 사건이었다. 힐렐에 대하여 알고 계셨던 예수님은 그의 이러한 주장을 용납하지 않으셨다. 누가복음 4장뿐 아니라 주기도문에서도 예수님은 다른 이의 빚을 탕감해준 것처럼 자신의 빚을 탕감해주길 구하는 기도를 가르쳐주신다. 그 당시에는 희년의 규범이 법과 같은 효력을 가지고 있었기 때문에 사람들은 가난한 사람들에게 생계에 필요한 돈을 빌려주려 하지 않았다. 힐렐은 가난한 자들이 필요한 돈을 빌릴 수 있도록 돕기 위해 그 의제를 만들었을 것이다. 그러나 결과적으로 프로스불은 채무자들보다 채권자들에게 사회적 이득을 가져다주었다.

이렇듯 많은 사람이 가난으로 내몰리는 상황 속에서 주후 6년경 갈릴리 사람 유다와 같은 열심당이 등장한 것은 그리 놀랄 일이 아니었다. 열심당은 소농들의 빼앗긴 땅을 되찾기 위해 필요하다면 폭력도 사용할 준비가 되어 있었다.

❖ 예수님 시대의 세금

예수님 당시 세금의 부담을 제대로 이해하려면 먼저 (성전세와 같은) 종교세와 국세 혹은 지방세의 차이점을 이해해야 한다. 종교세에는 복음서에 등장하는 성전세뿐 아니라 십일조와 첫 소산에 대한 세금도 포함되었다. 그리고 국세는 인두세(〈누가복음〉에 인구 조사에 대해 기록되어 있다)와 토지세가 있었다. 그 밖에 다양한 종류의 판매세와 재산세, 수입 수출 관세와 접경 지역에서 받는 통행세 등이 있었다. 따라서 강제로 사람들을 징발하여 일을 시키는 앙가리아(angaria)라는 제도가 등장했다(마태복음 5장 41절과 구레네 사람 시몬에게 십자가를 지웠던 것을 참고하라).

마카베오 왕조와 하스모니안 왕조의 공백기 이후, 주전 37년부터 헤롯 대제는 유대인들에게 통치자 가이사에게 조공을 바칠 것을 또다시 요구한다. 헤롯 왕조를 통해 간접적으로 조공을 바치는 식이었으나, 아켈라우스가 왕위를 잃은 주후 6년부터는 직접 세금을 내야 했다. 이는 유대인들이 "가이사의 것은 가이사에게 바쳐야" 하는 상황이 최초로 벌어진 것이다. 14세 이상의 모든 남성, 12세 이상의 모든 여성이 1년에 약 1데나리온의 조공을 바쳐야 했다(막 12:13~17). 이 조공을 성전세와 혼동해서는 안 된다. 디아스포라 유대인들까지도 예루살렘에 있는 성전으로 성전세를 보냈다. 앞으로 살펴보겠지만 예수님은 이 두 가지 세금을 모두 언급하셨다.

로마 정부는 불의한 일은 다른 민족에게 맡기는 것으로 악명이 높았다. 세금을 걷는 것도 그중 하나였다. 로마의 통치자를 위해 유대인들이 유대인들로부터 세금을 걷어야 했다. 예를 들어 누가복음 18장 10~14절에는 성전에 있던 유대인 세리와 바리새인이 등장한다. 또한 누가복음 19장에는 삭개오가 등장한다. 그는 유대인이지만 세리이기에 부를 누리고 있었다. 그는 죄를 씻기 위해 그동안 갈취한 것들을 먼저 돌려주어야 했다.

당연히 유대인 세리들은 사람들에게 따돌림을 당했고 매국노 취급을 받았다. 성전이 아닌 유대인들의 압제자를 위해 세금을 걷었기 때문이다. 조공을 바치지 말아야 한다고 생각하는 유대인들이 많았다. 그래서 예수님께 그 문제에 대한 질문을 던졌던 것이다(막 12:13~17). 세금 착취는 빈번히 일어났다. 로마 정부는 고액의 세금 징수를 청부했고 세리들은 로마 정부와 합의한 금액뿐 아니라 자신의 세금까지 지불해야 했기 때문이다. 분명 세금이 주는 압박감은 엄청났을 것이다.

한 자료는 (성전세와 별도로) '연방세'가 두당 3데나리온에 이르렀을 것으로 추정한다. 1데나리온은 하루 벌어 하루 사는 품꾼들의 일당에 해당하는 금액이었다. 즉, 3데나리온은 터무니없이 큰돈이었다. 언제부터 유대인들이 성전세를 내기 시작했는지 정확히 알 수는 없다. 그러나 분명 예수님 시대 이전, 하스모니안 왕조 즈음이었을 것이다(주전 140~137년).[12]

예루살렘 성전세는 어떻게 걷었을까? 예루살렘을 찾아와 성전 헌금궤에 돈을 넣는 모든 사람이 성전세의 대상이었던 것은 아니다. 유대인 학자 필로는 마을이나 도시의 존경받는 일원들이 거룩한 돈을 모아 그 지역 헌금궤에 넣었다고 기록한다. 그 후 신임을 얻은 사절단이 그 돈을 가지고 예루살렘으로 갔다.[13] 이 사절단은 절기를 이용하여 예루살렘으로 갔던 것으로 보인다. 유월절이나 다른 절기를 보내려는 순례자들 속에서 안전하게 예루살렘까지 갈 수 있었을 것이다.

사람들은 성전세를 거룩하다고 여겼다. 매년 속죄 제물로 드려지는 돈이었기 때문이다. 성전세는 두로의 반 세겔로 드렸다. 세겔은 일정한 무게의 순은으로 만들어졌다. 동전에 헤라클레스와 톨레미 왕조를 상징하는 독수리가 새겨져 있다 해서 신성한 목적으로 사용하는 데 큰 문제가 되지는 않았다. 예수님 시대에 환전상들과 동물 파는 사람들이 성전 안으로 들어오게 된 것은 혁신적인 일이었을 것이다. 그전까지 그들은 성전 밖에 머물러야만 했기 때문이다. 예수님은 이것은 불경하다고 여기셨다. 거룩한 곳에서 부정한 거래가 이루어지는 경우는 말할 것도 없었다.

제사장에게 바치는 십일조 또한 부담이 되었을 것이다(포로기 이후 관례가 기록되어 있는 민수기 18장 21~32절, 느헤미야 10장 38절을 참고하라; 참조. 쥬빌리서 13:24).

요세푸스는 이 십일조로 부를 축적한 제사장들에 대해 언급한다.[14] 과부를 착취하여 예수님의 책망을 받은 서기관들이 그러한 제사장 밑에 있었을 것이다.

지금까지 예수님 당시 거룩한 땅의 전반적인 경제 상황들을 살펴보았다. 일부 상류층을 제외하면 그다지 소망이 없었다. 이러한 사회적 배경을 염두에 두고 돈과 부에 대한 예수님의 말씀을 이해해야 한다. 이 시대 부와 큰 재산은 하나님의 축복보다는 부정과 타락, 강탈과 관련되어 있었다. 또한 이방의 통치자들이나 헬라의 영웅들이 새겨져 있는 화폐를 아무런 문제의식 없이 받아들일 수는 없었다. 지금부터는 그 당시 화폐에 대해 더 알아보도록 하자.

ᛥ 로마 제국의 화폐

지난 몇 년간 나는 신약에 등장하는 여러 가지 1세기 화폐들을 수집하였다. 그 화폐들 중 가장 큰 것은 (두로에서 주조된) 두로의 세겔이다. 세겔의 한쪽에는 헤라클레스, 다른 한쪽에는 (알렉산더 사후 이집트를 계승하여 다스린) 톨레미 왕조의 독수리가 새겨져 있다. 두로의 반 세겔은 말 그대로 크기와 무게가 세겔의 절반이었다. 귀금속은 화폐가 주조되기 전부터 교환 수단으로 사용되었다. 그리고 교환은 귀금속의 무게를 근거로 이루어졌다. 이러한 관습 때문에 화폐의 가치도 무게로 평가하게 된 것이다. 금속의 종류와 무게 모두 평가의 기준이었다. 성전세를 내기 위해 예루살렘 성전에 가지고 갔던 돈이 바로 두로의 반 세겔이었다.

은으로 만들어진 또 다른 화폐는 은 데나리온이었다. 일반적으로 데나리온에는 황제의 두상이 새겨져 있었다. 내가 가지고 있는 데나리온에는 아우구스투스

와 네로가 새겨져 있다. 이 화폐에는 사람의 형상이 새겨져 있었다. 황제는 신이
나 신과 동등한 아우구스투스의 아들 혹은 후손이라는 메시지를 전달하기 때문
이다. 보통 이 화폐는 로마에 조공을 바치는 데 사용되었다. 사람들은 이 화폐에
대한 판단을 예수님께 구했다(마 17:24~27). 동전의 앞면에는 다양한 그림들이 새
겨져 있다. 아우구스투스 동전 뒷면에는 그의 조카들인 카이우스와 루치우스가,
네로의 동전에는 성전이 새겨져 있다("아우구스투스, 신의 아들 네로 가이사"라고 적
힌 네로의 동전이 상징적 숫자 666을 가리킨다는 주장이 있다. 헬라어, 라틴어, 히브리어
알파벳은 각 문자가 수의 가치를 지니고 있다. 이 문구의 숫자를 모두 '합치면' 666이 된다.
〈요한계시록〉 13장 17~18절 본문에서는 "616"이 되기도 한다. 어떤 언어를 사용하는가
에 따라 숫자가 달라진다).

다음은 과부가 드린 적은 돈, 렙돈이다. 이는 아직까지 살펴본 화폐들에 비하
면 가치가 훨씬 적다. 예루살렘에서 예수님이 만나신 여자가 성전 헌금궤에 넣은
돈이 바로 렙돈이다(막 12:41~44). 가난한 과부가 화폐를 가지고 있었다는 사실은
뜻밖이다. 그러나 그녀가 가지고 있었던 돈은 현대의 1센트보다 더 적은 가치를
지녔다. 렙돈은 우리가 사용하는 1센트처럼 구리로 만들며, 유대인이 주조한
다른 화폐들과 마찬가지로 사람의 형상이 새겨져 있지 않았다. 내가 가지고 있는
렙돈의 한쪽에는 바퀴나 장미 문양, 다른 한쪽에는 등불이 새겨져 있다.

다음에 살펴볼 화폐는 총독의 화폐다. 본디오 빌라도 화폐, 베스도 화폐, 벨릭
스 화폐 등이 있다. 빌라도 화폐와 벨릭스 화폐는 청동으로 만들어졌으며 유대에
서 주조된 전형적인 화폐와 같았다. 한쪽 면에는 올리브 가지가, 다른 한쪽 면에
는 통치권을 상징하는 목자의 지팡이가 새겨져 있다. 이미 살펴보았던 것처럼, 화

폐는 선전을 위한 유용한 도구였다. 이 화폐들은 평화를 주창하는 로마의 지도자들이 자비로운 통치를 하리라는 메시지를 전달하고 있었다(안타깝게도 그런 일은 드물었다). 벨릭스 화폐는 보다 흥미롭다. 한쪽에는 열매를 맺은 종려나무가, 다른 한쪽에는 로마의 정의를 상징하는 로마의 국고가 그려져 있다. 벨릭스 화폐는 벨릭스와 베스도의 통치 시대를 알려주기 때문에 큰 의미를 지닌다. 클라우디우스 황제가 주후 54년에 죽었는데 그의 이름이 황제의 국고가 그려진 면에 언급되어 있다.

헤롯 대제는 자신의 화폐를 주조했다. 헤롯은 자신이 위대한 헬레니즘의 통치자라는 환상에 빠져 있었기에 그리 놀라운 일은 아니다. 그의 화폐에는 어떤 형상도 새겨져 있지 않다. 그 당시 다른 화폐들처럼 예술적 요소나 기술을 드러내지도 않는다.

헤롯이 다스리던 때에도 예루살렘 성전이 두로의 세겔로 성전세를 납부하는 것을 선호했던 이유가 바로 이것이다. 그 지역에서 세겔은 금본위제도였다(더 정확히 말하면 은본위제도였다). 헤롯은 주전 37년부터 주후 2년에 죽음을 맞이할 때까지 아주 오랫동안 다스렸다. 따라서 그의 화폐가 많이 통용되고 있었다. 그러나 헤롯은 화폐가 아닌 건축물로 자신의 유산을 남기길 원했다. 어떤 면에서는 그가 총독들보다 유대인들의 정서에 대한 이해가 더 깊었던 듯하다. 물론 헤롯은 순수한 유대인이 아니었다. 그는 이두메인으로서 많은 유대인의 반감을 사기에 충분한 혈통이었다. 그러나 로마인에 대한 반감보다는 약했다.[15] 신약 시대 경제의 핵심 사항들을 다음과 같이 요약해보았다.

1. 고대 경제는 화폐 경제가 아니었다. 화폐는 세금과 각종 요금, 조공을 내는데 주로 사용되었다. 지참금으로 사용되는 경우도 있었다(잃어버린 동전의 비유와 과부의 두 렙돈에 대한 이야기를 보라).

2. 예수님 당시는 자유 시장 자본주의가 없었다. 세금 부과나 인건비와 같은 경제적 문제는 주로 상류층의 필요에 따라 결정됐다. 여전히 물물교환이 이뤄졌고 이는 후원자-의뢰인 관계 등의 영향을 받았다. 다시 말해서 현대와 같이 화폐의 역할이 크지 않았다. 사회적 지위와 신분에 따라 거래의 성격이 달라졌다. 토지와 토지 소유에 따른 사회적 지위를 화폐 보유량보다 중요하게 여겼다. 특히 경작지와 비옥한 땅이 부족한 작은 지역은 더욱 그랬다.

3. 고대에는 오늘날과 달리 화폐가 분명한 종교적 의미를 지니고 있었다. 예수님 시대에는 정치적, 사회적, 경제적, 종교적 문제들이 모두 연관되어 있었다.

4. 종교적 가치들은 재산, 돈, 부에 대한 가치관에 영향을 미쳤다. 유대인들의 사고를 지배한 것은 하나님만이 유일한 창조자시며 모든 것은 결국 하나님의 것이라는 믿음이었다.

5. 예수님 시대에 이르기까지 유대인들은 오랫동안 자신의 나라를 다스리지 못하는 처지였다. 거룩한 땅은 오랜 세월 압제 아래 있었다. 따라서 부를 가지고 있다는 것은 민족의 압제자와 공모했음을 의미하는 경우가 많았다. 누구에게 부와 재물이 있든지, 부를 하나님이 주시는 축복이라 여겼던 시절은 지나가버렸다. 부는 하나님이 주시는 축복일 수도 있지만 동시에 부정과 악행의 증거일 수도 있었다.

예수님 당시의 사회상

이번 장을 마무리하고 돈, 재물, 부에 대한 예수님의 말씀을 살펴보기에 앞서 예수님 당시 사회에 대한 기본적인 사실들을 몇 가지 덧붙이고자 한다. 첫째, 일부 귀족이나 상류층을 제외하고는 남자들이 전적으로 돈과 재물을 관리했다. 예수님 당시 문화는 모든 종류의 문제에 성별에 따른 이중 잣대를 적용했다. 많은 초기 유대인이 여자는 재물을 소유할 자격이 없다고 생각했다.[16] 또한 여자와 남자는 매우 다른 역할을 맡고 있었다. 일반적으로 여자들은 자녀를 양육하고 살림을 하며 농사의 일부를 돕는 역할을 맡았다. 남자들은 가족을 대표하여 물물교환할 때 다른 남자들과 거래하고 세리를 대하는 역할을 했다. 마을의 장로들과 교섭하는 일 등을 담당하기도 했다. 예수님은 이러한 구별에 크게 개의치 않으셨기 때문에 돈과 재물, 부모 공경에 대한 말씀 등이 사회 문화적 전통과 부딪히는 경우가 종종 있었다.

둘째, 예수님 당시는 불안정한 시대였다. 유대 땅은 주후 26년 총독 본디오 빌라도의 통치 아래 들어갔다. 빌라도는 유대인들을 종교적으로 모욕하는 행위를 일삼았다. 독수리가 그려진 로마의 깃발을 예루살렘 성소 위에 꽂기도 하였다(참조. 눅 13:1). 그는 백성의 신임을 얻을 수 없었다. 예수님은 사촌 세례 요한을 죽인 헤롯 안티파스도 인정하지 않으셨다. 예수님은 그를 가리켜 "저 여우"라고 부르셨다(눅 13:32). 따라서 재물과 부, 돈에 대한 예수님의 말씀은 이러한 적대적인 상황을 염두에 두고 이해해야 한다. 이미 유대인들은 그들의 압제자, 그들의 소유를 갈취하는 세리들과 통치자들을 향해 무력을 사용할 준비가 되어 있었다.

셋째, 당연한 말이지만 예수님은 참으로 거룩한 분이셨다. 그분에겐 참된 믿음이 있었기에 위험한 상황 속에서도 여러 번 예루살렘을 찾아가실 수 있었다. 이러한 믿음은 돈과 소유에 대한 그분의 말씀 속에서도 찾을 수 있다. 예를 들어 예수님의 사역과 함께 하나님의 나라가 시작되었다는 그분의 뜻은 물질에 대한 지혜에도 분명하게 담겨 있다. 예수님은 결국 참된 삶이란 무엇인가, 자신의 소유를 어떻게 사용해야 하는가에 대한 지혜를 가르쳐주신다. 돈과 재물에 대한 예수님의 관점에 담겨 있는 그분의 믿음은 한 청년에게 가진 것을 다 팔아 가난한 자들에게 나누어주고 그분을 좇으라고 하신 말씀만 보아도 알 수 있다.

자, 그러면 지금부터 예수님의 뜻을 더욱 깊이 살펴보자.

CHAPTER 04

예수님과
보물찾기

절대 돈이나 권력을 위해 일하지 마라.
그것들은 당신의 영혼을 구원하지도,
밤에 편안한 잠을 주지도 못한다.

메리언 라이트 에덜먼

수많은 현대 그리스도인이 부자들
과 유명인들의 삶을 정당화하려고 예수님의 가르침을 이용해온 것은 우리가
상상할 수 있는 가장 비극적인 아이러니가 아닌가 싶다. 그들이 말하는 예수님
은 "가난한 자는 복이 있나니"라고 말씀하시고 "보물을 땅에 쌓아두지 말라"
고 경고하신 바로 그 예수님이다. "너희가 얻지 못함은 구하지 아니하기 때문
이요" 혹은 "(믿음으로) 구하라 그리하면 받으리니"와 같은 짧은 구절들은 즉
시 물질의 축복을 가져다주는 주문이 되어버렸다. 왜곡된 번영 복음이 끈질기
게 선포되고 경제 침체가 눈앞에 다가와 있는 지금, 우리는 돈에 대한 예수님의
가르침을 새롭게 배워야 한다. 이 시점에서 우리는 이러한 질문을 던지게 된다.
예수님은 어떤 삶을 사셨을까? 번영신학의 설교자들이 주장하는 것처럼 부자
였을까? 아니면 성경 신학자들의 주장대로 농부였을까? 둘 다 아니셨을까?

► 예수님과 돈

종교와 정치의 구분이 없던 시대에 기록된 마가복음 12장 13~17절 말씀은 갈수록 교회와 국가의 분리에 집착하고 있는 현대 서구 세계와 매우 다른 시각을 드러낸다. 한 사람이 예수님께 질문을 던진다. "가이사에게 세금을 바치는 것이 옳으니이까 옳지 아니하니이까." 예수님은 이스라엘의 혼란스러운 상황, 즉 폭력적인 혁명당과 열심당이 끊임없이 유대인의 압제자들과 협력하지 말 것을 촉구하는 상황 속에서 가이사에게 조공을 바치는 문제에 대한 질문을 받으신 것이다.

이 대화는 그야말로 예수님을 시험하기 위해 시작되었다. 대화에 등장하는 화폐는 티베리우스 황제가 두 번째로 발행한 데나리온이었을 것이다. 데나리온의 한쪽에는 'PONTIF MAXIM'(황제 자신이 로마 종교의 대제사장임을 드러냄)이라고 적혀 있고 다른 한쪽에는 'TI CAESAR DIVI FILII AVGVSTVS', 즉 가이사는 신성한 아우구스투스의 아들이라고 적혀 있다. 가이사에게 조공을 바치기 위한 것이었든 다른 목적을 가지고 있었든, 많은 초기 유대인은 이 화폐를 가지고 있었다. 그것은 화폐에 새겨져 있는 대로 자신이 대제사장인 동시에 신성한 아우구스투스의 아들이라는 가이사의 주장을 인정하는 셈인 것이다. 결과적으로 이것은 유일신론과 유대인의 종교를 근본적으로 저버리는 행위라 여겨졌다.

이 대화의 배경은 로마의 직접적인 통치를 받고 있던 유대였을 것이다. 그리고 로마인들이나 그들의 하속들이 분봉왕과 같은 중개자 없이 직접 조공을 거둬들이던 곳이 바로 그곳이었다. 이 대화는 예수님이 마지막으로 예루살렘에 가셨을 때 이루어졌을 것으로 보인다. 많은 사람이 예수님의 말씀을 구실 삼아 그분을 제거할 명목을 찾고 있었다. 주후 6세기에 이미 열심당인 갈릴리 사람 유다가 조공을 바치는 것은 하나님을 모독하는 것이며 부도덕한 행위라는 원칙을 만들어 놓았음을 기억하라. 따라서 〈마가복음〉에 기록된 이 짧은 이야기(마태복음 22장 5~22절과 누가복음 20장 20~26절에도 기록되어 있다)는 예수님의 관점이 열심당원들과 얼마나 다른지를 보여주기 위한 것일 수도 있다. 예수님의 말씀은 흠잡을 데 없이 간결했다. 예수님이 폭력적인 혁명론자가 아니라고 해서 그분이 사회적으로 보수적이거나 현실에 만족했다는 뜻은 아니다. 오히려 예수님은 여러 가지 면에서 사회적으로 매우 급진적인 성향을 드러내셨다. 여성과 여성의 역할에 대한 예수님의 관점을 보면 알 수 있다.[1] 그러나 마가복음 12장 13~17절에서 문제의 중심은 조공에 대한 예수님의 관점이다.[2]

예수님이 받으신 질문은 조공의 적법성에 관한 것이었다. "옳으니이까"라는 말은 모세의 율법이 허락하는가를 묻는 것이다(참조. 막 3:4; 고전 14:34). 예수님의 대답에는 화폐를 주조하고 화폐에 그려져 있는 얼굴의 주인공이 그 화폐의 주인이라는 전제가 깔려 있다. 예수님이 '돈'에 그다지 호의가 없으셨음을 시사하는 여러 복음서 말씀이 있다는 사실을 기억하라. 예를 들어 마태복음 6장 24절에서 예수님은 사람이 하나님과 재물(돈)을 겸하여 섬기지 못한다고 말씀하셨다. 또한 누가복음 16장 9절에서는 보다 노골적으로 돈을 "불의의 재물"이라 부르셨다(우리는 이것을 "부정한 돈"이라 부른다). 또한 예수님이 돈이나 부가 하나님 나라에 들어가는 데 방해가 된다고 말씀하신 여러 개의 본문이 있다. 하나님 나라는 예수님의 생애와 사역을 통해 세상에 임한다. 이와 관련하여 젊은 부자 청년의 이야기가 있다. 예수님은 그에게 말씀하신다. "낙타가 바늘귀로 나가는 것이 부자가 하나님의 나라에 들어가는 것보다 쉬우니라"(막 10:25). 부자와 나사로의 이야기도 있다. 부자는 음부로 들어간 반면 거지 나사로는 하늘나라에서 아브라함의 품에 안기게 된다(눅 16:19~31). 이 본문들을 살펴보면 "가이사의 것은 가이사에게"라는 예수님의 말씀을 유대인들이 시민 의식을 가지고 세금을 납부해야 한다는 의미로 받아들이는 것은 무리가 있다. 그러나 그렇게 해석된 경우가 종종 있었다.

뿐만 아니라 이 말씀은 세속과 종교라는 두 세력 범위 내에서 믿는 자가 감당할 의무에 대한 현대의 이론들과는 하등의 관계가 없다. 마가복음 12장 13~17절은 세상의 주권자들에게 순복해야 한다는 가르침이라기보다 화폐나 세금이 그다지 중요하지 않다는 메시지를 전하고 있다. 예수님으로 말미암아 하나님의 구원의 통치가 지금 이 땅에 임하였기 때문이다.

예수님은 그 화폐를 가지고 계시지 않았다. 그러나 예수님에게 질문을 던진 자들은 가지고 있었다. 따라서 군중 가운데 이제 막 세력을 얻기 시작한 혁명론자들이 있었다면 예수님에게 득이 되었을 수도 있다. 혁명적 유대인들에게 있어서 그 화폐를 가지고 있다는 것은 화폐에 새겨진 인물과 공모한 것과 마찬가지였기 때문이다. 예수님은 분명 우상 숭배를 인정하지 않으셨다. 또한 그러한 형상이 새겨져 있는 화폐를 사용하는 것은 충분히 우상 숭배로 간주될 수 있는 상황이었다. 그러나 혁명론자들의 관점에서는 예수님의 대답이 권력과 타협한 결과로 보였을 수도 있다.

바로 이것이 예수님과 혁명론자들 사이의 가장 큰 차이점이다. 예수님은 자신과 제자들의 설교, 가르침, 치유의 사역을 통하여 그 거룩한 땅에 하나님의 나라가 세워지고 있다고 믿으셨다. 그러나 혁명론자들은 앞으로 나아가기 위해서는 가이사의 꼭두각시들과 하속들을 폭력으로 무너뜨리는 수밖에 없다고 생각했다. 예수님은 하나님을 믿으셨다. 그분은 정부의 관료도, 혁명론자도 아니셨다. 즉, 예수님은 자신의 사역을 통해 하나님이 직접 간섭하셔서 상황을 바로잡으신다고 믿으셨다. 가이사의 권위에 대립하는 것도, 그 권위와 타협하는 것도 하나님의 구원 사역을 부인하거나 저버리는 것이 아니었다. 어차피 하나님의 일은 정치나 음모의 도움 없이도 진행되고 있었다. 가이사에게 세금을 바치느냐 바치지 않느냐의 문제는 이 땅에 하나님 나라가 임하는 것을 도울 수도, 막을 수도 없다. 하나님의 거룩한 개입은 인간의 그 어떤 계획과 모략보다 크고 강하기 때문이다.

다시 말해서, 예수님은 세금을 내는 문제로 하나님에 대한 충성심을 시험하지 못하게 하셨다. 사실 가이사의 형상이 새겨져 있는 무의미한 금속 조각을 가이사에게 다시 바치는 것은 종교적 의무로 여겨질 법했다. '보낸 이에게 돌려주는' 행위는 가이사가 만들거나 주조한 것과 아무런 관계를 맺지 않겠다는 의지를 시사하기 때문이다. 특히 예수님이 함정을 피해 가신 방법이 눈여겨볼 만하다. 예수님은 혁명론자들을 만족시킬 만한 대답을 주지도 않으셨고, 헤롯 왕의 수하들이나 바리세인들이 그분을 로마 정권에 넘겨줄 만한 단서도 주지 않으셨다. 예수님의 말씀에는 선동을 일으킬 만한 요소가 없었다. 예수님은 초기 유대교 현자들이 난처한 문제에 부딪힐 때마다 그랬던 것처럼 수수께끼나 난제의 형식으로 답을 남기셨던 듯하다.

그 화폐가 가이사의 것이라면, 하나님께는 무엇을 드려야 하는가? 여기서 예수님은 그 문제에 대해 언급하지 않으셨다. 아직까지는 조공이라는 문제에 대해서만 이야기했는데 갑자기 성전세로 그 주제가 넘어가지는 않을 듯하다. 예수님은 그보다 궁극적인 문제, 즉 자신의 모든 것을 하나님께 드리는 것에 관심을 가지고 계신다. 예수님은 분명한 창조신학을 가지고 계셨다. 그리고 그 창조신학은 다른 많은 문제에 대한 예수님의 관점의 근본을 이룬다(마가복음 10장에 기록된 결혼에 대한 말씀을 보라). 우리는 여기서 화폐에 새겨져 있는 형상과 하나님의 형상대로 지음 받은 사람 사이에 존재하는 묘한 차이를 발견할 수 있다. 가이사가 자신의 형상이 새겨진 모든 화폐를 받고자 하는 것처럼, 하나님의 나라가 임하는 이때에 하나님의 형상대로 지으심을 받은 모든 사람은 자신의 전 인격을 하나님께 바쳐야 한다. 하나님은 그분의 형상을 지닌 모든 창조물이 돌아오기를 원하신다. 지금은 하나님이 응당 받으셔야 할 것을 드려야 할 시간이다. 무리는 예수님의 이렇게 놀라운 가르침을 예상치 못했다. 이런 지혜를 들어본 적이 없었던 그들은 혼란스러울 수밖에 없었다.

다음에 살펴볼 본문은 성전세에 대한 이야기가 담긴 마태복음 17장 24~27절이다. 본문에서 사람들은 베드로에게 예수님이 성전세를 내시느냐고 묻는다. 내신다고 대답한 후 베드로는 이 문제에 대하여 예수님과 대화를 나눈다. 예수님은 베드로에게 낚시를 하여 제일 첫 번째 잡힌 물고기 입에서 나온 돈으로 세금을 내라고 말씀하신다. 이 이야기는 마태복음에만 등장한다. 세리였던 마태는 이런 주제에 남다른 관심을 가지고 있었을 것이다. 이 본문 속에서 자주 간과되는 사실 중 하나는 예수님이 명예와 수치를 중시하는 문화 속에서 살고 계셨다는 사실이다. 당시 사람들은 자신과 가까운 사람들에게 수치를 입히기를 원치 않았다. 본문으로는 예수님이 정말로 성전세를 지지하시는지 분명하게 알 수가 없다. 그러나 예수님이 성전세 납부를 단호하게 거부하신 것도 아니다.

우리는 이미 앞장에서 두로의 세겔과 반 세겔에 대하여 간략하게 살펴보았다. 그러나 덧붙여야 할 몇 가지 사실들이 있다. 성전세로 냈던 화폐는 주전 126년부터 주후 56년까지 두로에서 주조되었다. 예수님의 생애 동안 계속 만들어졌던 것이다. 이 화폐는 중요한 목적을 가지고 있었다. 성전세로 사용된 만큼 신성한 돈으로 분류되기도 했다. 화폐에는 헤라클레스의 형상과 "거룩한 무적의 땅, 두로"라는 글이 생겨져 있었다. 당연히 예루살렘 성전 안으로 들어가기에는 부적절한 화폐였다.(그래서 환전상들은 신성 모독이라는 문제를 일으키지 않고 성전 헌금궤에 놓을 수 있는 돈으로 교환해주기도 했다.)

예수님은 이 이교도의 화폐를 가지고 있었다는 이유로 성전 바깥뜰에서 돈 바꾸는 사람들을 책망하셨을 수도 있다. 그 화폐는 갈릴리, 사마리아, 유다 전역에서 통용되고 있었으며 가버나움 같은 지역에서도 쉽게 찾아볼 수 있었다. 두로는 가까이에 있었고, 예수님도 두로의 한 지역을 방문하신 적이 있었다(마가복음 7장 24~30절을 보라). 따라서 예수님은 분명 이 화폐에 대해 알고 계셨을 것이다. 어떤 형상과 글이 새겨져 있는지도 알고 계셨을 것이다. 뿐만 아니라 두로의 세겔은 다량 통용되고 있었기 때문에 갈릴리 바다 인근에서 이 화폐를 찾는 것은 그리 어렵지 않았다. 세금과 요금 징수원들뿐만 아니라 어업에 종사하는 사람들도 배를 타고 갈릴리 바다를 건너곤 했기 때문이다.[3]

성전세(두 드라크마 세금으로 알려져 있기도 하다)는 보통 봄, 특히 유월절 전 3월에 납부했다.[4] 따라서 이 이야기의 배경은 주후 30년 예수님과 제자들이 마지막으로 예루살렘으로 올라가신 3월 말 혹은 4월 초일 것이다. 이야기 속의 질문은 바리새인이나 사두개인이 아닌 세리들이 던진 것이다. 예수님은 세리들의 마음이 실족하지 않도록 배려하셨다. 예수님은 성전세를 낼 필요도, 의무도 없으셨을 수도 있다. 그러나 여기서 예수님은 경건하고 충성스러운 유대인의 모습을 보여 주신다.

이야기 초반에 베드로는 예수님이 성전세를 내신다고 대답한다. 〈마태복음〉에서 이 이야기는 "가이사의 것은 가이사에게" 이야기에 앞서 등장한다. 즉, 〈마태복음〉 내에서 세금에 대한 예수님의 생각을 처음 엿볼 수 있는 부분인 것이다. 그래서 아마도 이 이야기가 마태나 그의 이야기를 들었던 갈릴리의 믿는 유대인들, 나아가 성전이 무너진 주후 70년 이후 사람들에게까지도 중요한 의미를 지녔을 것이다.

마태복음 17장 24절은 마지막으로 예루살렘에 올라가기 전 제자들이 가버나움에 돌아오면서 시작된다. 세리들이 와서 비꼬는 투로 묻는다. "너의 선생은 반 세겔을 내지 아니하느냐." 그들이 이렇게 질문한 것은 성전이 타락했다고 생각하는 일부 갈릴리 사람들이 세금을 내지 않으려 했기 때문인 것으로 보인다. 쿰란 공동체(사해 분파)는 매년 성전세를 내지 않고 일생에 단 한 번만 냈다는 사실이 흥미롭다.[5] 성전세, 즉 '속죄'를 위해 모든 성인 남성이 내야 하는 반 세겔은 사실 율법에 근거한 것이었다(출 30:13~16).

예수님의 대답은 예수님(어쩌면 그분의 제자들까지)이 왕의 자녀이므로 성전세, 궁극적으로는 하나님이 요구하시는 세금을 낼 필요가 없다는 의미이다. 그 당시 지중해 지역에서 왕의 자녀들은 세금을 낼 의무가 없다는 것은 누구나 아는 사실이었다. 따라서 예수님의 대답이 그리 놀랍거나 새로운 것은 아니었다. 즉, 주후 70년 후 그 문제에 대한 합법적 논쟁의 틀을 벗어나지 않은 것이다.

25절에서 예수님은 베드로가 말을 꺼내기도 전에 밖에서 있었던 일을 다 알고 계시는 예언자의 모습을 보여주신다. 예수님은 집으로 들어오는 베드로에게 먼저 물으신다. "시몬아 네 생각은 어떠하냐 세상 사람들이 누구에게 관세와 국세를 받느냐 자기 아들에게냐 타인에게냐." 베드로가 대답한다. "타인에게니이다." 이에 예수님이 결론을 내리신다. "그렇다면 아들들은 세를 면하리라." 본문에서 예수님과 베드로가 가리킨 타인이란 분명 예수님을 따르지 않는 유대인들이다. 유대인이 아닌 사람들은 예루살렘에 거하고 있다 할지라도 성전세를 낼 필요가 없었기 때문이다. 예수님이 "아들들"이라고 복수형을 사용하신 것을 주목하라. 예수님은 하나님의 아들인 자신만이 세금을 낼 의무가 없다고 말씀하시지 않았다. 예수님과 그분을 따르는 모든 사람을 가리켜 말씀하셨다(참조. 마 5:16, 48, 6:1, 23:9). 이 가르침은 예수님의 급진적 성향을 보여준다. 예수님은 누가 왕의 아들이며 누가 왕의 아들이 아닌지, 누가 성전세를 내야 하며 내지 말아야 하는지를 거리낌 없이 선포하신다. 예수님과 그분을 따르는 자들은 율법의 일부를 지킬 의무가 없음을 주권적으로, 자유로이 선포하신 것이다. (물론 성전세에 대한 말씀들은 세금을 면제받는 교회에 익숙해져 있는 미국인들의 주의를 끌기에 충분하다.)

예수님은 인류의 역사 가운데 하나님의 나라가 임하였으므로 새로운 법이 적용된다고 믿으셨다. 지금까지의 이야기에 비추어볼 때 27절은 좀 뜻밖의 결론이다. 예수님은 그냥 "우리는 세금을 안 내도 된다"고 말씀하실 수도 있었다. 아니면 제자들이 가지고 있는 돈에서 세금을 내라고 말씀하실 수도 있었다. 그러나 예수님은 굳이 세리들의 마음을 상하게 하고 싶지 않으셨다. 그래서 베드로에게 이렇게 말씀하신다. "가서 낚시를 던져라!"

그게 다가 아니었다. 예수님은 베드로에게 제일 먼저 잡은 물고기의 입에서 한 세겔을 발견하게 될 거라고 말씀하신다. 예수님과 베드로의 성전세를 낼 돈이다. 따라서 예수님은 성전세를 납부하는 것을 반대하지 않으신다. 그러나 예수님은 왕의 자녀에게는 성전세를 납부할 의무가 없다고 생각하신 것이다. 분명 예수님은 여기서 기적, 혹은 하나님의 놀라운 섭리를 드러내신다. 아마도 이 기적은 예수님이 다른 이가 아닌 자기 자신과 제자들만을 위해서 보이신 유일한 기적이 아닌가 싶다.

그러나 이야기는 베드로가 낚시하여 동전을 찾았다는 이야기로 끝나지 않는다. 물고기에 대한 예수님의 말씀이 농담이었을 수도 있다. 만약 그랬다면 이 말씀은 현자들이 사용하곤 했던 미묘한 유머쯤으로 여겨졌을 것이다. 그러나 그 결과가 예수님의 예언과 달랐다면 이 이야기는 잊혔거나 복음서에 기록되지 못했을 것이다. 예수님은 세금이나 넓은 의미의 재물 혹은 불의한 재물에 대해 논의할 때만 돈에 대하여 직접적으로 언급하셨다. 분명 예수님은 돈에 대하여 그리 긍정적이지 않으셨다. 더 정확히 말하면 예수님은 돈이 대부분의 타락한 인간에게 미치는 영향에 대해 긍정적이지 않으셨다.

요약해보자. 예수님은 세금과 과세에 대하여 어떤 입장을 취하셨는가? 한편으로 예수님은 세금을 납부함으로써 시민의 의무를 다하라고 권고하시지 않는다. 그러나 또 다른 한편으로는 세금 납부를 반대하시지도 않는다. 예수님과 그분의 제자들은 (가장 높으신 왕, 하나님의 자녀이기 때문에) 세금을 납부할 의무가 없는 까닭이다. 이는 곧 예수님을 따르는 자들은 성전에 십일조를 드릴 의무도 없음을 의미한다. 또한 "가이사의 것은 가이사에게"라는 말은 로마의 황제에게 세금을 내도 무방하다는 의미로 해석할 수 있다. 예수님의 초기 제자들도 세금에 대한 예수님의 가르침을 그렇게 해석했던 것으로 보인다.[6] 이제 우리는 부와 재물을 쌓는 것, 부자가 되는 문제와 같이 보다 포괄적인 주제들을 살펴볼 것이다.

▶ 보물을 **땅에 쌓아두지 마라**

비유와 은유가 사용된 예수님의 가르침들은 마치 수수께끼와 같이 이해하기 힘들 때가 많다. 반면에 그 의미가 너무도 분명하여 마음을 파고드는 가르침들도 있다. 우리는 산상수훈 가운데서 이런 말씀을 찾을 수 있다. "너희를 위하여 보물을 땅에 쌓아두지 말라 거기는 좀과 동록이 해하며 도둑이 구멍을 뚫고 도둑질하느니라 오직 너희를 위하여 보물을 하늘에 쌓아두라 거기는 좀이나 동록이 해하지 못하며 도둑이 구멍을 뚫지도 못하고 도둑질도 못하느니라 네 보물 있는 그곳에는 네 마음도 있느니라"(마 6:19~21).

유대인들에게 마음이란 인간 성품의 중심이자 생각과 감정, 의지를 통제하는 곳을 의미한다. 따라서 이 비유는 당신이 보물처럼 가장 귀하게 여기는 것이 삶의 방향, 즉 당신이 가진 시간과 돈과 자원을 들여서 할 일을 결정짓는다고 가르친다. 당신의 보물은 당신의 근본적인 인격과 성품을 드러낸다. 따라서 예수님이 하늘의 상에 대해 언급하셨음에도 불구하고 이 비유의 핵심은 하늘의 상, 더 나은 보물을 좇으라는 것이 아니다. 하나님과 하나님이 귀히 여기시는 일에 충성하라는 것이다. 이는 바로 다음에 나오는 예수님의 말씀과 완벽하게 들어맞는다. 예수님은 하나님이 우리에게 필요한 것을 다 알고 계시므로 무엇을 먹을까 무엇을 마실까 걱정할 필요가 없다고 가르치셨다. 먼저 그분의 나라를 구할 때, 다른 모든 것도 채워지리라 말씀하셨다.

우리는 이 본문을 해석함에 있어서 적어도 두 가지 실수를 저지르게 된다. 하나는 이 가르침을 과도하게 영적으로 해석한 나머지 이는 비밀스러운 마음의 문제일 뿐이지, 물질적 자원의 문제와는 아무런 상관이 없다고 생각하는 것이다. 또다른 실수는 우리가 먼저 하나님의 나라를 구하면 하나님이 우리가 원하는 모든 물질을 채워주시리라 믿는 것이다. 이러한 실수를 피하기 위해서는 동일한 말씀이 기록되어 있는 누가복음 12장을 살펴볼 필요가 있다.

그러나 그에 앞서 예수님이 마태복음 6장 25~34절에서 그분을 따르는 자들에게 약속하신 것은 삶을 영위하는 데 필요한 기본적인 것들이지 부나 재물이 아니었음을 분명히 기억해야 한다. 앞서 예수님이 우리에게 가르쳐주셨던 주기도문의 '일용할 양식'을 약속하신 것이다. 이 사실을 염두에 두고 누가복음 12장 29~34절로 넘어가보자.

[29]너희는 무엇을 먹을까 무엇을 마실까 하여 구하지 말며 근심하지도 말라 [30]이 모든 것은 세상 백성들이 구하는 것이라 너희 아버지께서는 이런 것이 너희에게 있어야 할 것을 아시느니라 [31]다만 너희는 그의 나라를 구하라 그리하면 이런 것들을 너희에게 더하시리라 [32]적은 무리여 무서워 말라 너희 아버지께서 그 나라를 너희에게 주시기를 기뻐하시느니라 [33]너희 소유를 팔아 구제하여 낡아지지 아니하는 배낭을 만들라 곧 하늘에 둔 바 다함이 없는 보물이니 거기는 도둑도 가까이 하는 일도 없고 좀도 먹는 일이 없느니라 [34]너희 보물 있는 곳에는 너희 마음도 있느니라.

〈누가복음〉 본문은 〈마태복음〉과 달리 보물을 하늘에 쌓으려면 이 땅에서 무엇을 해야 하는지 실제적인 예를 가르쳐준다. 즉, 가진 소유를 팔아 구제하라는 것이다. 물론 이 본문에 대한 번영신학 설교자들의 입에서 이런 메시지를 듣기란 쉽지 않을 것이다. 사실 누가는 재물이 믿는 자들의 삶에 미치는 영향뿐 아니라 가난한 자들에 대해서도 큰 관심을 가지고 있었다.

누가는 12장 30절에서 먹고 마시는 것으로 인해 근심하는 것은 세상에 속한 백성임을 증거한다고 기록한다(참조. 마 6:25). 이는 아마도 하나님의 백성임을 증거하는 것과 대조를 이룰 것이다. 이방인들에 대한 이 언급은 이 가르침을 듣는 이들의 혈통에 대한 또 다른 지표가 될 수 있다. 본문 31절은 〈마태복음〉과 두 가지 다른 점이 있다(마 6:33). 〈마태복음〉과 달리 〈누가복음〉에는 "먼저"라는 말이 없고 그의 나라를 구하라고만 기록되어 있다. 이는 곧 하나님 나라를 구하는 것이 유일하고도 가장 중요한 일이라는 의미로 해석할 수 있다(참조. 눅 10:38~42). 또한 누가는 "그의 의를"을 기록하지 않았다. 예수님은 물질을 구하던 삶을 멈추고 하나님 나라를 구할 때, 삶을 위한 최소한의 것들은 채워지리라 말씀하신 것이다.

또한 누가는 12장 32절에서 예수님을 따르는 자들에게 그 나라를 주시는 것이 하나님의 뜻일 뿐 아니라 하나님이 기뻐하시는 일이라고 기록한다. 하나님의 나라는 이뤄질 수 없는 꿈도 아니고 파라다이스를 좇는 고되고도 헛된 길이 아니다. 예수님을 좇는 자들은 하나님처럼 나누어줄 줄 알아야 한다. 가진 소유를 팔아[7] (가진 모든 것을 의미하지는 않는다) 가난한 자들에게 베풀어야 한다. 그것이 곧 하늘나라에 보물을 쌓는 길이다. 본문은 그렇게 하는 것이 곧 영원한 재물을 쌓는 것이라고 가르친다. 이는 하늘의 상을 의미하는 것일 수도 있다.[8]

34절은 보물이 있는 곳에 마음이 있다는 아주 중요한 예수님의 교훈이다. 예수님은 물질과 소유에 마음을 두지 말고 그 어떤 보물보다도 하나님과 그분의 나라에 마음을 두라고 가르치신다. 크레이그 에반스(Craig Evans)는 이렇게 말한다. "사람들은 자신이 소중히 여기는 것에 시간과 에너지, 자원을 쏟는다. 물질에 당신의 자원을 쏟고 있다는 것은 하나님의 나라가 아닌 이 세상에 속한 것들을 소중히 여긴다는 분명한 증거이다."[9]

여기서 우리는 더 큰 곳간을 지었던 어리석은 부자의 이야기를 살펴볼 필요가 있다(눅 12:16~21). 16~20절은 다음과 같은 인간의 생각을 어리석다고 말한다. "조금만 더 수확하고 투자의 이윤을 내서 재정적으로 안정을 찾자. 그리고 빨리 은퇴해서 멋진 삶을 사는 거야." 앞장에서 〈잠언〉에 대해 살펴보았던 것처럼, 지혜 문학에는 어리석은 자와 미련한 자를 비교하는 내용이 많이 등장한다. 그런데 중요한 사실은 그 어리석은 자들이 무식하거나 정신적 장애가 있는 자들이 결코 아니라는 것이다. 어리석은 자들이란 자기 지시적이며 자기중심적인 사람들을 가리킨다. 그들은 하나님, 하나님의 뜻, 하나님의 말씀을 고려하지 않은 채 자신이 스스로의 삶과 이 세상을 제어할 수 있다고 생각한다. 그들은 영리할 수도 있고 아는 것이 많을 수도 있다. 그러나 지혜롭지는 못하다. 그들은 인생의 본질과 현실을 영적으로나 도덕적으로 분별하지 못한다. 특히 스스로 죽음의 시간을 알 수 없다는 사실을 깨닫지 못한다.

〈누가복음〉에만 이 이야기가 등장하는 것으로 보아 누가는 '소유를 어떻게 사용할 것인가'라는 문제에 관심이 많았던 듯하다. 어리석은 부자는 풍성한 소출을 얻었음에도 불구하고 가난한 자들을 도울 수 있다는 생각은 하지 못했다(참조. 눅

16:19~25). 풍성한 소출을 보고 그가 생각한 것은 지금의 곳간을 헐어버리고 더 크게 짓자는 것이었다. 그러나 그때, 죽음이 찾아온다. 하나님이 그의 생명을 거둬가시자 자신만을 위해 세웠던 그의 그럴듯한 계획은 물거품이 되어버렸다. 21절은 삶에 대한 적용이다. 즉 이 이야기는 "자기를 위하여 재물을 쌓아두고 하나님께 대하여 부요하지 못한 자"의 삶이 어떻게 되는가를 보여준다. 루크 티머시 존슨(Luke Timothy Johnson)은 말한다. "누가는 하나님을 경외하는 자에게 부란 두 단계의 의미를 지닌다고 본다. 첫 번째는 믿음의 반응이고 두 번째는 믿음을 따라 부를 처리하는 것이다. 즉 자기 자신을 위해 부를 축적하지 않고 다른 이들과 나누는 것이다(누가복음 16장 9~13절을 보라)."[10]

또한 우리는 여기서 예수님은 부요하되 하나님께 대하여 부요한 자, 즉 이웃, 특히 가난한 자들에게 나누어주는 자를 기뻐하신다는 사실을 알 수 있다. 예수님은 자산을 늘려 삶의 수준을 높이고 퇴직연금을 늘리는 데만 급급한 자들을 기뻐하지 않으신다. 어떤 의미에서 보면 그들은 어리석은 부자와 크게 다르지 않다. 예수님은 어리석은 부자들을 향해 부정한 재물의 위험에 빠지지 말라고 경고하신다.

재물, 즉 '맘몬'은 부를 뜻하는 아람어이다. 예수님은 이 단어를 의인화하셨다. 곧 맘몬은 우리가 섬기는 주인, 그러나 하나님의 종이 되기를 원한다면 버려야 하는 주인이라고 말씀하셨다. 그런데 악한 종의 비유를 살펴보면(눅 16장) 이에 대한 예수님의 관점을 더 자세히 배울 수 있다. 이 비유를 깊이 살펴보도록 하자. 우리는 여러 주석자들의 도움을 빌려 이 비유를 살펴볼 것이다. 하나님과 믿는 자들의 행함에 대한 이 비유의 참된 가르침이 무엇인가에 대한 많은 논란이 있는 까닭이다. 정직하지 못한 사업 거래를 정당화하기 위해 이 비유를 이용하는 사람들이 있을 정도다.

본문 1절을 통해 이 가르침의 대상이 예수님의 제자들이었다는 사실을 알 수 있다. 그리고 2절에서는 비유의 배경이 등장한다. 한 부자에게 청지기가 있었다. 그런데 어느 날 그 부자는 청지기가 자신의 소유를 낭비한다는 이야기를 듣는다. 8절에 그 청지기를 가리켜 옳지 않은 자라 부른 것을 보면 그것은 잘못된 정보가 아니었던 듯싶다. 겉으로는 알 수 없는 어떤 일이 벌어지고 있었는지도 모른다. 어쨌든 이 부자에게는 그에게 빚진 자들이 여럿 있었다.

부자가 돈을 빌려줄 때 이자를 요구했는지의 여부는 알 길이 없다. 그러나 그가 청지기의 지혜에 감탄한 것으로 보아 이자를 받을 만한 사람이었으리라 추측할 수 있다. J. D. M. 데렛(J. D. M. Derrett)은 청지기가 이자를 면제해주고 원금만 갚게 했을 거라고 주장한다.[11] 물론 구약성경은 곳곳에서 고리대금에 대해 경고한다(참조. 신 15:7~8, 23:20~21; 출 22:24; 레 23:36~37). 그렇다면 청지기는 성경적인 거래를 하려 한 것이다. 그는 성경적 원칙에 따라 채무자들을 대함으로써 그들 중에서 친구를 만들어보려 했다. 그렇게 하면 그가 해고를 당했을 때 도와줄 수 있는 친구를 만들 수 있을 거라고 생각했던 것이다. 이와 달리 조세프 피츠마이어(Joseph Fitzmyer)는 청지기가 중간 수수료를 빼고 원금을 걷는 식으로 거래했을 거라고 주장한다.[12]

데렛의 주장대로라면 주인이 다양한 이율을 부과했으리라는 추측이 가능하다. 어떤 이는 빚진 돈의 50%, 또 어떤 이는 80%를 내게 되었기 때문이다. 가능한 추측이다. 채무자의 경제적 능력에 따라 채권자가 이자율을 결정하는 경우도 있었기 때문이다.

피츠마이어의 주장에 관하여는 청지기가 빚진 자들을 불러 일일이 빚진 금액을 물어본 사실을 주목하라. 그가 애초에 거래를 중개하고 수수료를 챙겼다면 빚진 금액이 얼마인지 모를 수가 있을까? 그렇지 않을 것이다. 주인은 청지기의 기록부나 장부를 확인하거나 그에 대한 설명을 듣고자 했다(2절). 즉, 청지기의 직무는 주인의 자산을 관리하는 것이지 주인의 허락 없이 물건을 빌려주는 것은 아니었을 것이다. 다시 말해서 청지기는 채권자도 아니고 수수료를 받고 일하는 사람도 아니라는 것이다. 그는 고용인일 뿐이었다. 부자가 사람들에게 직접 이자를 받고 돈을 빌려주었고, 청지기는 그 돈을 걷는 사람이었다.

청지기는 고민에 빠졌다. 그는 곧 일자리를 잃게 되리라는 생각에 필사적으로 미래를 준비한다. 훗날 자기를 고용할 만한 사람들과 친분을 맺어놓는 것이다. 우리는 3~4절에서 청지기의 생각을 엿볼 수 있다. (땅 파는 일과 같은) 일용직에 뛰어들기에는 몸이 너무 힘들고 빌어먹기에는 너무 자존심이 상한다. 아니 수치스럽다. 그래서 그는 계략을 하나 짜낸다. 주인에게 빚진 자들의 부담을 좀 덜어주면 그들의 호의를 얻게 될 것이다. 어쩌면 그들이 일자리를 줄지도 모를 일이다.

한 사람은 올리브기름 100말을, 또 한 사람은 밀 100석을 빚졌다. 그들은 분명 주인에게 빚진 것이지, 중개자인 청지기에게 빚진 것이 아니었다(5절에서 청지기가 "네가 내 주인에게 얼마나 빚졌느냐"라고 말한 것을 보라). 또한 6절을 보면 증서(지폐)를 빨리 지불하라고 말한다. 이것은 물물교환이 아니었다. 빚진 자들은 증서를 가지고 왔다. 즉, 현물이 아닌 화폐로 빚을 갚은 것이다. 기름 100말을 현금으로 하면 약 1,000데나리온, 일용직 노동자의 3년 치 임금보다 많았다. 밀 100석(약

1,000부쉘)은 2,500~3,000데나리온이었다. 8~9년 치 임금에 해당하는 매우 큰돈이었다.

8절을 보면 청지기가 정직하지는 못하나 지혜롭다는 사실을 알 수 있다. 이는 그가 정직하지 못한 일을 이 일 전에 행했다는 뜻으로 해석할 수 있다. 빚진 자들의 부담을 덜어준 것 자체가 정직하지 못한 일은 아니기 때문이다. 이 거래가 부정직한 것이었다면 주인은 조금이라도 화를 냈을 것이다. 또한 본문은 이 청지기의 행함 가운데 우리가 배워야 할 것이 있다고 기록한다. 8절은 이 세대의 아들이 자기 시대에 있어서는 빛의 아들들보다 더 지혜롭다고 말한다. 그렇다면 여기서 제자들이 배워야 할 교훈은 정확히 무엇이었을까?

9절은 빚을 감하여주고 친구들을 사귀면 후에 영원한 처소에 거하게 된다는 교훈을 전한다. 좀 더 정확히 말하면 불의한 재물로 친구를 사귀라는 것이다. 이는 돈은 사람, 특히 탐욕스러운 사람을 유혹하여 불의하게 행하도록 하는 특질을 가지고 있음을 가리킨다. 예수님이 돈은 본래부터 악한 것이라고 생각하셨다면 돈의 적절하고 부적절한 사용에 대한 교훈을 주시지 않았을 것이다. 이 비유는 기회를 잘 봐서 '빚진 자들'에게 관대히 행하면 영원한 처소에서 상을 받게 되리란 가르침을 담고 있다. 즉, 이 비유는 누가복음 12장 33절과 동일한 교훈을 전하고 있는 것이다. 크레이그 에반스는 이렇게 설명한다. "물론 예수님은 타협이나 정직하지 못한 행위를 부추기시는 것이 아니다. 예수님은 제자들을 향해 기회를 놓치지 말고 예수님의 사람들을 먹여 사명을 다하라고 재촉하시는 것이다."[13]

10~11절("지극히 작은 것에 충성된 자는 큰 것에도 충성되고 지극히 작은 것에 불의한 자는 큰 것에도 불의하니라")도 이 비유의 연장선상에 있다. 또한 여기서 우리는

참된 재물과 불의한 재물의 대조 가운데서 돈에 대한 예수님의 관점을 분명히 읽을 수가 있다. 예수님의 말씀에는 돈은 참된 재물이 아니며 근본적으로 부패했다는 의미가 담겨 있다. 즉, 유혹이 너무나 많아 타락한 인간이 그것을 정직하게 사용하기가 힘들다는 것이다. 또한 우리는 여기서 지혜 문학에 자주 등장하는 "작은 것으로부터 큰 것까지"라는 주제를 발견하게 된다. 작은 것에 충성하는 자는 큰 것에도 충성한다. 이는 '불의'라는 반대의 개념에도 그대로 적용된다. 수많은 격언과 경구처럼 이 말씀도 보편적 진리가 아닌 통상적인 현실을 반영한다.[14]

12절은 한 걸음 더 나아가 타인의 재물을 어떻게 다루는가를 보고 그 사람의 진실성을 판가름할 수 있다고 가르친다. 명예와 수치의 문화 속에서 수치를 당하는 것은 가난한 것보다 더 안 좋은 것으로 여겨졌다. 당연히 남들의 평판을 중요시할 수밖에 없었다. 우리는 여기서 나의 재물로 무엇을 하는가보다 타인의 재물로 무엇을 하는가가 더 중요하다는 사실을 알 수 있다. 또한 12절 후반부는 내가 가진 것도 사실은 내게 주어진 것이라는 사실을 가르쳐준다. 분명하지는 않으나 이는 모든 창조물은 하나님의 것이라는 예수님의 뜻을 반영한다고 볼 수 있다. 나의 것이라고 생각했던 것들도 사실은 하나님이 우리에게 주신 것이다. 우리는 하나님께 속한 것을 관리하는 청지기일 뿐이다.

13절은 Q문서로서 성경 연구에서 중요한 의미가 있는 구절이다(참조. 마 6:24).[15] 예수님은 두 주인, 하나님과 재물을 동시에 섬길 수 없다고 말씀하신다. 여기서 돈은 잠재적 자원이나 사람을 판단하는 기준이 아닌 잠재적 주인으로 그려진다. 특이하게도 예수님 시대에는 종이 주인보다 더 많은 것을 소유하는 경우가 있었다. 이런 경우 종이 한 주인의 일을 보다가 급히 또 다른 주인의 일을 보러 간다면 당연히 두 주인 모두 이를 탐탁지 않게 여길 것이다. 따라서 이 말씀에는 "온전한 섬김은 주인을 향한 온전한 사랑과 애착에서 나온다는 전제"가 깔려 있다 (참조. 출 21:5).[16] 무엇보다 중요한 것은 온전히 섬기지 않는 주인을 주인이라 할 수 없다는 사실이다. 적어도 주인이 하나님을 가리키는 경우라면, 주인이라는 존재의 핵심은 모든 것을 주관하는 것이기 때문이다. 재물은 참된 주인이 될 수 없다. 재물을 섬긴다 한들 참된 종이 될 수도 없다. 그 누구도 재물과 더불어 종과 주인의 관계를 맺을 수 없기 때문이다. 그것은 왜곡될 수밖에 없는 관계이다. "돈의 노예"[17]가 되지 말라고 경고한 초기 유대인들이 있었다. 그리고 예수님도 그런 현자 중 한 분이셨다(돈을 사랑하는 것에 대한 경고가 기록된 디모데전서 6장 10절 말씀은 예수님의 이 경고와 상응한다).

14~15절에는 이 가르침에 대한 바리새인들의 반응과 또 그에 대한 예수님의 응답이 기록되어 있다. 일부 돈을 좋아하는 바리새인들은 이 모든 가르침을 듣고 말 그대로 예수님을 비웃는다. 누가는 모든 바리새인이 돈을 좋아했다고 말하지도, 암시하지도 않는다. 그러나 분명 예수님의 가르침은 부에 대하여 다른 생각을 가지고 있는 자들의 마음을 불편하게 했을 것이다. 예수님과 바리새인들 모두 신성한 것에 대하여 이야기하고 있으며 양쪽의 주장 모두 지혜에 그 근거를 두고 있다고 말하는 것이 타당하다. 바리새인들은 〈잠언〉의 가르침을 있는 그대로 받아들여 부는 당연히 하나님의 축복이라고 생각했다. 따라서 그들에게 있어서 부는 위험도 유혹도 아니었다. 뿐만 아니라 그들은 부를 그들의 의로운 행위에 대한 하나님의 상이라고 믿고 있었다.[18]

분명 예수님은 이 문제에 대하여 종전의 질서와 직관에 거스르는 생각을 가지고 계셨다. 그분은 이 바리새인들이 "사람 앞에서 스스로 옳다 하는 자들"이라고 말씀하신다. 또한 하나님이 그들의 마음을 아시며 사람들이 높이는 그것을 하나님은 미워하신다고 경고하신다. 예수님은 탐욕을 중한 죄라 여기셨다. 그분은 사람들을 향해 하나님 앞에서 행하며 자신의 행위를 점검하라고 말씀하신다. 군중 앞에서 행하며 돈에 대한 무리의 믿음이 자신의 행위를 정당화시켜 주리라 생각지 말라고 경고하신다. 즉, 부와 재물에 대한 예수님의 가르침의 핵심은 부가 우리의 영적 생활과 참된 행복에 큰 위험이 될 수 있다는 것이다. 우리는 쉽게 하나님보다 물질을 신뢰하기 때문이다. 흥미로운 것은 예수님이 잃어버린 자들에게는 부의 위험성에 대해 경고하지 않으셨다는 사실이다. 예수님은 구원받은 자들을 향해 경고하셨다.

정말로 예수님은 돈이 본질적으로 악하다고 생각하셨을까? 그렇지 않다. 예수님은 세금을 무시하거나 기피해야 한다고 생각하셨을까? 이것 또한 그렇지 않다. 예수님은 제자들이 그런 것들에 집중하거나 의지하여 살지 않기를 원하셨다. 그것들을 신뢰하지 않기를 원하셨다. 예수님은 제자들이 물질이 있을 때에 다른 이들, 특히 가난한 이들에게 마음껏 나누어주며 살기를 원하셨다. 분명 믿는 자들은 삶의 아주 기본적인 것들까지도 하나님께 맡겨야 한다. 예수님이 제자들에게 물질을 놓고 기도하라 하셨을 때는 부를 구하라는 뜻이 아니었다. 먹을 것과 입을 것, 거할 곳과 같은 삶의 기본적인 필요들을 구하라고 하신 것이다. 그리고 예수님은 우리가 그 나라를 먼저, 마지막까지, 늘 구한다면 이 모든 것을 채워주리라 약속하셨다.

가난한 자들 가운데 계신 예수님

지금까지 부에 대한 예수님의 뜻과 가르침을 살펴보았다. 이제는 반대로 가난에 대한 예수님의 생각을 살펴볼 차례이다. 그러고 보니 예수님은 가난하셨을까, 정말로 가난한 농부셨을까 궁금해진다.

산상수훈, 특히 〈누가복음〉에 기록된 산상수훈을 듣고 은혜를 받은 그리스도인들이라면 가난에 대한 로망을 가질 수도 있다. 위험한 일이다. 가난에 대한 로망을 가지게 되면 가난이 근본적으로 선한 것이며 '중산층'의 삶, 부유한 삶보다 훨씬 영적인 것이라는 그릇된 생각에 빠진다. 중세시대에는 "가난한 자는 복이 있나니"를 가난의 맹세가 더 거룩하고 영적인 삶을 보증한다는 뜻으로 해석하는 수도사들도 있었다. 그들은 누가복음 16장에 기록된 나사로를 예로 들면서 가난, 나아가 거지처럼 살면서 세상의 모든 물질의 축복을 삼가야 하늘나라에서 좋은 자리를 차지할 수 있다고 믿었다.

우리는 애초부터 이러한 오해들을 바로잡아야 한다. 많은 그리스도인이 "가난한 자들은 항상 너희와 함께 있으니 아무 때라도 원하는 대로 도울 수 있거니와"(막 14:7)라는 예수님의 말씀을 인용, 예수님이 가난한 자들을 도울 우리의 책임을 벗겨주셨다고 말한다. 뿐만 아니라 가난은 피할 수도 고칠 수도 없는 것이기에 그것을 없애려고 노력할 필요도 그 근본적 원인을 해결할 필요도 없다는 뜻으로 이 말씀을 해석하는 경우도 있다. 모두 잘못된 해석이다.

이 말씀은 예수님이 육신을 입고 그들과 함께 계실 시간은 아주 잠시뿐이기에 그분의 사역을 목격할 시간도 한정되어 있으나 가난한 자들을 도울 기회는 늘 있을 거라는 의미이다. 또한 예수님은 자주 가난한 자들을 도우라고 가르치셨다. 다시 말해서 이 본문은 예수님이 이 땅에 거하시는 동안 그분을 기뻐하고 감사하라는 말씀이다. 가난한 자들을 도울 필요가 없다는 의미가 아니다. 예수님은 너무 늦어버리기 전에 예수님이 육신을 입고 계신 그 시간을 귀히 여기고 붙잡으라고 말씀하셨다.

이런 오해들은 제쳐놓고 이제부터 예수님과 가난에 대한 이야기를 시작해보자. 우선 예수님이 재정적으로 어떤 상황이셨는지를 살펴보자. 예수님은 농부가 아니셨다. 다시 말해서 예수님은 토지가 없는 농부도, 소작농도, 품꾼도 아니셨다. 예수님은 빠르게 성장하고 있던 도시, 세포리스에 가까이 사는 장인이셨다. 성인이 된 예수님이 세포리스에서 가까운 나사렛에 거주하셨다는 것은 일거리가 상당히 많았을 거라는 뜻이다. 예수님이 목수 일을 하셨든 석공 일을 하셨든 아주 부요하거나 또 아주 궁핍한 삶을 살지는 않으셨을 것이다. 그러나 예수님이 태어나셨을 때 그 부모가 드린 제물을 보면(눅 2:24; 참조. 레 12:8) 예수님의 가정이 초기에는 많이 가난했다는 것을 알 수 있다.

누가복음 4장과 마가복음 6장에서 예수님이 율법서를 읽으신 것으로 보아 어느 정도 교육을 받으신 듯하다. 그렇다고 해서 예수님이 체계적인 교육을 받았다거나 소위 말하는 고등 교육을 받으신 것은 아니다. 그러나 글을 읽고 쓸 줄 아는 능력이 있다는 것은 예수님이 그 당시 상위권과 관련된 소수의 사람들에 속했음을 뜻한다. 또한 요셉이 빨리 세상을 떠났다면 장남이신 예수님이 한동안 가장이 되어 가족들을 부양했을 수도 있다. 그러나 재정적 상태가 정확히 어떠했든 예수님이 30세 즈음 사역을 시작하면서부터 상황은 달라졌다.

예수님은 집과 가족을 모두 남겨둔 채 제자들을 모아 떠나신다. 예수님과 제자들은 손님을 환대하는 중동의 관습에 의지하여 여기저기 다녔다. 이에 예수님은 제자들을 둘씩 짝을 지어 보내시며 그들을 영접하는 집에 거하라고 명하신다(막 6:8~11). 예수님과 제자들은 베드로 장모의 집이 있는 가버나움을 근거지로 하여 다녔던 것으로 보인다. 예수님이 부요했다는 기록은 단 하나도 없다. 오히려 성경을 보면 예수님은 사역을 하시는 가운데 큰 빈궁에 처하셨던 적도 있었다. "여우도 굴이 있고 공중의 새도 거처가 있으되 인자는 머리 둘 곳이 없다"(마 8:20; 눅 9:58)는 예수님의 말씀은 그분이 사역 중 큰 가난 가운데 처하셨음을 보여준다. 예수님은 자신의 가르침을 좇아 사셨다. 하나님, 또한 제자로 삼으신 사람들을 의지하여 삶의 기본적인 필요들을 채우셨다. 다른 지역으로 다니실 때는 더욱 그랬다.[19] 예수님이 이 땅에 계시는 동안 가난한 삶을 사셨다는 사실을 고린도후서 8장 9절이 확증해준다. "너희를 위하여 가난하게 되심은."[20]

　　예수님은 가난과 가난한 자들에 대하여 뭐라고 말씀하셨는가? 부에 대해서 경고하셨던 것처럼 가난에 대해서도 경고하셨는가? 먼저 〈누가복음〉의 산상수훈 가운데서 가난에 대한 복(눅 6:20)부터 살펴보자. 누가복음 6장 20절 하반절부터 23절에 기록된 복들은 〈마태복음〉에 비해 개인적인 관점에서 기록되어 있다. 누가는 기록한다. "너희 가난한 자는 복이 있나니."[21] 즉 예수님이 그 당시 제자들을 가난하고 주리고, 울며 미움을 받는 자들이라 여기셨던 것을 알 수 있다. 누가는 지혜 문학의 형식을 좇아 복에 대한 말씀을 기록했다(참조. 잠 8:34; 시 1:1, 2:12, 34:8, 41:1, 84:4, 94:12, 119:2; 시락서 14:1, 25:8, 9장, 28:19). 그러나 인간의 삶에 대한 자연적, 전형적인 사실들에 근거하여 결론을 도출하지는 않았다. 예수님의 지혜는 대체로 계시의 지혜라 할 수 있다. 이 세상이나 인간의 본질을 면밀히 관찰한 끝에 얻은 지혜가 아니다. 따라서 예수님이 말씀하신 이 복은 제자들에게 결국 임할 일들과 관련이 있다. 즉, 언젠가 하나님은 그들에게 복을 주시거나 벌을 주실 거라는 의미이다.

'…하는 자는 복이 있나니'라고 번역된 헬라어 '마카리오스'(makarios)의 의미는 더 정확히 말해서 '…하면 좋다' 혹은 '…한다면 축하한다'이다. 예수님은 자학하는 어조로 가난과 배고픔, 그리고 사람들에게 미움을 받는 것 자체가 선하다고 말씀하시는 것이 아니다. 그보다 예수님의 신실한 제자들이 지금은 고난 가운데 있으나 언젠가는 상을 받게 될 거라고 말씀하시는 것이다. 역전의 하나님께서 결국에는 그분의 백성들을 위해 모든 일을 바로잡으실 거라는 말씀이다.

예수님이 말씀하신 첫 번째 복("하나님의 나라가 너희 것임이요")만이 현재 이루어진 일이라는 사실에 주목하라. 나머지는 모두 현재의 부족함이나 어려움이 장래에 역전되리라는 말씀이다. 또한 22절은 제자들이 미움을 받고 고난을 당하는 것이 인자의 이름으로 말미암은 것이라고 가르친다. 제자들은 그들의 주인과 동일한 대접을 받는다. 그 당시 예수님의 사역, 특히 그분의 가르침과 설교, 치유에 대한 사회적 반감이 상당했음을 알 수 있다. 23절은 그들에게 예수님의 말씀 때문에 미움을 받더라도 놀라지 말고 오히려 그것을 영광으로 여기라고 가르친다. 이전의 선지자들도 똑같은 대접을 받았기 때문이다. 예수님은 또한 그들에게 "하늘의 상"이 있으리라 말씀하신다. 예수님은 천국 자체를 신실한 제자들이 받게 될 상이라고 말씀하시지 않았다. 다른 초기 유대인들의 가르침처럼 행위에 따라 천국에서 크고 작은 상을 받게 될 거라고 분명히 말씀하셨다. 예수님은 분명 말씀에 따른 행위, 혹은 바른 행실을 귀중히 여기셨다.

이와 대조적으로 '화'에 대한 말씀이 기록된 누가복음 24절부터 26절은 이전과 정반대의 상황들을 이야기한다. 즉, 지금 부요하고 배부르며 웃는 자들, 사람들의 칭찬을 받는 자들은 이후에 정반대의 상황을 만나게 되리라는 말씀이다. 심지어 마지막 구절은 지금 받는 칭찬은 거짓 선지자들이 받았던 칭찬과 같다고 기록한다.

물론 화와 복은 서로 연결되어 있다. 예를 들어 가난은 배고픔을 동반하고, 배고픔은 이른 죽음, 그로 인한 슬픔으로 이어진다. 부요함 또한 지금 당장은 연락과 즐거움을 안겨주지만, 그런 것들이 과하다 보면 이른 죽음으로 이어지기 마련이다.[22] 분명 부나 가난이나 극단에 처하는 것은 축복이 될 수도 없고 좋은 결과를 얻을 수도 없다. 기록된 마지막 복과 화만이 제자들이 예수님과 그분이 선포하신 나라에 어떻게 반응하느냐에 따라 향방이 정해진다고 기록한다. 예수님의 제자들은 갈릴리와 유대 지역을 다닐 때에 손님을 환대하는 관습에 의지하여 그들을 맞이하는 집에 머물렀다. 따라서 여기서 예수님이 반사회적 발언을 하고 계시다고 볼 수는 없다. 예수님은 제자들이 하나님의 나라와 그 메시지를 전할 때에 사람들의 반응을 잘 받아들일 수 있도록 준비시키시는 것이다.

우리같이 개인주의에 푹 빠져 있는 현대인들은 예수님이 '론 레인저'(Lone Ranger, 미국 서부극의 주인공, 혼자서 모든 일을 다 해결하는 영웅을 상징)와 같은 제자들 개개인을 향해서 말씀하셨으리라 추측할 수 있다. 하지만 그렇지 않다. 마가복음 10장 28~29절을 기억하는가? 예수님은 제자들에게 집과 가족을 버린 자들은 형제와 자매와 집을 백 배나 받게 될 것이라 말씀하셨다. 본문에서 예수님은 그 당시 그분을 따르던 자들을 향해 양식과 거할 곳으로 서로를 섬기라고 말씀하고 계신다. 보다 정확히 말해서 예수님은 여기저기 다니는 제자들을 향해 (베다니의 마리아와 마르다처럼) 곳곳에 머물러 있는 제자들에게 의지하라고 가르치셨다. 여기서 믿음의 가정이라는 개념이 성립된다. 곳곳에 예수님의 제자들이 흩어져서 살고 있기 때문에 결국 제자들은 그들이 가는 많은 곳에 가족과 집이 있는 것이나 마찬가지다. 또한 예수님은 다가올 세대, 즉 하나님 나라가 이 땅에 완전히 임하여 완성될 때에는 더 많은 가족과 더 많은 거처를 얻게 되리라 약속하셨다.

예수님은 성경 곳곳을 통해 가난한 자들과 굶주린 자들, 헐벗은 자들에 대해 깊은 관심을 보여주셨을 뿐만 아니라(마태복음 25장의 양과 염소의 비유를 기억하라) 그들의 연약함을 덜어주려 하셨다. 예수님은 아픈 자들을 고치시고 배고픈 자들을 먹이셨으며 삭개오와 같은 세리들에게 갈취한 돈을 돌려주라 말씀하셨다. 이것이 전부가 아니다.

예수님은 제자들에게 단지 십일조에 그치지 말고 헌신적으로 베풀며 살라고 명하기도 하셨다. 이것이 바로 가난 가운데 모든 것을 드려 예수님의 칭찬을 받은 과부의 이야기로 이번 장을 마무리하려는 이유이다(막 12:41~44).

마가는 과부의 희생적인 행동에 앞서 그와 대조되는 예수님의 가르침을 고의로 기록해놓았다(막 12:38~40). 예수님은 "긴 옷"을 입고 다니며 시장에서 문안받는 것을 좋아하는 서기관들(혹은 율법학자들)을 비난하신다. 그리고 말씀하신다. "그들은 과부의 가산을 삼키며 외식으로 길게 기도하는 자니"(40절). 본래 과부의 가산을 보호해주어야 할 서기관들과 율법학자들이 자신을 위해 더 많은 몫을 챙겼음을 지적하신 것이다. 또한 그들은 더 큰 이득을 얻기 위해 공공장소에서 길게 기도하며 자신의 경건함을 드러내고자 했다. 예수님은 돈을 위해 신앙이나 경건한 행위를 이용하는 것을 경멸하셨다. "가산을 삼킨다(devour)"라는 강한 언어를 사용하신 것만 봐도 알 수 있다. 예수님의 이 가르침과 이어지는 41절부터 44절 말씀과의 관계는 분명하다. 과부가 헌금을 내러 온 성전 내에서 서기관들도 기도하고 있었을 것이다(예수님이 비난하신 이들은 상류층 사두개파 서기관들이었을 것이다. 그들은 가난하고 약한 자들을 착취하기로 악명이 높았다).[23]

이야기는 41절에서부터 시작된다. 예수님이 성전의 헌금함 맞은편에 앉아서 헌금을 내러 온 사람들을 바라보고 계신다. 부자들은 많은 돈을 헌금함에 넣었다. 아마도 성전 안에 있는 트럼펫 모양의 그릇에 동전을 넣었을 것이다. 그때 예수님의 눈이 헌금을 내러 온 한 가난한 과부를 향한다. 우리는 지금 성전세가 아닌 임의로 드리는 헌금에 대하여 살펴보고 있다. 그래서 과부의 행실은 더욱더 특별하게 다가온다. 과부는 그녀가 내야 할 양보다 훨씬 더 많은 두 렙돈[24]을 드렸다. 렙돈은 최소 화폐 단위로, 이후 과부의 정성 어린 헌금을 상징하게 되었다. 두 렙돈은 로마 동전 한 고드란트, 1데나리온의 64분의 1과도 같다. 1데나리온이 일용직 노동자의 하루 임금이었던 것을 감안하면 과부가 드린 헌금의 금전적 가치는 아주 작았다. 부자들이 드린 큰돈에 비하면 더더욱 그러했다. 그러나 예수님은 그녀를 제자들의 본보기로 삼으셨다. 분명 여기서 예수님이 칭찬하시고 세우신 것은 드려진 돈의 양이 아니라 자기를 헌신하여 드린 그녀의 마음과 행실이었다.

예수님 당시 대부분의 과부는 돈을 벌 수 있는 수단이 전혀 없었기에 과부의 행실은 더욱 값지게 느껴진다. 그녀는 가지고 있던 동전 두 개 중 하나만 드리고 다른 하나는 자기가 사용할 수도 있었다. 그래서 예수님은 그녀가 다른 모든 사람보다 더 많이 드렸다고 말씀하신 것이다. 아주 적은 돈이지만 자신의 모든 삶을 드린 것이나 마찬가지이기 때문이다. 부자들은 풍족함 가운데 드리지만 이 과부는 가난과 궁핍함 가운데 드렸다.

본문에 대해서 살펴볼 것들이 많지만 핵심은 바로 이것이다. 예수님은 제자들에게 헌신적으로 드리라고 권고하신다. 십일조(수입의 10퍼센트)만 드리면 된다고 말씀하시지 않는다. 예수님은 이 여인이 무책임하게 너무 많이 드렸다고 말씀하시지 않는다. 오히려 그녀를 제자들의 모범으로 삼으신다. 그리고 아버지 하나님이 그들을 향해 베푸셨던, 그 과부의 아낌없는 관용과 자기 헌신을 요구하신다. 하나님은 후하게 베푸는 자를 사랑하신다. 예수님도 그분의 제자는 큰 희생을 감내하며 자기 십자가를 지고 예수님과 그분의 행실을 좇는 자라고 말씀하신다. 과부가 헌신적인 행실을 상징한다면 40절의 서기관들은 자기중심적이고 방종한 행실을 상징한다.

뿐만 아니라 본문은 관대해지거나 관대한 마음을 가지기 위해 반드시 부자가 되어야 할 필요는 없다고 가르친다. 예수님은 드려진 돈의 양으로 희생이나 관대함을 평가하지 않으시며 갖고 있는 돈이나 투자한 돈의 양으로 부나 재물을 평가하지 않으신다. 예수님에게 있어서 희생의 의미, 참된 부와 관대함과 행복을 얻는 데 필요한 것들은 많은 현대 그리스도인이 생각하는 것과 매우 다르다.

아버지는 다니시던 감리교 교회에서 'every member canvas team'의 일원으로 활동하셨다. 아버지가 섬기시던 팀에 브룩스 브라더스 양복을 입고 BMW를 몰고 다니는 젊고 능력 있는 변호사가 한 명 있었다. 그 팀의 임무는 팀원들의 각 가정을 방문하여 다음 해를 위한 기부금을 걷어오는 것이었다. 그 젊은 변호사가 찾아가야 할 사람들 중에는 퇴직한 후 동네 변두리 트레일러에서 고정된 수입으로

근근이 살아가고 있는 한 여성도 포함되어 있었다. 그녀를 찾아가 그녀가 거주하는 좁은 마당과 트레일러를 본 변호사는 그녀에게 기부금 이야기를 꺼내기 힘들겠다는 생각을 했다. 어쨌든 그는 트레일러 안으로 들어갔고 그녀는 달콤한 차와 쿠키로 그를 대접했다. 그들은 교회에 대한 이야기를 한참 동안 나누었다. 이야기가 끝나갈 무렵, 변호사는 기부금에 대해 묻지 않은 채 자리에서 일어났다. 그때 그 과부가 말했다. "잠깐만 기다리세요, 냉장고에 기부금 수표를 붙여놓았거든요." 그가 웅얼거리며 대답했다. "아니, 괜찮습니다, 부인. 얼마나 힘들게 지내고 계시는지 저희는 다…" 그가 말을 끝내기도 전에 그녀는 젊은 변호사의 양복 옷깃을 붙들고 이렇게 말했다. "주님의 일을 위해 무언가 드릴 수 있는 기회인데 그 기회를 빼앗지 말아줘요. 그렇게 해줄 수 있죠?" 그러고는 그의 손에 수표를 쥐어 주었다.

이것은 예수님이 본문에서 말씀하신 희생과 관용의 정신이다. 탐욕으로 가득 차 허랑방탕하며 과시적인 소비를 일삼는 정신과 정반대의 개념이다. '번영의 복음'이라는 이름에 걸맞은 복음이 정말로 있다면, 그것은 자기를 희생하여 베푸는 자에게 내리는 축복, 매일의 삶 속에서 하나님만 의지하여 모든 필요를 채워가는 자가 누리는 자유함에 관한 복음일 것이다.

한 가지 더 기억할 것이 있다. 헌신적으로 베푸는 삶은 타인 혹은 공동체에 부담이 되는 삶과는 다르다. 본문의 과부는 가지고 있던 현금을 모두 드리고도 집으로 돌아가 가장으로서의 임무를 계속 이어갔을 것이다. 그 당시 문화는 집산주의적 성향을 띠고 있었기 때문이다. 그러나 우리는 대부분 그러한 문화 속에서 살고 있지 않다.

현대 문화에서는 나에게는 희생인 것이 다른 사람에게는 재정적 자살 행위나 갑작스러운 부담이 되기도 한다. 다른 곳에 구멍을 하나 더 뚫어서 지금의 구멍을 메우는 것은 가난의 해결책이 아니다. 사도 바울은 갈라디아서 6장에서 그리스도 안에서 한 몸을 이루는 지체로서 서로 짐을 지되 각자의 짐도 져야 한다고 가르친다.

현대 그리스도인들은 각자가 다른 환경과 책임 속에서 살고 있기 때문에 각자가 생각하는 희생의 액수도 다르다. 수입의 10퍼센트처럼 일률적으로 그 양을 정할 수는 없다. 이해를 돕기 위해 예를 들어보겠다. 농부가 아침에 먹을 달걀을 요구할 때마다 닭은 너무 큰 희생이라며 투덜거렸다. 닭의 모습을 보고 있던 돼지가 코웃음을 치며 말했다. "희생? 너는 네 자유 의지에 따라 달걀을 바칠 뿐이라고! 농부 아저씨가 베이컨을 달라 한다면 그것이야말로 희생을 요구하는 거지." 사람에 따라 희생은 다른 의미를 지닌다. 각자가 처한 상황에 따라 다른 양을 드릴 수밖에 없다.

핵심은, 우리 모두는 하나님을 신뢰하는 그 믿음으로 살아가야 한다는 것이다. 우리는 그리스도의 제자로서 희생의 삶을 살며("매일의 자기 십자가를 지고") 헌신적으로 베푸는 자로 부르심 받았다. 따라서 우리의 모든 자원이 (타인에게 부담이나 폐가 되지 않는 선에서) 관용과 베푸는 삶에 사용될 수 있도록 하나님 앞에서 물질을 관리하는 것이 매우 중요하다. 하나님은 후히 베푸는 자를 사랑하신다.

흥미로운 것은 소유를 나누어주고 베푸는 자가 받는 자만큼이나 이득을 얻는다는 사실이다. 베푸는 삶은 소유에 대한 집착으로부터 우리를 자유롭게 해주고 날마다 하나님을 의탁할 수 있도록 도와준다. 베푸는 삶이란 자신의 삶을 통제하려는 욕심을 내려놓고 그 삶을 살아 있는 희생으로 하나님께 돌려드리는 것이다. 이것은 믿음의 행위로, 하나님을 신뢰하되 그 결과는 하나님의 손에 맡길 준비가 되어 있다는 증거이다.

CHAPTER 05

야고보의
풍성한 지혜

고난도,
돈의 부족함도 없던 시절을
기억하는 이 있는가?

랠프 월도 에머슨

사실 야고보는 예수님이 이 땅에 계실 때 그분을 따르지 않았다(요 7:5). 그러나 부활 이후 자신의 형제였던 예수님과 그분의 가르침에 깊은 은혜를 받는다. 그리고 예수님의 영향을 받아 여러 가지 문제에 대한 그의 생각도 변화한다. 돈, 부, 가난과 같은 주제들도 예외는 아니었다. 야고보는 그의 형제 예수님처럼 '지혜'라는 관점에서 윤리적 문제에 접근한다. 또한 그는 예수님처럼 전통에 역행하는 지혜에 무게를 둔다. 〈야고보서〉가 부와 가난이란 주제를 비중 있게 다룬 최초의 기독교 설교문인 만큼, 우리는 앞으로 〈야고보서〉에서 가장 중요한 2장과 5장을 비중 있게 살펴볼 것이다. 야고보가 처음에는 예수님의 가르침에 크게 동화되지 않았을지도 모른다. 그러나 〈야고보서〉는 그가 산상수훈과 같은 예수님의 가르침에 서서히 깊은 영향을 받았음을 보여준다.

🏷 야고보서 2장: **차별하는 사회 속에서 차별하지 않기**

야고보는 1장에서 앞으로 다룰 설교의 주제들을 소개한다.[1] 따라서 우리가 살펴볼 야고보서 2장 1절에서 5장 6절은 이미 1장에서 시사되었거나 언급되었던 것들을 뒷받침하는 내용들이다. 야고보는 유대인 그리스도인들을 대상으로 편지를 기록했다.

따라서 그는 유대인들이 이해할 만한 주제, 사상, 이야기, 교훈, 유추, 성경 본문들을 사용하였다.

> ¹내 형제들아 영광의 주 곧 우리 주 예수 그리스도에 대한 믿음을 너희가 가졌으니 사람을 차별하여 대하지 말라 ²만일 너희 회당에 금가락지를 끼고 아름다운 옷을 입은 사람이 들어오고 또 남루한 옷을 입은 사람이 들어올 때에 ³너희가 아름다운 옷을 입은 자를 눈여겨보고 말하되 여기 좋은 자리에 앉으소서 하고 또 가난한 자에게 말하되 너는 거기 서 있든지 내 발등상 아래에 앉으라 하면 ⁴너희끼리 서로 차별하며 악한 생각으로 판단하는 자가 되는 것이 아니냐 ⁵내 사랑하는 형제들아 들을지어다 하나님이 세상에서 가난한 자를 택하사 믿음에 부요하게 하시고 또 자기를 사랑하는 자들에게 약속하신 나라를 상속으로 받게 하지 아니하셨느냐 ⁶너희는 도리어 가난한 자를 업신여겼도다 부자는 너희를 억압하며 법정으로 끌고 가지 아니하느냐 ⁷그들은 너희에게 대하여 일컫는 바 그 아름다운 이름을 비방하지 아니하느냐(약 2:1~7).

야고보서 2장은 크게 두 부분으로 나뉜다(1~13절과 24~26절). 첫 번째 파트에서는 차별, 특히 가난한 자와 부자를 차별하는 문제를 다룬다. 훈계의 배경은 물론, 하나님은 사람을 차별하지 않으신다는 사실이다. 그분의 백성들은 그 어느 쪽에도 속하지 않기 때문이다. 여기서 야고보는 지혜 문학 가운데서 공평하신 하나님을 강조하고 차별을 경고하는 주제를 골라 그 논의를 이어가고 있다.[2] 야고보는 편지를 읽는 자들을 향하여 "내 형제들아"라고 부른다. 따라서 우리는 그가 그리스도인들을 염두에 두었다는 사실을 알 수 있다. 그러나 그들은 아직 온전한 그리스도인들이 아니다. 야고보의 입장에서 그들은 여전히 교훈이 필요했다.

야고보는 차별 혹은 편애라는 이슈를 언급하면서 첫 번째 파트를 시작한다. 그는 사람을 차별하는 것과 영광의 주 예수님을 믿는 것은 양립할 수 없음을 증거한다. 이 두 가지를 병행하려는 일부 그리스도인들의 행위는 용납될 수 없으며 비난받아 마땅하다고 주장했다. 그것은 서로 사랑하라는 하나님의 명령을 범하는 것이기 때문이다.

이 주제의 핵심은 본문 1절에 담겨 있다. 문자 그대로 번역하면 "주 예수 그리스도의 믿음을 너희가 가졌으니"이다. 그러나 이 말씀은 보통 "주 예수 그리스도에 대한 믿음을"이라고 번역된다. 야고보는 이렇게 말하지 않았다. 만약 야고보가 그렇게 말했다면, 그는 헬라어 '엔'(en)으로 시작하는 전치사구를 사용했을 것이다. 따라서 예수님은 공평의 모범이 되시며, 믿는 자들은 그분의 행실을 좇아 "주 예수의 믿음"(즉, 그분의 신뢰성과 신실한 성품)을 가져야 한다는 뜻으로 해석해야 한다. 자기보다 높은 위치에 있는 (그래서 높임을 받을 만하다고 여기는) 사람들만 눈여겨보고 차별하는 사회 속에서, 예수님과 야고보는 부유한 자들에게 아첨하는 이 관행을 바꾼 것이다.

"사람을 차별한다"는 이 구절에는 말 그대로 "편을 든다(receive face)"는 의미가 들어 있다. 구약성경을 헬라어로 번역한 70인역의 레위기 19장 15절에서도 동일한 구절을 찾아볼 수 있다. "너희는 불의한 재판을 하지 말고 가난한 자들의 편을 들거나(receive/give face) 강한 자를 봐주지 말고 공의로 이웃을 재판해야 한다."[3] 부한 사람이나 가난한 사람이나 편애하지 말고 모든 사람에게 공평하게 대해야 한다는 말씀이다. 이 말씀은 '얼굴'로 판단하는 이들에 대해 이야기한다. 우리가 사용하는 '액면가'라는 용어처럼 겉모습으로 사람을 판단하는 자들이다. 야고보가 전하고자 하는 메시지는 아무리 강조해도 지나침이 없다. 야고보는 가난한 사람들을 편애하거나 "차별하라고" 말하는 것이 아니다. 그는 부자들을 편애하지 말라고 가르친다. 가난한 자들이 부당함을 입기 때문이다. 또한 가난한 자들을 경시하여 수치를 입히지 말라고 가르친다. 모든 사람은 사회경제적 위치와 상관없이 공평하게 대접받아야 하기 때문이다. 물론 자기 이득만 챙기려는 타락한 세상에는 불균형이 존재할 수밖에 없기에 하나님은 그 균형을 바로잡고 모든 사람이 공평을 누리기를 원하신다는 주장도 가능하다. 타락한 세상에서는 가난한 자들이 차별을 경험할 수밖에 없다. 야고보가 염두에 두었던 것이 바로 이것이며 이는 공평에 대한 레위기의 말씀과 일치한다.

2절에서 야고보는 사람을 차별하는 예를 하나 든다. 야고보는 "만일(if)"로 시작하는 조건절에 가정법 동사를 사용하여 만약의 경우를 제시한다. 즉, 이 예는 앞으로 일어날 법한 상황이다. 충분히 일어날 수 있지만 예방할 수 있는, 그러나 말씀을 듣는 이들이 그동안 심각하게 생각하지 않았던 상황이다. 이로부터 우리는 증거를 얻을 수 있다. 즉, 4절은 사람을 차별하는 행위와 믿음, 혹은 예수 그리스도의 모범을 따르는 것은 함께할 수 없다는 핵심 메시지를 전달한다. 진정으로 예수님을 따르는 자들이라면 다른 사람, 더욱이 다른 그리스도인들을 차별하여 판단할 수 없다.

그렇다면 야고보는 어떤 종류의 모임 혹은 청중에게 이 말씀을 전하고 있는가? 유대인들의 회당인가, 그리스도인들이 모인 교회인가? 아니면 그리스도인들의 법정인가? 헬라어 '슈나고겐'(synagogen)이 사용되었으나 야고보가 유대인 회당에서 말씀을 전한다고 보기는 힘들다. 야고보는 말씀을 듣는 그리스도인들이 회당에 들어오는 방문자들을 어느 정도 통제할 수 있었음을 시사한다. 또한 야고보가 그들의 모임을 가리켜 "너희 회당"이라고 부르는 것을 보면 그들이 엄격한 유대인이 아니라 그리스도인이라는 사실을 분명히 알 수 있다. 회당이라는 단어는 다른 초기 기독교 문서에서도 교회라는 의미로 사용되었다(히브리서 10장 25절을 보라).[4]

야고보가 그리스도인들의 법정에서 말씀을 전한다고 보기도 힘들다. 본문에서 법정을 가리키는 다른 단어 '크리테리아'(kriteria, 6절)가 사용되었고 그리스도인 공동체의 일원이 된 부유한 자들과 예루살렘의 믿는 유대인 공동체와 더불어(사도행전 4장 34절~5장 11절을 보라) 방문자들이 참석했다는 증거가 있기 때문이다(고전 14:23). 고린도전서 6장 1~6절도 본문을 이해하는 데 적합하지 않다. 바울이 그리스도인들에게 이방인의 법정으로 가지 말고 그들 가운데 있는 불화와 갈등은 공동체 내에서 해결하라고 권고하기 때문이다. 즉 바울이 50대에 〈고린도전서〉를 기록할 즈음에는 아직 그리스도인들의 법정이 세워지지 않았다는 사실을 알 수 있다. 야고보가 말한 "너희 회당"이 이방인들의 법정을 가리킬 리는 없다. 이후 유대인들의 회당 관례를 이 본문과 연관시키는 것도 옳지 않다.

야고보는 아마도 그리스도인들의 예배 공동체를 향해, 그 공동체에 대하여 이야기했을 것이다. 만일 이것이 그 당시 작은 건물이나 가정집에서 열렸던 유대인의 집회 방식을 따랐다면 일부는 앉아 있고 또 일부는 서 있었을 것이다. 이후의 자료들은 집사들이 방문자들을 실내의 지정된 자리로 안내하는 임무를 맡았다고 증거한다. 특별한 사람들이나 후원자들은 회당에서 따로 구별된 자리에 앉는 것이 유대인의 전통이었다(참조. 마 23:6; 막 12:30; 눅 11:43, 20, 46). 예수님을 믿는 유대인들이 그 전통을 그들의 공동체에 가져왔을 수도 있다. 본문에 등장한 부자와 가난한 사람은 모두 방문자인 듯하다. 둘 다 앉을 자리를 지정받았기 때문이다. 이 두 사람이 왜 집회에 참석했는지는 알 수 없다. 차별이라는 이슈는 이 두 사람의 행위가 아닌 그들의 자리를 안내해준 그리스도인의 행위로부터 시작된다.

야고보는 이 안내자의 행위를 비난한다. 부자와 가난한 사람의 모습은 대조를 위해 다소 과장되어 묘사되었다. 그러나 1세기에는 많은 부유한 유대인과 이방인이 실제로 금가락지를 끼고 아름다운 옷을 입었다. 가난한 사람을 남루한 옷을 입고 더럽다고 묘사한 것으로 보아 그는 거지일지도 모른다.[5] 금가락지를 낀 사람이라면 고위급, 즉 공동체에 돈을 기부할 능력이 있는 사람을 가리킬 수도 있다.[6]

3절은 그리스도인 안내자가 외모로만 방문자들을 판단하여 자리로 안내하는 모습을 묘사한다. 이는 곧 차별로 이어진다. "부자는 서 있지 말고 앉을 수 있도록, 먼 자리보다 가까운 자리, 불편하고 구석진 자리보다 안락하고 높은 자리로 안내해야 한다."[7] 여기서 '눈여겨보다'라고 번역된 헬라어 동사는 '돌아보다'라는 의미를 가지고 있다. 이 동사는 누가복음 1장 28절과 9장 38절 외에도 신약에서 두 번 더 동일한 의미로 사용되었다.[8] 또한 복수 대명사를 사용한 것으로 보아 다수의 그리스도의 안내자나 지도자가 이러한 차별을 행했음을 알 수 있다. 3절의 "내 발등상 아래 앉으라"는 종종 "내 제자가 되라"는 의미로 사용되기도 한다. 그러나 여기서는 그런 의미로 사용되지 않았다(참조. 누가복음 10장).

여러 주석가들이 4절의 "너희끼리 서로"라는 구절은 방문자들이 그리스도인임을 증거한다고 주장한다. 그러나 굳이 그런 추측을 할 필요는 없다. 이미 언급했던 것처럼 중요한 인물은 안내자이기 때문이다. 문제는 이 그리스도인들이 방문자들을 맞았으나 그들을 차별했고 그것은 방문자들의 사회적 지위, 신앙, 부, 명예와 상관없이 용납될 수 없는 행위라는 사실이다. 이 방문자들이 믿는 자들과 함께 있을 때에는 그 예배 공동체의 일원으로 대접받는 것이 당연하다. 그리스도인들의 예배 공동체, 절대로 차별이 일어나지 말아야 할 곳에서 차별이 일어난 것이다. 예배의 장소는 하나님이 온전히 영광받으시고 하나님이 사람들을 대하시는 그대로 사람들을 대해야 하는 장소이기 때문이다. 외모로 판단하는 것(3절)은 거짓되고 악한 잣대로 판단하는 것이다(4절). 여기서 예수님의 가르침을 되새겨볼 필요가 있다. 누가복음 14장 7~14절과 16장 19~31절에 기록된 비유들은 부자와 가난한 자를 극명하게 대조하며 그들을 어떻게 대해야 할지를 가르쳐준다.

5절에서 야고보는 또 다른 주제로 이어간다. 그는 우리에게 가난한 자에 대한 질문 한 개, 부자에 대한 질문 두 개를 던진다. 이 세 개의 수사적 질문 모두 "그렇다"라는 확실한 대답을 요구한다. 그런 질문을 던지는 것은 듣는 자들이 스스로 답하도록 하기 위함이다. 그러나 어떻게 보면 야고보가 원하는 결론을 끌어내기 위함이기도 하다. 부자들을 편애하는 것은 가난한 자들에게 부당하다. 나아가 그리스도인들을 압제하는 부자들을 편애하는 것은 이해할 수 없는 일이다. 이 세 가지 질문은 그리스도인의 믿음이 차별과 함께할 수 없다는 본문의 핵심을 자세히 설명하는 역할을 한다. 야고보는 우리를 가장 심난하게 하는 질문을 마지막에 던진다. 하나님이 우리에게 돌아보라고 명하신 자들은 압제 가운데 있고 하나님의 이름을 모욕하는 자들은 아첨꾼들에 둘러싸여 특권을 누리고 있는 아이러니한 상황을 제시한 것이다. 물론 가난한 자들을 향한 하나님의 관심은 구약에 잘 나타나 있다(참조. 신 16:3, 26:7). 예수님도 누가복음 6장 20절에서 가난한 자들을 선택하셨음을 드러내셨다. 바울도 마찬가지다(고전 1:27, "세상의 약한 것들을 택하사"). 야고보서 2장 5절은 세상의 기준으로 볼 때 가난한 자들이, 가장 중요한 믿음과 믿음으로부터 말미암은 것(하나님 나라를 상속받는 것)에 있어서는 부요한 자들이라 기록한다. 야고보는 가난을 낭만적으로 해석하지는 않지만 단순히 "심령이 가난한"(마 5:3) 자들이 아닌 경제적으로 가난한 자들에 대해 이야기한다. 그는 이 가난한 무리가 영적으로는 전혀 가난하지 않다고 말한다.[9]

그러나 가난이 여기서 갑자기 종교적 혹은 영적 개념이 되어버렸다고 해석하는 것은 옳지 않다. 야고보가 가난하지만 경건한 사람들을 언급했다고 해서 사회적 차원의 가난을 간과해서는 안 된다. 여기서 가난은 물질적, 영적 차원을 모두 포함한다. 부도 마찬가지다. 그러나 부와 가난을 대조한 본문의 예에 등장하는 사람들은 부를 상징하거나 가난을 상징하지는 않는다. 질문에 등장하는 가난한 자들이 믿음에 부요한 자일 수도 있다. 그러나 그것이 부요한 그리스도인에게 이웃의 가난이 아무것도 아닌 양 내버려두는 핑계가 될 수는 없다. 엘사 타메즈(Elsa

Tamez)는 이를 이렇게 설명한다. "가난한 자들이 경건하지 않다는 뜻은 아니다. 그러나 가난과 경건을 동의어로 만들어버린다면, 경제적 압제와 가난한 계층을 향한 하나님의 관심은 의미가 없어질 것이다. 부자들은 경건한 빈민이 되고 가난한 자들은 경건에 부요해야만 한다. 그러면 경제 체제와 부정한 권력은 고착화될 것이다. 결국 이득은 부자들에게만 돌아가게 된다. 현실에서는 부자, 하나님 앞에서는 경건한 빈민이 되어 하나님 나라의 상속자가 되어버릴 것이다."[10]

알프레드 플러머(Alfred Plummer)의 주장도 이와 비슷하다. "야고보는 가난한 자가 그 가난으로 인하여 구원을 얻었다고 말하지 않는다. 또한 어떤 의미에서도 가난이 가치 있다고 말하지 않는다. …그는 부를 신뢰하는 위험을 감수하지도 않는다. 물질을 신뢰하는 것은 부를 향한 덫이기 때문이다. 그에게는 더욱 예수님을 닮게 하는 미덕의 많은 기회가 있고, 그와 예수님을 분리시키는 죄에 빠질 위험한 기회는 적다. 그러나 기회는 미덕이 아니며 가난은 구원이 아니다."[11] 또한 가난한 자가 하나님 나라의 상속자가 된다는 말씀을 주목하라. 〈야고보서〉의 이 본문에서만 하나님 나라가 등장한다. 이는 장래에 그 나라를 상속받거나 들어간다는 뜻이지 현재의 일을 가리키지는 않는다(예수님이 말씀하신 복을 그대로 기록했을 수도 있다. 마태복음 5장 3절을 보라).

6절은 하나님이 특별히 사랑하시는 자를 업신여긴 행위를 비난한다. 바울도 빈궁한 자들을 부끄럽게 한 자들에 대하여 비슷한 관점을 보여준다. 분열되고 서로 차별하던 공동체의 분위기 또한 비슷하다(고전 11장 22절을 참고하라). 이는 매우 무분별한 행실이다. 12절은 그러한 죄를 짓는 자들은 심판의 날 그 행실에 대한 책임을 지게 될 거라고 말한다. 심판은 자유의 율법에 따라 받게 된다. 자유의 율법은 곧 옛것과 새것을 통합한 그리스도의 새로운 법이다.

결국 부자들 앞에서 아첨하는 것은 용납할 수 없는 일이다. 그 당시에는 일반적으로 부자들이 믿는 자들을 압제하고 법정에 끌고 갔다. 야고보는 특정 사건을 알고 있는 듯하지만 그냥 일반화시켜 이야기한다. 이는 매우 아이러니한 상황이다. 부자들이 "너희", 즉 교회 공동체를 압제할 때, 교회는 예배를 드리러 온 가난한 자를 압제하고 있다. 야고보는 묻는다. "그렇다면 너희의 행위는 하나님의 말씀과 기준에 근거한 것인가?" 7절에서 야고보는 부자들을 가리켜 "불경스러운 말을 하는 자, 예수님의 이름을 비방하는 자"라고 부른다. 그들이 입으로는 경건하다 하나 그들의 행위는 불경한 까닭일 것이다.

> ¹⁴내 형제들아 만일 사람이 믿음이 있노라 하고 행함이 없으면 무슨 유익이 있으리요 그 믿음이 능히 자기를 구원하겠느냐 ¹⁵만일 형제나 자매가 헐벗고 일용할 양식이 없는데 ¹⁶너희 중에 누구든지 그에게 평안히 가라 덥게 하라 배부르게 하라 하며 그 몸에 쓸 것을 주지 아니하면 무슨 유익이 있으리요 ¹⁷이와 같이 행함이 없는 믿음은 그 자체가 죽은 것이라 ¹⁸어떤 사람은 말하기를 너는 믿음이 있고 나는 행함이 있으니 행함이 없는 네 믿음을 내게 보이라 나는 행함으로 내 믿음을 네게 보이리라 하리라 ¹⁹네가 하나님은 한 분이신 줄을 믿느냐 잘하는도다 (약 2:14~19).

14절에서 야고보는 논의를 확장하여 '믿음과 행위'라는 보다 광범위한 주제를 다루기 시작한다. 야고보는 말씀을 듣는 그리스도인들에게 행함이 없는 믿음이 과연 유익한가를 묻는다. 그의 말투로 보아 이 질문이 가정에 기인하지 않는다는 사실을 알 수 있다. 그는 또 묻는다. "그 믿음이 능히 자기를 구원하겠느냐." 이는 "아니요"라는 답을 이끌어내기 위한 질문이다. 질문 속의 믿음은 야고보가 비난하는 거짓된 믿음인 까닭이다. 이 구절을 이해하기 위해서는 결정적으로 믿음 앞에 놓인 관사의 역할을 이해해야 한다. 사실 이 질문은 이렇게 번역해야 한다. "그런 (종류의) 믿음이 그를 구원하겠느냐." 또한 여기서 말씀의 주제가 방문자들에 대한 권고에서 믿는 자들의 모임, 그리스도 안에 있는 형제자매들에 대한 권고로 전환되고 있음을 기억하라. 이 시점에서 야고보는 믿음의 형제들에게 어떻게 행해야 하느냐는 큰 주제에 초점을 맞춘다.

그 다음에는 짧은 이야기가 등장한다. 이 이야기 또한 "만일"이란 말로 시작된다. 즉 있을 법한 장래 일을 가리킨다. 1세기에는 궁핍하여 공동체의 도움을 필요로 하는 그리스도인들이 많았다. 헐벗고 굶주린 한 형제 혹은 자매가 있다. '김노이'(gymnoi)라는 헬라어는 벌거벗었다기보다 옷을 얇게 입거나 남루하게 입은 상태를 의미한다. 이 사람은 궁핍하여 당장 오늘 먹을 양식도 없다. 16절에서 그들에게 던지는 말들은 겉은 그럴듯하나 진심이 느껴지지 않는다. 그 의미는 참 좋다. 어떻게 보면 정말로 걱정해주는 것 같기도 하다. 그러나 사실 이것은 그리스도인이라는 이름에 맞지 않는, 사랑이 없는 말이다. 야고보는 이에 대하여 강하게 비난한다. 야고보의 훈계에 담긴 속뜻은 곧 참된 믿음이 있고 또 그 믿음을 고백하는 자들에게 자비의 행위는 선택 사항이 아니라 의무라는 것이다.

그는 자비를 구하는 형제를 향하여 "평안히 가라"고 말한다. "근심을 갖지 마라"는 뜻이다. 그러나 이 말은 사실 누구나 다 하는 인사말에 불과하다. 물론 이 말은 "축복"의 의미를 담고 있다(참조. 창 15:15; 출 4:18; 삿 16:6; 삼상 20:42; 막 5:34; 눅 7:50). 그러나 대부분의 경우는 "안녕히 가시오"와 같은 인사말일 뿐이다. 또한 16절에 사용된 헬라어 동사들은 수동태로 번역해서는 안 된다. 원래는 "따뜻해지길 바란다" 혹은 "배부르길 바란다"와 같이 그를 향한 소망이 담긴 말이 아니라 "스스로 따뜻하게 하라", "스스로 배불리 먹어라"는 의미인 것이다. 그렇다면 이 사람(즉, 야고보가 말하고 있는 형제들 혹은 자매들)은 정말로 냉담한 사람이다. 말은 따뜻하나 행함은 차가운 사람이다. 사실 그는 다른 많은 사람과 마찬가지로 "당신 혼자 힘으로 해결하시오" 혹은 "혼자서 해보시오"라고 말하고 있다. 물론 궁핍한 형제가 구한 것은 값비싼 것이 아니었다. 삶을 유지하기 위해 필요한 최소한의 것, 일용할 양식과 의복 정도였다. 그러나 그는 그것조차 얻을 수가 없다. 루크 티머시 존슨(Luke Timothy Johnson)은 말한다. 문제는 "그 말(평안히 가라)이 아니다. 행함이 없음을 종교적인 언어로 감추려 한 것이다."[12]

야고보가 이러한 행동에 대하여 응수한다. "믿음이 있노라 하고 도와주지 않으면 무슨 유익이 있겠는가? 자신과 타인에게 무슨 소용이 있겠는가?" 17절의 '카이'(kai)는 '~도'라고 번역하는 것이 옳다. 그러면 "믿음도 행함이 없으면 그 자체가 죽은 것이라"가 된다. 이렇듯 본문에는 두 가지 핵심이 있다. 첫째, 살아 있는 믿음은 선한 행실을 수반한다. 둘째, 믿음과 행실은 연합되어 있기 때문에 행함이 없는 믿음은 쓸모없거나 죽은 것이다. 피터 데이빗(Peter Davids)이 이 구절을 잘 요약하였다.

야고보는 행함이 없는 믿음은 참된 믿음도 살아 있는 믿음도 아니라고 말한다. 참된 믿음은 오직 "사랑으로써 역사하는 믿음"(갈 5:6)이기 때문이다. 호흡이 인체의 선택 사항이 아닌 것처럼 행위 또한 선택 사항이 아니다. 소위 행함(바울이 비난한 할례와 같은 "율법의 행함"이 아닌 자비와 관용의 행함)이 없는 믿음은 "구원하는 믿음"이 아니다.[13]

재물과 부자들에 대한 야고보의 권고가 너무 엄하다고 느껴지는가? 2장은 워밍업에 불과하다. 다음 5장은 훨씬 더 엄하고 공격적이다.

▪ 야고보서 5장: 지옥을 향해 가고 있는 부자들

야고보의 설교가 지닌 강력한 설득력을 있는 그대로 느끼기를 원하는가? 여기 야고보서 5장 1~6절을 새로이 옮겨보았다.

들으라 너희 부한 자들아 너희에게 임할 비참한 일로 말미암아 울며 통곡하라. 너희 재물은 썩었고 너희 옷은 좀먹었으며 너희 금과 은은 녹슬었으니 그 녹이 너희를 대적할 증거(혹은 너희를 대적할 증언)가 되며 불같이 너희 살을 먹으리라. 너희가 말세에 (그것을) 쌓았도다! 보라 너희 밭(토지)에서 추수한 품꾼에게 네가 주지 아니한 삯이 소리 지르며 그 추수한 자들의 소리가 만군의 주의 귀에 들렸느니라. 너희가 땅에서 사치하고 쾌락을 사랑(방종)하였느니라. (너희) 살육의 날에 너희 스스로(즉 "너희 마음")를 살찌게 하였도다! 너희는 의인(들)을 정죄하고 죽였다! 그가 (지금) 너희에게 저항하고 있는가?

야고보서 5장 1~6절과 4장 13~17절은 모두 '들으라'로 시작한다. 그러나 본문이 가리키는 대상은 조금 다르다. 5장 1~6절은 앞에서 언급된 (장사꾼들을 포함하여) 부자가 되려고 애쓰는 사람들 중 일부를 향한 말씀이다. 문제는 야고보가 본문에서는 그 어떤 부류의 그리스도인, 앞에서 언급했던 사업가나 장사꾼들에 대해서도 언급하지 않는 듯하다는 사실이다.

야고보서 5장 1~6절은 분명히 밭이나 토지를 많이 소유한 부유층에 대해 이야기한다. J. B. 메이어(J. B. Mayor)는 말한다. "기록된 어휘들은 모두 다른 종류의 재물을 의미한다. '세쎄페'(sesepe)는 곡식과 땅의 산물, '세톱로타'(setobrota)는 사치스러운 옷, '카티오타이'(katiotai)는 귀금속을 의미한다. 부패가 깊이 자리 잡았든지 피상적으로 녹이 슬었든지, 이들은 모두 (좀과 같은) 외부적 요인이나 내부적 요인으로 변질되었다."[14] 이들은 여기저기 다녀야 하는 사업가가 아니라 한 곳에 머물러 사는 부자들이었다. 그리고 넓은 토지와 화려한 옷, 쌓아놓은 재물과 은화로 정평이 나 있었다. 야고보는 이들이 이미 말세에 임할 심판의 길에 들어섰다고 강조한다. 절대 존경과 섬김을 받을 수 없고 본받을 것도 없다고 말한다. 또한 우리는 사용된 언어를 통하여 4장 13~17절과 5장 1~6절의 대상이 동일 인물들이 아님을 알 수 있다. 4장 본문은 비판이지만 5장 본문은 재난의 계시이다. 이는 곧 4장의 무리는 야고보가 설득할 만한 여지라도 있는 사람들이지만, 5장의 무리는 이미 그 선을 넘어선 사람들이라는 의미이다.

언어적 관점에서 볼 때 이 설교자는 듣는 자들이 말씀의 후반부, 혹은 마지막 말씀만 기억한다는 사실을 매우 잘 알고 있었던 듯하다. 〈야고보서〉는 회중들에게 큰 소리로 읽어주기 위해 쓰인 편지였다. 다시 말해서 이 편지를 듣는 회중 중에는 편지를 문서로 다룰 줄 아는, 즉 편지를 읽고 이해할 능력이 있는 자가 별로 없었을 것이다. 그래서 설교 마지막 장 마무리 부분에 가장 중요한 부분을 기록한 것이다. 편지 곳곳에서 거론했음에도 불구하고 야고보가 한 번 더 마무리 부분에서 보다 강하고 엄하게 부자와 재물에 대한 문제를 꺼낸 것은 그만큼 그가 믿는 유대인들에 대하여 우려하는 부분이었다는 의미이다. 토지를 소유한 부유층의 의뢰인이 되기를 원하는, 나아가 그들과 똑같이 되기를 원하는 그리스도인들, 특히 장사꾼들이 상당히 많았음이 틀림없다. 당연히 여러 성경주석가들은 이렇게 강한 야고보서 5장 1~6절 말씀이 어떻게 보다 부드러운 말투로 기록된 4장 13~17절 말씀과 이어질 수 있는지를 놓고 고민했다. 그러나 그 답은 그리 어렵지 않다. 야고보는 5장 본문에서 다른 무리들, 즉 예수님을 믿지 않는 부자들을 향해 말하고 있다. 그들 중에는 이 편지를 듣고 있는 그리스도인들을 억압한 자들도 있었을 것이다. 이 부자들이 이방인이었든, 유대인이었든 야고보는 그들을 향한 가장 신랄한 비판을 설교의 마지막까지 아껴두었다.

1절은 각성의 메시지로 시작된다. 야고보는 부자들에게 다가올 재난을 미리 보여준다. 이 선포의 시작은 호세아 5장 1절과 아모스 4장 1절 혹은 5장 1절에 기록된 재난의 예언들과 크게 다르지 않다(참조. 마 23장; 계 18장). 따라서 회중 가운데 지각이 있는 자들은 그들이 곧 무거운 주제의 말씀을 듣게 되리란 사실을 알았을 것이다. 부자들은 미리 그들의 장례를 보기 위해 초대받았다. 그들은 곧 당할 재난으로 인해 울고 통곡해야만 한다. 이사야 13장 6절에도 여호와의 날이 가까웠으므로 애곡하는 백성들이 등장한다. 야고보는 그 장면을 기억해두었다.

2~3절은 나아가 부자들이 겪을 고난에 대해 기록한다. 여기에 사용된 "썩었

고", "좀먹었으며", "녹슬었으니" 동사들은 모두 완료형이다. 이미 썩었고 녹슬어 황폐해져 그들의 모든 재산이 파괴되었으나 그들은 그 사실을 깨닫지도 못하고 있다. 확실한 심판은 사실상 이미 시작된 것이나 마찬가지다. 부자들이 축적해놓은 모든 것은 그들에게 돌아올 분노와 불을 위한 것일 뿐이다. "불같이 너희 살을 먹으리라"는 구절은 '녹'에서 유추되었을 것이다. 녹이 그들의 화폐를 갉아먹고 파괴하는 것처럼 심판의 불이 부자들의 살을 먹어버릴 것이다.[15] 금과 은은 실제로 녹슬지 않는다. 그러나 구멍이 나거나 변색되어 광을 내야 한다. 야고보는 이 사실을 염두에 두었던 듯하다. (불순한 은이나 금으로 화폐를 만드는 경우도 종종 있었다. 그런 화폐들은 쉽게 부식되었다.) 또한 야고보는 그들의 재물이 말세에 "그들을 대적할 증거"가 된다고 말한다. 누가복음 12장 33절이 그 배경이다. 아마도 야고보는 이 재난의 계시를 기록하면서 부자와 나사로에 대한 예수님의 이야기를 떠올렸을 것이다.

3절 "너희가 말세에 재물을 쌓았도다"는 매우 중요하다. 이 구절을 말 그대로 "너희가 말세에 부를 축적하였다"로 이해한다면, 야고보는 그 무엇도 보장할 수 없는 심판의 시대에 부를 축적한 것으로 말미암아 그들을 비난하고 있는 것이다. 그들은 노후를 위하여 돈을 따로 떼어놓는다고 생각할 수도 있다. 그러나 실제로는 말세에 그들을 대적할 증거를 쌓아놓고 있는 것이다.[16] 우리는 하늘에 보물을 쌓아두고 좀과 동록이 해하는 땅에 보물을 쌓아두지 말라는 예수님의 말씀을 이미 알고 있다(마태복음 6장 19~20절을 보라). 그런데 야고보는 그보다 한 걸음 더 나아갔다. 어떤 학자는 이렇게 표현한다. "여기서 그는 '말세를 살고' 있으나 이 땅에서의 삶이 영원할 것처럼, 심판의 날이 먼 것처럼 사는 부자들을 책망한다."[17]

▶ 결론

야고보의 이 설교를 세부적인 부분까지 자세히 읽어본다면 미국이나 다른 부유한 나라에서 이 설교가 선포되는 장면을 상상하기 힘들 것이다. 교회 내에 부유한 성도가 없다고 해도, 번영신학을 따르지 않는 설교자라도 이런 설교를 하기란 쉽지 않을 것이다.

성도를 차별하고 부유한 자들에게 아첨하는 것, 그렇지 않으면 부유한 자들의 성공을 미화하며 부가 어떻게 한 사람의 영혼을 죽이는지, 어떻게 하나님을 의지할 수 없도록 만드는지, 어떻게 우리를 영원한 파멸의 길로 이끄는지와 같은 부에 대한 성경의 경고를 외면하는 것, 이 모든 것이 이 풍족한 세상 속에 있는 현대 교회의 본질이다. 설상가상으로 번영신학의 설교자들은 야고보와 정반대로 부자와 풍요를 미화시키고 있다.

앞에서 다 언급했던 것처럼, 야고보는 가난을 미화하지 않는다. 그가 원하는 것은 전반적인 공평과 정당함이다(곧 살펴보겠지만 바울도 이것을 강조했다). 야고보는 물질의 여유가 있는 그리스도인들은 궁핍한 자들, 특히 곁에 있는 믿음의 형제들을 도와야 할 의무가 있다고 분명하게 믿는다. 만약 그들이 "덥게 하라" 혹은 "배부르게 하라"고만 말한다면, 그야말로 그들은 선한 행함이 없는 믿음, 즉 완전히 죽어버린 믿음을 증거하는 것이다. 그런 믿음은 그 누구도 구원하지 못한다.

부와 가난에 대한 야고보의 주장이 좀 유별나지 않은지 의문을 품을 수도 있다. 그가 극단적인 설교자였는가 아닌가는 〈사도행전〉과 같은 다른 성경 본문들이 이 문제에 대하여 어떻게 가르치는가를 살펴보면 알 수 있다. 따라서 이제부터 우리는 〈누가복음〉과 〈사도행전〉을 통하여 부와 돈, 가난이라는 문제에 대한 누가

의 생각을 따라가 볼 것이다. 그리고 부와 돈이 지닌 위험성에 대한 경고를 살펴
볼 때 즈음에는 야고보가 극단적이지도, 유별나지도 않다는 사실을 깨닫게 될 것
이다.

CHAPTER 06

〈누가복음〉과 〈사도행전〉이 말하는 부와 가난

비즈니스는
돈을 가져다준다.
그러나
우정은 그럴 수 없다.

제인 오스틴

앞에서 살펴보았듯이 〈누가복음〉
또한 부와 가난, 돈, 재물과 같은 주제들을 다룬다. 이제부터 우리는 이러한 주
제들에 대한 누가의 입장을 보다 심도 있게 살펴볼 것이다. 학자들은 누가가 부
와 가난에 대하여 특별한 관심을 가지고 있었다고 주장한다. 따라서 그가 남긴
기록들을 더욱 면밀히 검토할 필요가 있다. 누가는 다른 복음서 기자들에 비해
부와 가난에 대해서는 할 말이 많았는지 모르지만, 사실 '돈'이라는 주제 자체
에 대해서는 그렇게 많이 언급하지 않았다.

부와 가난에 대한 누가복음의 가르침

프토코스(ptochos)라는 헬라어는 신약성경에 꾸준히 등장한다. 사전적 의미
는 '거지'이지만 일반적으로 가난한 사람들을 가리킬 때 사용된다. 신약성경에
서 '궁핍한 자들'이라는 뜻으로 가장 많이 쓰이는 단어다(34번 등장). 기본적으

로 이 단어는 음식, 음료, 옷, 집, 토지부터 자유나 명예에 이르는 삶의 기본적인 필요들을 누리지 못하는 자들을 가리킨다. 가난이라는 단어가 영적 혹은 신학적 의미와 같이 비유적으로 사용될 때도 있지만, 신약성경의 가난은 거의 대부분의 경우 현실적인 물질적 가난을 가리킨다. 물론 일부 본문들은 논란의 여지가 있는 것이 사실이다(예를 들어, "부요하신 이로서 너희를 위하여 가난하게 되심은 그의 가난함으로 말미암아 너희를 부요하게 하려 하심이라"〔고후 8:9〕). 그러나 〈누가복음〉과 〈사도행전〉에는 그런 논란을 일으킬 만한 본문이 없다.

가난과 부에 대한 신약성경의 본문들을 다루는 데 있어서 가장 큰 문제 중의 하나는 바로 시대착오적 생각이다. 즉, 현대의 경제적 상황들을 가지고 1세기 로마 시대를 읽어내려는 태도가 큰 걸림돌이 된다. 예를 들어 현대인들은 통합적인 시각으로 가난에 대한 신약성경 본문들을 읽어내지 못하고, 개인적인 게으름이나 의지의 부족으로만 가난이 찾아온다고 믿는다. 물론 게으름이 가난의 주요인인 것은 부정할 수 없다(나태한 자를 향한 〈잠언〉의 비판을 보라). 그러나 예수님 당시에는 그보다 훨씬 광범위하고 종합적인 환경과 요인이 작용했다. 곧 기근과 흉작, 노예제도, 후원자와 의뢰인이라는 복잡한 관계 때문에 좋은 연줄이 있지 않는 한 삶의 질을 향상시키는 것은 사실상 불가능했다. 특히 이스라엘은 직접적 혹은 간접적인 외세의 압박, 막대한 세금의 부담과 그로 인한 토지의 갈취, 가부장적인 사회 풍습까지 더해졌다. 그러한 환경 속에서 여성들의 역할은 제한될 수밖에 없었고 그들이 부나 재산을 축적하는 것은 거의 불가능한 일이었다. 여기에 타락한 세상 속에 존재하는 인간의 탐심과 여러 힘의 긴장 관계까지 더해보라. 서구 개인주의라는 잣대로는 성경의 가난과 부를 이해할 수 없음을 깨닫게 될 것이다.

신약성경에서 〈누가복음〉, 〈사도행전〉만큼 부활 이전과 이후를 통합하여 일반사회라는 큰 그림과 예수님의 사역이라는 작은 그림을 연결한 기록은 없을 것이다. 누가는 다른 복음서 기자들보다 폭넓고 역사적인 시각을 가지고 있었다. 비록 그가 기록한 말씀의 주제는 구원의 역사였지만 그는 하나님의 간섭이 가난한 자들에게는 복음이지만, 강하고 높은 자리에 있는 자들에게는 골칫거리라는 사실을 이해하고 있었다. 다시 말해서 누가는 큰 자들, 먼저 된 자들, 주목받는 자들뿐 아니라 가장 작은 자들, 나중 된 자들, 버림받은 자들에게 구원이란 정말로 어떤 의미인가를 영적으로 해석하려 하지 않았다.

누가는 신약의 다른 기자들과 달리 그리스 로마 시대에 구원이라는 단어가 지니고 있던 두 가지 의미를 모두 사용했다. 그 당시 구원이라는 말은 신학적 의미의 구원뿐 아니라 언어적 의미 그대로 '치유 혹은 위험으로부터의 구제'라는 의미를 지니고 있었다.[1] 그런데 〈누가복음〉, 〈사도행전〉을 살펴보면 신학적 의미의 구원과 육체의 건강은 종종 함께 등장하는 반면(영적 구원을 받는 동시에 육체적 치유나 구제를 얻는 경우), 구원과 부가 함께 등장하는 경우는 없다. 오히려 높은 사회적 지위에 있던 사람들이 구원을 얻은 후 부를(적어도 그 일부라도) 포기하는 이야기가 기록되어 있다(삭개오의 이야기를 보라). 누가가 후원자라는 체계를 인정하지 않았던 것은 아니다. 그러나 그는 예수님을 믿는 후원자들이라면 가난, 특히 믿음의 형제들의 가난을 덜어줄 수 있어야 한다고 믿었다. 서론은 여기까지 하고 이제 〈누가복음〉에서 핵심이 되는 본문들을 몇 가지 살펴보도록 하자.

이미 살펴본 것처럼 누가가 복음과 구원의 경제적 측면을 강조했다는 사실을 기억할 필요가 있다. 그 누가의 메시지는 〈누가복음〉 전반에서 찾아볼 수 있다. 이 메시지는 마리아의 찬송과 함께 시작된다. "(하나님은) 권세 있는 자를 그 위에서 내리치셨으며 비천한 자를 높이셨고 주리는 자를 좋은 것으로 배불리셨으며 부자는 빈손으로 보내셨도다"(눅 1:52~53). 세례 요한의 가르침에서도 이 메시지를 발견할 수 있다. 어떻게 해야 회개하여 다가올 심판을 피할 수 있는가를 묻는 "독사의 자식"들을 향해 세례 요한은 이렇게 대답한다. "옷 두 벌 있는 자는 옷 없는 자에게 나눠줄 것이요 먹을 것이 있는 자도 그렇게 할 것이니라." 세리들도 세례를 받으려고 그에게 다가와 묻는다. "선생이여 우리는 무엇을 하리이까." 요한이 답한다. "부과된 것 외에는 거두지 말라." 또한 "우리는 무엇을 하리이까"라고 묻는 군인들을 향해 이렇게 말한다. "사람에게서 강탈하지 말며 거짓으로 고발하지 말고 받는 급료를 족한 줄로 알라"(눅 3:10~14). 뿐만 아니라 누가는 가난한 자들에게 임하는 축복과 부자들에게 임하는 화를 대조하였다. "화 있을진저 너희 부요한 자여 너희는 너희의 위로를 이미 받았도다 화 있을진저 너희 지금 배부른 자여 너희는 주리리로다"(눅 6:24~25).

누가는 분명 예수님으로 말미암아 하나님 나라가 도래하면 부의 역전이 일어날 거라고 믿었던 것이다. 놀랍게도 〈누가복음〉에 기록된 산상수훈에는 이런 말씀도 기록되어 있다. "너희가 받기를 바라고 사람들에게 꾸어주면 칭찬받을 것이 무엇이냐 죄인들도 그만큼 받고자 하여 죄인에게 꾸어주느니라 오직 너희는 원수를 사랑하고 선대하며 아무것도 바라지 말고 꾸어주라 그리하면 너희 상이 클 것이요"(눅 6:34~36). 〈누가복음〉에서 원수를 사랑하라는 명령은 "그들이 필요로 할 때 아무것도 바라지 말고 꾸어주라"는 것으로 구체화된다. 이 명령이 특별한 이유는 예수님 시대에도 원수를 관대하게 대접해야 할 의무가 없었기 때문이다.

이것이 전부가 아니다. 예수님은 바리새인들을 책망하시며 이렇게 말씀하신다. "그러나 그 안에 있는 것으로 구제하라 그리하면 그 모든 것이 너희에게 깨끗하리라"(눅 11:41). 또한 누가는 산상수훈의 말씀을 인용하여 부자 청년을 향한 예수님의 가르침을 기록하였다. "너희 소유를 팔아 구제하여 낡아지지 아니하는 배낭을 만들라 곧 하늘에 둔 바 다함이 없는 보물이니 거기는 도둑도 가까이 하는 일이 없고 좀도 먹는 일이 없느니라"(눅 12:33).

〈누가복음〉의 이 말씀은 〈사도행전〉에서 그대로 되살아난다. 〈사도행전〉에는 순종하여 정직하게 드린 바나바와 거짓으로 드린 아나니아와 삽비라가 등장한다. 따라서 누가는 부자 청년에게 주셨던 예수님의 가르침을 예수님을 따르는 모든 사람에게 적용한 것이다. 누가는 부자 청년을 향한 예수님의 권고를 특별하거나 예외적인 가르침으로 받아들이지 않았다. 누가복음 14장 33절에서 분명하게 드러난다. "이와 같이 너희 중의 누구든지 자기의 모든 소유를 버리지 아니하면 능히 내 제자가 되지 못하리라." 십자가에 대한 예수님의 말씀을 강조할 때도 누가는 이 메시지를 염두에 두었을 것이다. "아무든지 나를 따라오려거든 자기를 부인하고 날마다 제 십자가를 지고 나를 따를 것이니라"(눅 9:23).

바리새인의 집에 들르신 예수님은 이웃을 초대하고 베풀던 당시 관습에 이의를 제기하신다. "네가 점심이나 저녁이나 베풀거든 벗이나 형제나 친척이나 부한 이웃을 청하지 말라 두렵건대 그 사람들이 너를 도로 청하여 네게 갚음이 될까 하노라 잔치를 베풀거든 차라리 가난한 자들과 몸 불편한 자들과 저는 자들과 맹인들을 청하라 그리하면 그들이 갚을 것이 없으므로 네게 복이 되리니 이는 의인들의 부활시에 네가 갚음을 받겠음이라 하시더라"(눅 14:12~14). 서로 주고받는 관습을 따르지 말고 대가 없이 주라는 예수님의 말씀이 〈누가복음〉 곳곳에 기록되어 있다.

이러한 예는 얼마든지 있다. 그러나 그리스도를 향한 헌신이 재물에 대한 태도에도 영향을 미친다는 〈누가복음〉의 가르침을 전달하기에는 이미 충분하다. 그러나 이렇듯 개인에게 주신 말씀들을 통합하는 보다 큰 하나님의 뜻이 있지 않겠는가? 〈누가복음〉 안에서 그 뜻을 발견하려면 몇 가지 본문들을 깊이 있게 살펴볼 필요가 있다. 누가복음 4장에 기록된 예수님의 계획적인 설교에서부터 시작해보자.

예수님이 성령의 능력 가운데 고향으로 돌아가신다. 그리고 많은 사람의 칭송 가운데("뭇 사람에게 칭송을 받으시더라") 갈릴리의 여러 회당에서 설교를 하신다(눅 4:14~15). 그리고 예수님은 나사렛에 이르신다. 누가복음 4장 16~30절은 이 이야기의 중요한 전환점이다. 아직까지는 예수님을 반대하는 자들이 없었다. 12살에 성전에 들르셨을 때부터 예수님은 칭송만 받으셨다. 그러나 예수님이 고향인 나사렛을 찾아가시자 놀라운 일이 일어난다.

누가는 이 설교 후에 등장하는 이야기들이 예수님이 인용하신 성경구절(사 61:1~2)이 성취되었음을 증거할 수 있도록 세심하게 구성하였다.[2] 다음 표를 보라.

누가복음 4장 18~19절	누가복음 4장 38~44절	누가복음 8장 1~3절
18절-복음을 전하다		1절-복음을 전하다
눈 먼 자를 보게 하다	38절-시몬의 장로를 치료하다	2절-한 여자에게서 악귀를 쫓고 병을 고쳐주다

	40절-병자들을 고치다	
눌린 자를 자유롭게 하다	귀신들이 나가다	귀신을 쫓아내다
19절-주의 은혜의 해를 전파하다	43절-다른 도시들에서도 복음을 전하다	4~15절과 비교하라

이 이야기와 동일한 말씀이 기록된 마가복음 1장 1~6절과 마태복음 13장 53~58절 본문과 비교해보라. 누가가 일부러 이 이야기를 이곳에 배치시켰음을 알게 될 것이다. 사실 이것은 예수님의 사역 후반부에 일어난 사건이다. 누가가 이렇게 한 이유는 자명하다. 이 이야기는 예수님의 사역과 사명의 성격, 이 모든 것이 말씀의 성취라는 사실과 예수님에 대한 사람들의 반응을 예고한다. 많은 사람이 예수님의 가르침에 감동을 받지만 그렇다고 모든 사람이 예수님을 따르기로 결심하는 것은 아니다. 예수님을 믿는다는 것은 그분의 가르침이나 행위에 감동을 받는 것 이상을 수반한다.

누가복음 4장 16절은 예수님이 안식일에 이르자 늘 하시던 대로 회당에 가셨다고 기록한다. 예수님이 유대인으로서의 법도를 꾸준히 잘 지키셨다는 의미이다. 말씀은 나사렛에서 예수님이 자라셨다고 기록하지만, 태어나셨다고 기록하지는 않는다. 또한 예수님이 글을 읽고 쓸 줄 아셨다는 사실도 알 수 있다. 예수님 당시에는 인구의 약 10퍼센트만 글을 알았다. 뿐만 아니라 본문은 예수님이 히브리어를 읽을 줄 아셨다고 전한다. 갈릴리에 거주하던 초기 유대인들은 히브리어보다 아람어를 사용했기 때문에 이는 흔한 일이 아니었다. 또한 주목할 만한 것은 예수님이 성경 두루마리를 직접 고르지 않으셨다는 사실이다. 누군가 예수님에게 〈이사야서〉의 두루마리를 건넸다. 예수님은 〈이사야서〉 중에서 읽고 싶은 본문을 찾으셔야 했다. 1세기 성경 두루마리에는 장과 절이 표시되어 있지 않았다. 단어와 문장 사이가 분리되어 있는 경우도 거의 드물었다. 따라서 특정한 본문의 위치를 파악하기 위해서는 시간과 지식이 필요했다. 따라서 이 본문은 예수님의 지적 수준뿐 아니라 얼마나 경건한 분이셨는지도 알려준다. 예수님은 특정 본문을 찾아 읽으실 수 있을 만큼 성경과 친밀하셨던 것이다.

예수님이 읽으신 본문은 이사야 61장 1~2절이다. 이사야 58장 6절 말씀도 암시되어 있다. 예수님은 예배 중 말씀을 해설하는 시간을 이용해 가르치셨던 듯하다. 그 시간에는 한 개 이상의 본문에 대해 해설하곤 했다. 전통적인 예배에서 이 시간 즈음이면 이미 율법서와 선지서를 모두 읽은 후이기 때문이다.[3]

일반적으로 갈릴리 회당은 선택된 본문을 히브리어로 읽은 후 그것을 아람어로 통역하거나 부연 설명하는 절차를 따랐다. 아마도 예수님이 그 역할을 하셨을 것이다. 그러나 히브리어를 몰랐던 누가는 히브리어를 헬라어로 번역해놓은 70인역으로 기록했다. 본문 중 "눌린 자를 자유롭게 하고"가 이사야 58장 6절이 인용된 부분이다.

그러나 이사야 본문에서 생략된 구절 몇 개를 눈여겨볼 필요가 있다. 우선 이사야 61장 1절의 "마음이 상한 자를 고치며"가 생략되었다. 예수님이 늘 긍휼한 마음으로 사역하셨던 사실에 비추어볼 때 이 말씀이 생략된 것은 매우 의외다. 61장 2절의 "보복의 날"이라는 구절도 생략되었다. 이 말씀이 생략된 이유는 보다 납득할 만하다. 이 인용된 성경구절은 그동안 엄청난 논의를 불러일으켰다. 특히 해방신학과 관련되는 경우에는 더욱 그랬다.

그러한 논의 속에서 종종 간과되는 사실은 누가복음 4장 19절이 희년을 암시

한다는 것이다. 희년은 소위 하나님의 은혜의 해로서 50년마다 돌아오기 때문에 대부분의 사람이 평생 한 번밖에 만날 수 없었다. 희년에는 사람들이 다양한 종류의 빚에서 놓임을 받았고, 노예들은 자유를 얻었으며, 토지는 휴경기에 들어갔다. 또한 사람들은 자신의 가족과 소유지로 돌아갔다(레 25:10~13). 예수님이 이 희년을 선포하셨다는 사실은 큰 의미를 지닌다. 무엇보다 예수님 앞서 힐렐이 가난한 자들이 대출을 얻으려면 희년이 지나도 빚이 존속되어야 한다고 주장했기 때문이다.[4]

더욱 흥미로운 것은 주후 26~27년이 희년이었다는 사실이다. 따라서 예수님이 사역을 시작하신 해가 희년이었을 수도 있다는 의문이 생긴다.[5] 어쨌든 예수님이 자신의 사역을 염두에 두고 이 본문을 인용하셨다면 예수님의 사역이 영적영역과 사회적 차원을 모두 포함한다는 뜻으로 해석할 수 있다. 사단과 빚과 죄의 포로들을 풀어주는 것이 바로 예수님의 사역이었다. 경제적으로 가난한 자들뿐 아니라 영적으로 가난한 자들을 돌보는 것 또한 예수님의 사역이었다. 육체적으로, 영적으로 보지 못하는 자들을 고쳐주는 치유의 기적도 마찬가지였다. 즉, 전통 신학자들과 해방 신학자들이 이 본문을 근거로 예수님과 그분의 사역에 대하여 내린 결론은 둘 다 틀리지 않다. 전통 신학자들은 이 본문을 근거로 예수님이 설교, 특히 가난한 자들을 향한 복음 선포를 위해 성령의 특별한 기름부음을 받으셨다고 주장한다. 해방 신학자들은 복음의 선포에서 한 걸음 더 나아가 포로가 된 자에게 자유를 주시는 예수님의 사역을 강조한다. 두 입장 다 옳다.

21절이 예수님의 메시지 전체를 가리킨다고 보기는 힘들다. 따라서 이 말씀은 이렇게 번역되어야 한다. "그리고 예수께서 그들에게 말씀하시되 '이 성경이 너희 귀에 응하였느니라'." 예수님은 희년과 관련된 관습과 율법을 고려하여 이 본문을 읽으신 것이다. 또한 예수님은 그분의 사역이 마지막 때에 시작되었음을 알고 계셨다. 예수님의 말씀을 처음 들은 자들은 모두 놀랐다. 하나님의 약속이 성취된다는 사실은 어느 정도 인정할 수 있었는지 모르나 그 약속이 오늘, 이 회당에서, 그들이 보는 가운데 성취된다는 사실은 또 다른 문제였다.

22절을 통해 청중이 예수님의 말씀에 감동을 받았다는 사실을 알 수 있다. 그들이 다 예수님을 증언하고 그의 은혜의 말씀을 "놀랍게" 여겼다고 기록되어 있기 때문이다. 그러나 그들의 놀라움은 곧 의심으로 바뀌었다. "이 사람이 요셉의 아들이 아니냐?" 이 질문에 대한 누가의 대답은 "그렇다"이기도 하고 "아니다"이기도 하다. 우선 법적으로 예수님은 요셉의 아들이 맞다. 그러나 사실 요셉의 혈통은 아니다. 예수님과 요셉의 관계에 대하여 누가는 마태와 같은 입장이지만 마가는 그들과 다른 입장을 취한다(마 13:55; 막 6:3). 그들의 이 질문은 빈정거리기 위함이다. 사실 그들은 이렇게 묻고 있다. "이 목수는 자기를 누구라고 생각하는 거야? 선지자?"

이에 예수님이 응수하신다. "의사야 너 자신을 고치라"는 속담뿐 아니라 "우리가 들은 바 가버나움에서 행한 일을 네 고향 여기서도 행하라"는 말도 전하신다. 여기서 문제는 예수님이 성경을 성취하시는 마지막 때의 선지자라는 사실을 믿도록 사람들 앞에서 기적과 기사를 행하지 않으셨다는 사실이다. 엘리야에게 초점이 맞춰져 있던 북쪽의 전통은, 선지자란 계시를 전하는 사람이자 기적을 행하는 사람으로 이해했다.[6] 따라서 무리들이 예수님과 그분의 사역을 믿을 수 있도록 뭔가 그럴듯한 기적을 베풀어주시기를 기대할 법도 했다. 그러나 24절을 보면, 예수님은 고향에서 환영을 받았던 선지자가 없었듯 자신도 고향에서 저주와 불신을 받을 수밖에 없다는 사실을 알고 계셨다.

이어지는 25~30절에서 누가는 특유의 방식으로 대부분의 상황을 설명한다. 예수님은 무리들을 옛 이스라엘과 비교하시며 책망의 메시지를 던지신다. 곧 완악한 마음의 이스라엘 백성들은 엘리야와 엘리사의 메시지를 받아들이지 않았다. 결과적으로 사렙다의 과부와 수리아 사람 나아만 장군과 같은 이방인들이 이스라엘에게 돌아가야 할 유익을 얻게 되었다(참조. 왕상 17~18장; 왕하 5장). 한 학자는 이를 이렇게 설명한다. "불신 때문에 가능성을 깨닫지 못하고 유익을 얻지 못하는 상황이 벌어졌다. 이는 (이스라엘 땅에서 이스라엘 민족을 위하여 훈련받은 선지자) 엘리야와 엘리사의 사역이 이스라엘에게 그 어떤 축복도 가져다주지 못했던 상황과 매우 유사하다."[7]

이 장면은 〈사도행전〉의 스데반 집사에 대한 기록과도 흡사하다(사도행전 7장 52절과 누가복음 4장 24절을 비교해보라). 〈사도행전〉 본문에도 분노와 폭력으로 선지자들을 거절한 죄로 책망받는 무리들이 등장한다. 자세히 살펴보면 두 본문이 많이 닮아있다는 사실을 알게 될 것이다. 29절에서 무리들이 예수님을 공격하려는 장면이 등장한다. 무리들은 예수님을 동네 밖으로 쫓아내어 낭떠러지까지 끌고 가서 그에게 돌을 던지려 한다. 구체적으로 묘사되지는 않지만 예수님은 성난 무리들 사이를 빠져나와 길을 가신다(누가복음 22장 3, 5절과 요한복음 7장 30절, 8장 59절, 10장 31, 39절을 비교해보라).

예수님의 이 설교는 우리의 목적에 있어서 큰 의미를 지닌다. 예수님은 자신과 함께 하나님 나라가 세워지고 희년이 시작되면 그것은 곧 사회 질서의 근본적 변화로 이어져야 한다고 믿으셨다. 모든 것은 이전과 같을 수 없다. 이스라엘을 위한 예수님의 구원 사역에는 빚으로부터 자유롭게 되는 희년의 메시지도 포함되어 있다. 여기에 '역전'이라는 주제가 더해지면 예수님의 사역은 최후에, 혹은 마지막 때에 임할 일들의 예고편과 같다. 곧 그때에는 더 이상 배고픔과 헐벗음, 집 없는 사람들, 기아와 폭력과 가난이 없을 것이다.

예수님의 행위와 그분이 제자들에게 요구하시는 행위들은 모두 완성된 하나님 나라에 임할 마지막 희년을 미리 맛보게 하기 위함이다. 따라서 복음은 (다른 이들뿐 아니라) 세리 같은 사람들까지 불러 빚을 탕감해주고, 베풀어 가난을 덜어주며, 부자와 높은 자들의 생활 방식을 버리고 그 시간과 돈으로 헌신적으로 섬기며 살라고 명한다. 뿐만 아니라 예수님은 가난한 자들을 위한 이 기쁜 소식에 순종했는가의 여부에 따라 영원한 결과를 맞게 될 거라고 말씀하신다.

누가복음 16장 19~31절의 부자와 나사로 이야기가 이를 확증해준다. 예수님은 그 당시 사람들에게 친숙했던 이야기의 요소들에 핵심을 담아서 새로운 이야기를 만드셨다. 예수님 이전부터 이집트에는 세트메와 그의 아들 시-오시리스의 설화가 전해지고 있었다. 이 설화는 이집트의 이름 난 마술사들보다 뛰어났던 에디오피아 마술사를 만나기 위해 저승에서 이승으로 돌아오는 이집트 사람의 이야기이다. 시-오시리스와 그의 아버지는 죽음의 땅으로 돌아가기 전 두 개의 장례식을 목격한다. 하나는 부자의 장례식, 또 하나는 거지의 장례식이었다. 부자는 아주 호화로운 장례식 가운데 묻히지만, 거지는 장례식조차 하지 못한 채 묻혀버린다. 그 모습을 지켜보던 세트메는 부자의 운명이 부럽다고 말한다. 그러나 그의 아들은 거지의 운명을 바라는 편이 나을 거라고 충고한다. 그 후 아버지를 저승에 있는 일곱 개의 방으로 데리고 간다. 그곳에서 부자는 고통을 받고 있었다. 그러나 거지는 높은 자리에 앉아 있었다. 아들은 선한 행실보다 악한 행실을 더 많이 한 부자의 운명과 악한 행실보다 선한 행실을 더 많이 한 거지의 운명에 대해서 설명한다. 유대인 사이에서는 이와 비슷한 이야기가 7개 이상 회자되고 있었다. 모두 부자와 가난한 사람의 운명이 사후에 뒤바뀐다는 이야기이다. 예수님은 유대인들이 더 이해하기 쉽게 이야기를 들려주셨다.

누가복음 16장 19절에서 부자의 모습을 묘사하면서 이야기는 시작된다. 부자는 자색 옷과 고운 베옷을 입고 날마다 호화롭게 즐기며 살아가는 방종한 사람이었다. 그는 왕처럼 살았다(잠언 31장 22절을 보라). 여기서 예수님이 헤롯 안티파스를 염두에 두셨으리라는 가능성을 배제할 수 없다. 헤롯도 이 부자처럼(28절) 다섯 아들이 있었다.

나사로는 이 부자와 극명하게 다른 인생을 살고 있었다(20절). 나사로는 거지일 뿐 아니라 몸도 성한 곳이 없었다. 그는 이 부자의 집 대문 앞에 누워 있었다. 부자가 매일 오며 가며 볼 수 있는 곳에 누워 있었던 것이다. 그러나 부자는 전혀 그를 도와주지 않았다. 부자가 베푼 연회에서 남은 음식을 구하는 나사로에게 아무것도 주지 않았다. 심지어 쓰레기 더미를 뒤져 먹고 사는 개들까지 와서 나사로의 상처를 핥아 그를 모욕하였다. 당연히 나사로는 곧 죽음을 맞이한다. 그는 천사들에 이끌려 아브라함의 품에 안겼다. 아브라함의 품은 아마도 천국의 가장 높은 자리일 것이다.[8] 나사로는 아브라함 곁에 있다. 곧 그는 아브라함과 친밀한 벗이 된 것이다. 주목할 것은 이 거지가 죽었을 때 제대로 장례를 치렀다는 기록이 없다는 사실이다.

그러나 부자가 죽었을 때에는 (제대로) 장례를 치렀다(22절). 그러나 그는 음부에서 큰 고통을 당하고 있다. 그는 눈을 들어 멀리 아브라함과 "그의 품에 있는" 나사로를 본다. 부자는 아버지 아브라함을 부르며(그가 유대인임을 알 수 있다) 나사로의 손가락 끝에 물을 찍어 불꽃에 휩싸여 괴로워하는 그의 혀를 "서늘하게" 해달라고 청한다(24절). 그는 음부에 거하는 와중에도 나사로를 하인처럼, 혹은 자기보다 사회적 지위가 낮은 사람처럼 다룰 수 있다고 생각하고 있다.

25절에서 아브라함은 부자가 살았을 때에 이미 좋은 것을 받았다며 부자의 청을 부드럽게(그가 아브라함을 아버지라 부른 까닭에 아브라함도 그를 "얘"라고 부른다) 거절한다. 나사로는 살았을 적에 고난을 받았으나 지금은 상황이 역전되었다. 거지는 편안함을 누리고 있지만 부자는 극심한 고통 가운데 있다. 26절은 사람이 한 번 죽고 상황이 역전된 후에는 그것을 번복할 길이 없음을 분명하게 가르쳐준다. 음부에서 아브라함에게 이를 수 있는 방법은 없다. 하나님이 두 사후 세계 사이에 큰 구렁텅이를 놓아두신 까닭이다.

부자는 자신의 운명이 이미 정해졌음을 깨닫고는 다시금 자기의 다섯 형제라도 음부에 이르지 못하도록 나사로를 자기 아버지 집에 보내달라고 청한다(27~28절). 그러나 아브라함은 이 청 또한 거절한다. 그들에게는 모세와 다른 선지자들이 있으며 그것만으로도 충분하기 때문이다. 또한 그들 스스로 선지자들의 말을 들어야 하기 때문이다.

이 이야기는 많은 교훈을 담고 있다. 그중에서도 가장 큰 교훈은 이 생에서의 행위가 영원한 결과를 낳는다는 사실이다. 또한 예수님은 다른 일부 유대인들과 마찬가지로 사람이 죽으면 곧바로 영원한 형벌이나 영원한 상을 받게 된다고 믿으셨음을 알 수 있다. 그러나 이것은 이야기에 지나지 않는 만큼 그 교훈만 너무 강조할 필요는 없다. 인자가 돌아오실 때 임할 부활과 이 땅의 마지막 심판의 역사에 대해서 예수님이 따로 말씀하셨기 때문이다. 이 누가복음 16장을 아우르는 주제는 무엇보다 부와 관련된 문제들과 부자는 하나님 나라에 들어가기 어렵다는 진리이다. 예수님의 마음은 분명 가난하나 경건한 자들에게 가 있었다. 당시 문화적 배경에서 예수님의 이 말씀은 부가 하나님의 축복이라는 바리새인들의 오랜 믿음에 대한 책망으로 해석할 수 있다. 그러나 예수님의 지혜에는 마지막 때를 향한 그분의 깊은 뜻이 담겨져 있다. 따라서 예수님은 불평등이 이 생에서 역전되기를 기대하신다. 부와 가난은 하나님이 사람을 평가하시는 신뢰할 만한 지표가 아니다.

이러한 이야기 속에는 초기 유대인들의 믿음을 뒤집는 또 다른 역전의 주제가 들어 있다. 즉, 부자의 이름은 나와 있지 않지만 거지의 이름은 나와 있다. 여기서 우리는 유대인들이 하나님의 선택받은 백성이라 할지라도 모든 유대인이 다 천국에 들어갈 수 있는 것은 아니라는 사실을 알 수 있다. 가난한 자들에 대한 태도를 포함하여 그들의 삶의 여정과 행위가 영원한 결과에 영향을 미친다. 누가는 이러한 주제들을 발전시켜서 〈사도행전〉에서 보다 상세하게 기록하였다.

부와 가난에 대한 〈사도행전〉의 가르침

학자들 중에는 누가가 〈사도행전〉을 너무 과하게 기록했다고 주장하는 이들이 있다. 그들은 누가가 초대교회와 그의 영웅 바울, 복음의 필연적인 승리 등을 그 실제가 아닌 이상향을 기록했을 거라고 주장한다. 그러나 이러한 분석은 옳지 않다. 누가는 그가 기록한 시기(대략 주후 30~62년)를 통틀어 초기 기독교에 많은 문제점이 있음을 인정했다. 이는 누가의 기록 중에서 초기 기독교의 일반적인 모습 또는 특징과 그리스도인들이 본받아야 할 원칙과 규범, 특히 의식을 구분하기가 매우 어렵다는 의미로 해석할 수 있다. 그러나 누가의 관점에서 규범을 구분하기 위한 기준이 반복되는 패턴을 발견하는 것이라면, 사도행전 2장과 4장에 기록된 예루살렘의 가정집에서 있었던 모임을 눈여겨볼 필요가 있다. 재산과 부, 물질을 공유하는 문제에 대한 많은 자료를 얻을 수 있기 때문이다.

사도행전 2장 42~47절에서 제자들은 네 가지로 자신을 헌신한다. 사도들의 가르침과 코이노니아(koinonia) 혹은 물질을 공유하는 것, 함께 떡을 떼는 것, 그리고 기도이다. 본문을 통해 제자들이 유대인이라는 배경과 유산을 저버리기로 결단한 것은 아니라는 사실을 알 수 있다(43~47절). 우리의 연구에 있어서 44절은 매우 중요한 의미를 지닌다. 이 초기 제자들의 무리가 모든 것을 공유했다고 기록되어 있는 까닭이다. 45절은 그들이 재산과 땅을 팔아서 공동체 내의 필요한 모든 사람에게 나누어주었다고 보다 자세하게 설명한다. 여기서 누가는 동사에 미완료 시제를 사용하였다. 이 나눔이 한 번의 이벤트로 끝나지 않고 지속적으로 이루어졌다는 사실을 알 수 있다. 다시 말해서 그들은 첫 번째 부활절 이후 뜨거운 열정에 휩싸여서 서로를 섬기지 않았다. 사람들의 필요가 있을 때마다 습관적으로 계속 나누었다.[9]

누가는 부와 재산을 강제적으로 몰수하여 공동체의 모든 사람에게 똑같이 분배했다고 말하지 않는다. 아나니아와 삽비라 이야기를 자세히 읽어보라. 베드로의 말을 통하여 그들이 모든 소유를 판 후에도 그것을 어떻게, 얼마만큼 처리하고 공동체에 내놓을 것인가 하는 문제는 전적으로 그들의 결정이었다는 사실을 알 수 있다. 여기서 요점은 그 누구도 소유에 대한 자신의 권리를 주장하지 않았다는 사실이다. 그들은 공동체 가운데 궁핍한 그리스도인들이 없도록 합심하여 노력 하였다. 그리스도인들은 스스로를 책임질 줄 알았다. 그들은 성전이나 회당의 자 선기관, 빈민층을 위해 예루살렘이 제공하는 수당 등에 기대지 않았다. 우리는 여 기서 믿음의 가정이라는 개념이 현실화되는 모습을 볼 수 있다.[10]

> [32]믿는 무리가 한마음과 한뜻이 되어 모든 물건을 서로 통용하고 자기 재물 을 조금이라도 자기 것이라 하는 이가 하나도 없더라 [33]사도들이 큰 권능으 로 주 예수의 부활을 증언하니 무리가 큰 은혜를 받아 [34]그중에 가난한 사람 이 없으니 이는 밭과 집 있는 자는 팔아 그 판 것의 값을 가져다가 [35]사도들 의 발 앞에 두매 그들이 각 사람의 필요를 따라 나누어줌이라 [36]구브로에서 난 레위족 사람이 있으니 이름은 요셉이라 사도들이 일컬어 바나바라(번역 하면 위로의 아들이라) 하니 [37]그가 밭이 있으매 팔아 그 값을 가지고 사도들의 발 앞에 두니라(행 4:32~37).

사도행전 4장 32~37절은 5장 초입 부분의 서문 역할을 한다. 바나바를 통해 그 리스도인의 관대함과 자기희생이라는 좋은 예를 제시하는 반면 아나니아와 삽 비라를 통해 하나님을 속이는 나쁜 예를 제시하기도 한다. 결국 이 두 이야기는 그러한 물질을 가진 그리스도인들이 돈과 재산을 어떻게 다루고, 또 나누어야 하 는가에 대한 교훈을 준다. 〈사도행전〉의 이 두 본문과 관련하여 우리가 기억해야 할 것은 그리스 로마 시대에 우정이란 물질과 재산을 공유한다는 의미이기도 했다는 사실이다. 이는 사회적으로 동등한 위치에서 서로를 이롭게 하기 위함이었다. 그러나 여기서 누가는 비슷한 위치의 사람들끼리 서로 주고받는 행위를 가리키지 않는다. 대가를 바라지 않고 주는 것, 나보다 덜 가진 자, 즉 나와 사회적으로 다른 위치에 있는 사람에게 주는 행위를 가리킨다. 조금 다르게 설명하자면 누가가 가르치고자 하는 것은 그리스 로마 전통에서의 우정이 아니다. 가족이라는 테두리 안에서 자기를 희생하라고 권고하는 것이다. 뿐만 아니라 누가는 다양한 이유로 인해 경제적 불평등이 존재할 수밖에 없는 현실을 인정한다. 따라서 그는 경제적 후원을 격려하는 동시에 그것의 좋은 예와 나쁜 예를 제시한 것이다. 물론 바나바는 좋은 예의 주인공이다.[11]

사도행전 4장 32절은 여기서 매우 중요한 의미를 지닌다. "모든 물건을 서로 통용하고 자기 재물을 조금이라도 자기 것이라 하는 이가 하나도 없더라." 이들이 "한마음과 한뜻이 되어" 이렇게 행했다는 사실에 주목하라. 이들은 단순히 정해진 규범을 따른 것이 아니었다. 공동체의 모든 일원이 소망하고 동의한 일이었다. 궁핍하거나 어려운 그리스도인들이 존재하는 것을 용납하지 않았다. 이것이 누가가 계속적으로 강조하는 것이다. 분명 그 누구도 이기심이나 소유욕에 빠져 자신의 권리를 주장하지 않았다. 이는 우리가 1장에서 살펴본 기본 진리로부터 비롯된 것이다. 곧 이 땅과 이곳에 속한 모든 것은 주님의 것이라는 깨달음이다. 우리는 하나님의 청지기일 뿐이므로 늘 이렇게 질문해야 한다. '하나님은 내게 축복 혹은 선물로 주신 이 재물을 가지고 무엇을 하기를 원하시는가?'

사도행전 4장 34~35절은 초대교회가 궁핍한 그리스도인들을 어떻게 섬겼는지를 기록한다. 34절은 그들 가운데 궁핍함이나 궁핍한 사람이 없었다는 의미가 아니다. 그러한 상황을 인지하는 즉시 구제했다는 의미로 해석해야 한다. 혹자는 초대교회 그리스도인들이 예수님의 지난 가르침, 특히 스스로를 가리켜 지극히 작은 자, 나그네라고 부르신 말씀 때문에 사회 활동을 열정적으로 한 것이라 생각할 수도 있다. 그러나 구약성경 또한 동일하게 이를 강조하고 있다. "네 하나님 여호와께서 네게 기업으로 주신 땅에서 네가 반드시 복을 받으리니 너희 중에 가난한 자가 없으리라"(신 15:3). 또한 본문은 땅이나 집과 같은 재산을 팔아다가 돈으로 바꾸었다고 기록한다. 그러나 쿰란 공동체의 일원들이 지도자에게 재산을 양도했던 것처럼 재산의 소유권이 제자들로부터 사도들에게 옮겨갔다는 기록은 찾을 수 없다. 뿐만 아니라 공동체가 모든 재산의 소유권을 주장하거나 통제했다는 증거도 없다. 이미 살펴보았던 것처럼 아나니아와 삽비라의 이야기에서 베드로는 그 부분을 분명하게 배제하였다.

또한 누가는 여기서 재산을 바친 자들을 가리켜 '소유자(owner)'라고 부른다. 베드로가 아나니아와 삽비라에게 분명히 말한 것처럼, 재산을 바치는 것과 또 얼마만큼 바치는가는 전적으로 자발적인 문제였다. 그리스도인이라면 응당 해야 할 일이었지만 결정은 각 개인에게 달렸었다. 공동체나 사도들의 강요에 의한 것이 아니었다. 자유롭게 주고받는 것이 기본적인 원칙이었던 듯하다. 따라서 보다 높은 사회적 위치에 있는 그리스도인들이 재산을 팔아 얻은 돈을 사도들에게 맡겨 분배하도록 했으리라는 판단이 가능하다. 그러나 이것을 일종의 초기 공산주의라고 부르는 것은 옳지 않다. 그들은 확고한 공동체 의식과 예수 안에서 맺어진 형제자매들을 향한 의무감이 투철했기에 강요 없이도 그런 나눔을 자연스럽고 당연하게 받아들였다. 따라서 초대교회는 사회주의 형태에 더 가깝다. 이것은 오늘날 기독교 공동체들이 지향해야 할 공동체의 이상향과도 같다. 결국 아나니아와 삽비라의 문제는 그들이 재산을 팔아 일부를 따로 떼어둔 것이 아니었다. 그들의 문제는 그들이 내놓은 돈과 가지고 있는 돈에 대해 교회와 성령 앞에 거짓을 고하여 공동체 내에서의 위상이 높아지기를 바란 것이다.

지금까지 사도행전 4~5장을 면밀히 살펴보았다. 그리고 사도행전 6장을 통해이 공동체가 과부들이 도움을 필요로 할 때마다 즉각적으로 섬겼다는 사실을 알수 있다. 이것은 2~5장의 기록처럼 공동체의 가난한 사람들을 위해 주1회 혹은정기적으로 모금을 하거나 분배하는 초반의 원칙을 따르지 않았다는 의미이다. 그러나 사도행전 6장 1절은 2~5장에 기록된 시기보다 얼마간 시간이 흘렀고 공동체 내에 아람어와 헬라어를 말하는 과부들이 들어왔음을 보여준다. 그 즈음에는 분명 과부들을 위해 매일 혹은 정기적으로 음식을 나누는 제도가 자리 잡고 있었던 듯하다. 그런데 문제는 헬라파 과부들이 외면당하고 있었다는 사실이다. 이러한 문제가 발생한 데는 공동체가 지속적으로 성장한 탓도 있었다. 따라서 사도들은 곧 일곱 명을 세워 공동체 내에 궁핍한 사람이 단 한 명도 없도록 조치하였다. 사도행전 6장은 공동체의 전반적인 필요가 아닌 과부라는 보다 구체적인 이슈를 다루고 있다. 구약성경은 유대인들에게 있어서 과부를 돌보는 것이 중대한임무라고 기록한다. 구약 시대 과부들은 재산을 가지고 삶을 꾸려가는 것이 거의불가능했기 때문이다.

연약한 과부들을 돌보는 문제에 대한 성경의 모든 본문을 연구한다면 큰 유익을 얻을 것이다. 그러한 본문들은 과부들에 대한 의무가 이스라엘 백성들의 관행으로부터 초기 유대교로, 그리고 기독교, 특히 유대인 그리스도인들의 정신이 지배적이었던 기독교 초기 단계로 이어져 내려왔음을 보여준다(출애굽기 22장 22절; 신명기 10장 18절, 14장 29절; 시편 146장 9절을 비교해보라). 이 유대인의 족장 문화에서 대부분의 과부는 상속받은 재산이 아닌 그때그때 생활비에 기대어 살 수밖에 없었다. 그래서 그들은 더욱 사회적으로 약한 존재일 수밖에 없었다. 예수님이 그들의 고난에 대해 거듭 언급하셨던 것은 당연한 일이었다.[12] 그러나 그들은 더 큰 문제의 아주 특별한 일부일 뿐이었다. 예루살렘은 가뭄과 기근으로 끊임없이 고통받고 있었다. 이는 주기적, 만성적인 식량 부족으로 이어졌다. 보관해둔 식량은 거의 없고 (일용할 양식을 구하며) 하루하루 살아나가야 하는 상황 속에서 궁핍한 자들을 위한 구제는 정기적으로 계속되어야만 했다.

우리는 뒤에서 바울이 예루살렘에 살고 있는 가난한 유대인 그리스도인들을 위하여 모은 연보에 대해 이야기할 기회가 있을 것이다. 그러나 여기서 기억해야 할 것은 바울의 교회들이 모은 연보는 단지 과부들을 위한 것이 아니었다는 사실이다. 그 연보는 오랫동안 가뭄과 기근, 식량 부족으로 고생하고 있던 50년대 모든 예루살렘 교인을 위한 것이었다. 바울이 사역하던 시기는 예루살렘 교회가 회당과 성전으로부터 대대적인 분리를 겪은 후였다. 따라서 궁핍할 때도 도움을 얻을 만한 지역 기관은 하나도 없었고 상황은 더욱 절박해졌다. 바울은 예루살렘에서 성장했기에 그 도시의 가난한 자들을 기억하는 것이 자신의 사명이라 여겼을 것이다. 그는 이방인들의 교회로부터 대부분의 연보를 모았다. 이방인들은 이 자비로운 사랑의 표현을 통해 그들의 교회와 예루살렘 교회가 하나가 될 수 있기를 소망했다.

❖ 결론

후스토 곤잘레스(Justo Gonzalez)는 믿음과 부에 대한 연구를 통하여 부와 가난에 대한 누가의 주장, 특히 〈사도행전〉으로부터 다음과 같은 결론을 이끌어 냈다.

> 〈누가복음〉은 물질의 포기를 많이 다룬다. 그러나 〈사도행전〉은 포기 자체를 위해서가 아니라 궁핍한 사람들을 위해 소유를 포기한 사람들의 공동체를 기록한다. 그들의 목표는 공동체의 연합이라는 추상적이거나 독단적인 관념도, 순수와 포기라는 원칙도 아니었다. 타인의 궁핍함을 채워주는 것이었다. 그러한 공동체에서 바나바처럼 후하게 섬기는 사람들은 아나니아와 삽비라와 같은 사람들의 질투를 유발시킬 수밖에 없었다. 그럼에도 불구하고 누가는 모든 것을 통용하는 공동체에 대해 언급한 직후 모든 것을 바친 바나바와 하나님을 속이려 한 아나니아와 삽비라 이야기를 삽입했다. 이는 누가가 〈사도행전〉에서 초대교회 공동체를 이상적으로 그리려 한 것도, 독단적인 공산주의 공동체를 기술하려 한 것도 아니었음을 가르쳐준다. 베드로는 아나니아에게 반드시 재산을 팔 필요도, 그 판 몫을 공동체에 모두 가져올 필요도 없다고 분명하게 말한다(행 5:4). 따라서 〈사도행전〉에 기록된 공동체는 거짓말과 질투가 공존하는 불완전한 공동체였다. … 누가는 "자기 재물을 조금이라도 자기 것이라 하는 이가 하나도 없는" 공동체라고 했다. 그러나 나눔이 현실이 되기 위해서는 없는 자들의 궁핍함과 가진 자들의 나누려는 의지가 모두 필요했다.[13]

이는 확실히 사도행전 초반 7장에 대한 공정하고도 균형 잡힌 평가이다. 실제로 누가는 부와 가난이라는 문제에 대하여 비현실적이고 실현 가능성도 없는 이상향을 제시하려 하지 않았다. 다시 말해서 누가는 이것을 그의 시대, 그의 공동체를 위한 실현 가능한 지침이라 여겼다. 누가가 오늘날 바로 이 곳에 있다면 이 시대 기독교 공동체들을 향해서도 동일한 말씀을 전할 것이다.

우리는 지금까지 간단하게나마 여러 가지 영역들을 살펴보았다. 그러나 우리가 살펴보지 않은 한 가지 사실이 있다. 곧 예수님을 따르는 공동체 내의 가난하고 궁핍한 사람들을 돌보는 교회의 모습이 꾸준히 그려지고 있다는 사실이다. 교회는 공동체 일원들이 예루살렘 초창기 유대교가 베푸는 구제에 기대어 살도록 내버려두지 않았다. 예수님의 제자들에게 있어서 이 구제 사역은 단순한 선택 사항이 아니라 의무였다. 예수님의 행위를 본받길 원하는 자들에게는 더욱 그러했다. 결국 예수님은 오천 명을 먹이지 않으셨던가? 나인 성 과부의 아들을 일으키셔서 그녀에게 살 길을 열어주시지 않았던가(눅 7장)?

누가는 교회란 그 일원들의 필요를 채워줘야 하는 믿음의 열린 공동체라는 사실을 제시하기 위해 초기 기독교 공동체의 모습을 보여주었다. 기본적인 원칙은 그리스도의 제자 중에는 가난이나 궁핍 가운데 처한 자가 없어야 한다는 것이다. 누가는 초대교회가 이 문제에 어떻게 대처했는가를 지속적으로 보여줌으로써 자신의 주장을 피력하였다. 재물을 창고에 모두 쌓아두는 것이나 위에서 모아진 재물을 중앙집권적으로 똑같이 나누어주는 것을 옹호하지 않는다는 것도 분명히 했다.

누가는 이러한 상황에서 후원자들의 의무를 지적하는 것으로 만족했다. 그러면서도 베드로의 목소리를 빌려 무엇을 얼마만큼 후원해야 하는가는 그들이 결정해야 할 몫으로 남겨두었다. 구제는 진실한 마음으로 해야 한다. 아나니아와 삽비라처럼 공동체 내에서 체면을 세우기 위함이 아니다. 또한 누가는 어떤 대가를 바라고 구제해서는 안 된다고 강조하였다. 나에게도 유익이 있으리라는 마음으로 구제하는 것은 참된 구제가 아니다.

이제 우리는 바울의 서신서들로 넘어갈 것이다. 바울은 지금ㄱ까지 살펴본 문제들뿐 아니라 부와 가난에 관련된 그 밖의 다른 이슈들도 다룬다.

CHAPTER 07

바울이 말하는
노동, 보수 그리고 탐욕

당신보다 돈을 더 가지거나
혹은 덜 가진 사람들과는
돈에 대해서 이야기하지 마라.
그것이 원칙이다.

캐서린 화이트혼

기독교, 특히 저교회파 개신교 내에
는 목사들이 스스로 생활비를 벌고 사역을 위한 자금도 스스로 마련해야 한다
는 것이 바울의 원칙이라고 주장하는 무리들이 있다. 이러한 원칙은 고린도전
서 9장과 사도행전 20장에서 바울이 장막을 만들어 생활했다는 기록에 근거했
기 때문에 '자비량 선교'라 불리기도 한다. 안타깝게도 그들은 "일꾼이 그 삯을
받는 것이 마땅하다"는 말씀에 대한 바울의 주장을 대부분 오해하고 있다. 그
들은 그 당시 사회나 사회적 관행들을 고려하지 않고 바울의 서신서들을 해석
하였다.

앞으로 살펴보겠지만, 사실 바울은 후원자와의 관계에 복잡하게 얽히지만 않
는다면 후원금 받는 것에 매우 호의적이었다. 다른 많은 문제와 마찬가지로 고린
도 교회가 가지고 있던 문제와 그에 대한 바울의 반응은 고려하지도 않고 목사들
은 무조건 자립해야 한다는 식으로 일반화시켜서는 안 된다. 뿐만 아니라 고린도

전서 1장은 성도들에게는 구제하고 후원해야 할 의무가 있다고 분명히 가르친다. 그러나 바울은 자신의 결정에 따라 그 후원금을 거절하고 스스로 생활비를 마련할 자유가 있었다. 돈과 교회는 항상 민감한 주제이다. 목사와 보수라는 주제는 예전이나 지금이나 훨씬 더 민감하다.

▌ 감당할 만한 부담과 증거의 부담

돈, 재물, 보수에 대한 바울의 관점을 제대로 살펴보려면 그의 가장 초기 서신서인 〈갈라디아서〉(대략 주후 49년경 기록)로부터 시작하는 것이 좋다. 40년대 즈음 예루살렘 교회를 찾아 "가난한 자들을 기억하겠노라"고 약속한 바울은 오늘날 우리가 키프로스와 터키라 부르는 지역에 교회들을 세우기 위하여 선교 여행을 여러 번 감행하였다. 그 여행들을 마친 직후 안디옥에서 기록한 〈갈라디아서〉에는 교회 사역에 대한 다양한 논의들이 담겨 있다. 우리는 그중에서도 편지의 클라이맥스를 이루는 갈라디아서 6장 1~10절을 살펴볼 것이다.

> [1]형제들아 사람이 무슨 범죄한 일이 드러나거든 신령한 너희는 온유한 심령으로 그러한 자를 바로잡고 너 자신을 살펴보아 너도 시험을 받을까 두려워하라 [2]너희가 짐을 서로 지라 그리하여 그리스도의 법을 성취하라 [3]만일 누가 아무것도 되지 못하고 된 줄로 생각하면 스스로 속임이라 [4]각각 자기의 일을 살피라 그리하면 자랑할 것이 자기에게는 있어도 남에게는 있지 아니하리니 [5]각각 자기의 짐을 질 것이라 [6]가르침을 받는 자는 말씀을 가르치는 자와 모든 좋은 것을 함께 하라 [7]스스로 속이지 말라 하나님은 업신여김을

받지 아니하시나니 사람이 무엇으로 심든지 그대로 거두리라 [8]자기의 육체를 위하여 심는 자는 육체로부터 썩어질 것을 거두고 성령을 위하여 심는 자는 성령으로부터 영생을 거두리라 [9]우리가 선을 행하되 낙심하지 말지니 포기하지 아니하면 때가 이르매 거두리라 [10]그러므로 우리는 기회 있는 대로 모든 이에게 착한 일을 하되 더욱 믿음의 가정들에게 할지니라.

〈갈라디아서〉의 마지막 논의는 분명하게 1~5절과 6~10절, 두 부분으로 나뉜다. 첫 번째 파트는 주로 그리스도의 법에 대하여, 두 번째 파트는 심은 대로 거둔다는 경구를 다룬다. 바울은 이 두 파트에서 공동체가 서로 감당해야 할 책임과 각 개인이 감당해야 할 책임을 번갈아가며 기록한다.

공동체의 책임: 범죄하는 그리스도인을 바로잡으라(갈 6:1 상).

개인의 책임: 너 자신(단수)를 살펴보라(갈 6:1 하).

공동체의 책임: 서로의 짐을 지라(갈 6:2).

개인의 책임: 자기의 일을 살피고 자기의 짐을 지라(갈 6:3~5).

공동체의 책임: 가르치는 자를 섬기라(갈 6:6).

개인의 책임: 사람이 무엇으로 심든지 그대로 거두리라(갈 6:7~8).

공동체의 책임: 모든 이에게, 특히 믿음의 가정들에게 착한 일을 하라(갈 6:9~10).[1]

바울은 이 논의를 통하여 그리스도인의 삶이 어떠해야 하는가에 대해 분명하게 제시하였다. 이 모든 권고를 해석하는 데 필요한 중심 기준은 '이 권고가 얼마나 구체적인가' 하는 점이다. 바울은 그리스도인들에게 어울린다 싶은 보편적인 교훈들을 모아놓았는가? 아니면 보다 구체적이고 적확한 배경을 고려하여 권고하였는가? 나는 현대 주석가들이 본문의 영적 차원을 배제하지 않는 대신 바울의 논의에 깔린 사회적 차원들은 간과하는 경향이 짙다고 생각한다. 그러나 항상 그랬던 것은 아니다. 존 크리소스톰(John Chrysostom)은 갈라디아서 6장 6절을 기독교 지도자들에게 재정적으로 지원해주라는 분명한 권고로 해석했으며 7~10절은 나아가 다른 사람들, 특히 믿음의 가정들에게 물질적인 도움을 주라는 권고로 보았다.

언뜻 보면 본문은 서로의 짐을 지되 영적 그리고 사적인 짐을 지라는 교훈인 듯하다. 그러나 J. G. 스트렐런(J. G. Strelan)은 상세하고도 설득력 있는 연구를 거쳐 이 본문 전체의 주제가 돈과 관련되어 있다고 주장한다.[2] 헬라 문화와 문맥을 고려하면 그러한 결론에 이르게 된다는 것이다. 첫째, 6장 1절의 프롤람바니엔(prolambanein, '예측하다' 혹은 '미리 하다')이라는 어휘는 앞선 받은 돈 혹은 비용을 가리킬 수도 있다. 또한 파랍토마(paraptoma, '범법 행위')는 지불에 오류가 있음을 의미하기도 한다. 6장 2절의 바로스(baros, '무게')는 바울의 서신서에서 대개 재정적 부담을 가리킨다. 바스타젠(bastazein, '차지하다', '감당하다')이라는 어휘는 다른 사람의 빚과 같은 것을 맡는다는 의미로 사용되기도 한다. 또한 아나플레로운(anapleroun, '대신하다', '채우다')은 종종 '전액을 지불하다', 혹은 '계약을 이행하다', 혹은 '빚을 갚다'라는 의미로 사용된다. 6장 4절의 도키마젠(dokimazein, '테스트를 통해 증명하다')이라는 어휘는 주로 금속이나 화폐의 순도 테스트를 가리킨다(참조. 잠 8:10, 17:3). 또한 엘곤(ergon, '일')은 주로 교역이나 상업을 가리킨다(참조. 계 18:17). 갈라디아서 6장 5절의 프홀티온(phortion, '부담', '짐')은 일반적으로 화물, 상품이나 물품 등을 가리킨다. 6장 6절의 코이노네인(koinonein, '기부하다')이라는 어휘는 재정적인 부담을 함께 지거나 물질적 자원을 공유하는 것을 가리킬 수도 있다(참조. 행 2:42, 4:32). 로고스(logos, '말씀')는 (비용이 기록된) 장부를 가리킬 수도 있다(참조. 빌 4:14~15). 6장 7~8절은 심는 것과 거두는 것에 대한 표현이 등장한다. 바울이 이와 같은 표현을 사용한 다른 본문에서도 돈이라는 문제가 논의의 대상이었음을 알 수 있다(참조. 고전 9:10~11; 고후 9:6). 6장 9~10절의 카이로스(kairos, '시간')라는 어휘는 지불 기일을 가리킬 수도 있다. 마지막으로 존 블라이(John Bligh)의 주장에 따르면 6장 10절의 "믿음의 가정들"이란 예루살렘에 거하는 그리스도인들을 가리킨다.[3] 나아가 래리 허테이도(Larry Hurtado)는 6장 10절이 예루살렘 교회를 위한 연보에 대한 내용이라고 주장한다.[4]

바울은 구원과 기독교 공동체 내의 섬김을 설명하기 위해 노예와 관련된 다양한 용어와 개념들을 사용하였다. 그와 같이 바울은 돈과 관련된 표현들을 영적인 의미로 사용하는 데 매우 능숙하다는 사실을 기억해야 한다. 그러나 전체적으로 볼 때 갈라디아서 6장 1~10절이 돈에 관한 본문이라는 주장은 매우 설득력이 있다. 즉, 바울은 여기서 보편적인 교훈들을 제시하기보다 마지막 논의를 통해 짐을 지고 그리스도의 법을 따르는 삶의 구체적인 예를 보여주려 한 것이다. 갈라디아서 6장 1절은 그리스도인들이 책임을 져야 하는 법과 장래에 그 법을 어길 수 있는 가능성에 대한 우려로 시작한다. 두 가지 해석이 가능하다. 바울이 말한 범죄란 세속의 법을 위반한 행위일 수도 있고, 그가 이 본문에서 언급하고자 하는 그리스도의 법을 위반한 행위일 수도 있다. 비슷한 말씀이 기록된 마태복음 18장 15절과 갈라디아서 6장 1절을 비교해보면 두 번째 해석에 더 무게가 실린다. "네 형제가 죄를 범하거든 가서 너와 그 사람과만 상대하여 권고하라 만일 들으면 네가 네 형제를 얻은 것이요"(마 18:15).

마태복음 18장 15절과 갈라디아서 6장 1절 모두 그리스도의 제자가 죄를 범하는 것을 발견했을 때 어떻게 해야 하는가를 가르친다. 두 본문의 목적은 다스리기 힘든 성도를 회복시키는 것이지, 그를 징계하는 것이 아니다. 이제 곧 살펴보겠지만 바울은 그의 마지막 논의의 두 부분을 각각 예수님의 말씀으로 시작한다(1절과 6절). 그 말씀들이 바로 바울이 말하고자 했던 '그리스도의 법'이었다.

6장 1절의 "신령한 너희"는 그동안 상당한 논란을 불러일으켰다. 바울은 갈라디아에 거하는 특정 엘리트 계층을 언급한 것인가? 그런 것 같지는 않다. 두 가지 이유가 있다. 첫째, 이 편지에 앞서 등장하는 '너희'는 늘 이 편지의 수신자, 갈라디아에 거주하는 바울의 이방인 개종자 모두를 가리킨다. 둘째, 바울은 갈라디아서 곳곳에서 모든 그리스도인들이 성령을 받았다고 말한다(갈 3:2~5, 14, 4:6, 29, 5:5, 16~18, 22~23, 25, 6:8). 또한 갈라디아 교인들이 믿었을 때 성령을 받았다고 강조한다. 나아가 그것이 그들을 그리스도인으로 구별되게 해준다고 선포한다(3장 1~5절을 보라). 그러나 "범죄한 자"와 "신령한 자들" 사이에 구별이 있었던 듯하다. 신령한 자들은 갈라디아 교회 내에서 범죄나 악한 행위에 물들지 않은 자들이기 때문이다. 따라서 바울은 본질적으로 신령한 자들을 향하여 "너 자신을 살펴보아 너도 시험을 받을까 두려워하라"고 경고한다. 바울은 법을 엄격히 지키는 사람들도 도덕적으로 연약하기에 범죄에 빠지지 않도록 주의해야 한다고 가르친다. 도덕적 우월감에 빠질 여지가 없다.

갈라디아서 6장 2절에는 그렇다할 연결사가 없다. 따라서 1절과 2절은 별개로 이해해야 한다. "서로"라는 말은 다른 사람을 우선하라는 강조의 표현이다. '타-바레'(ta bare)는 일종의 부담이나 짐을 가리킨다. 이 어휘는 재정적 부담을 가리키는 경우가 많았다.[5] 앞에서 언급했던 것처럼, 바울의 기록에서는 이 어휘뿐 아니라 이와 어원이 같은 어휘들도 대부분 재정적인 부담을 가리킨다(살전 2:5~9; 살후 3:8; 고후 12:16). 여기서도 그런 의미로 사용되었을 가능성이 매우 높다. 예수님도 "네게 구하는 자에게 주며 내게 꾸고자 하는 자에게 거절하지 말라(마 5:42)"고 권고하셨던 것을 기억하라. (말이 아닌 행함으로 궁핍한 형제를 도우라는) 야고보서 2장 15~16절 또한 예수님의 말씀과 맥락을 같이 한다.

리차드 헤이즈(Richard Hays)는 바울이 여기서 우리의 짐을 가장 잘 져주시는 예수님을 염두에 두고 있다고 주장한다. 〈갈라디아서〉에서 예수님에 대한 기록만 살펴보아도 곧 다음과 같은 말씀들을 만나게 된다. "그리스도께서 하나님 곧 우리 아버지의 뜻을 따라 이 악한 세대에서 우리를 건지시려고 우리 죄를 대속하기 위하여 자기 몸을 주셨으니"(갈 1:4). 바울은 예수님에 대하여 "나를 사랑하사 나를 위하여 자기 자신을 버리신 하나님의 아들"(갈 2:20), "우리를 위하여 저주를 받은 바 되사 율법의 저주에서 우리를 속량하신"(갈 3:13) (죄짐을 대신 지는 희생양을 암시한다) 분이라고 기록한다. 우리는 여기에 "예수 그리스도의 신실하심"이라는 구절을 더해야 한다. 즉 그분은 인간의 죄로 인한 형벌의 짐을 대신 지시고 십자가에서 죽으시기까지 하나님의 계획에 순종하신 그리스도시다.

뿐만 아니라 바울과 다른 그리스도인들이 지니고 있는 그리스도의 형상, 그분의 고난의 형상에 대한 〈갈라디아서〉의 기록을 살펴보아야 한다. 바울은 자신의 인생을 그리스도께서 보이신 삶의 패턴의 반복이라 여겼다. 여기서 가장 중요한 본문은 2장 20절이다. "내가 그리스도와 함께 십자가에 못 박혔나니 그런즉 이제는 내가 사는 것이 아니요 오직 내 안에 그리스도께서 사시는 것이라."[6] 즉, 남의 짐을 대신 지고 자신을 내어주는 이 삶의 패턴이 그리스도의 본질이었고 바울이 말하는 그리스도의 법(혹은 주 원칙)의 핵심이었다.

갈라디아서 6장 3절에서는 새로운 주제로 넘어가지 않고 지금까지의 내용들을 확장시킨다. 여기서 바울은 사실 아무것도 아니면서 자신이 특별하다고 여기는 사람들을 책망한다. 이는 짐을 지기에는 자신이 너무 훌륭하고 중요한 사람이라고 생각하는 자들에 대한 책망일 수도 있다. 이들은 예수님과 극명한 대조를 이룬다. 예수님은 분명 특별한 분이셨지만 스스로를 비워 아무것도 아닌 자가 되시고 종의 형제를 입으셨다(빌립보서 2장). 바울은 여기서 그릇된 기준으로 스스로를 판단하여 예수님의 삶의 패턴을 따르지 않는 자들을 은근히 빗대어 책망하고 있다. '프흐레나파타'(phrenapata)라는 어휘는 기만, 이런 경우에는 자기기만을 가리킨다. 이 자만심에 사로잡힌 사람들은 타인의 짐, 수치스런 십자가의 짐을 지기를 거부한다(갈라디아서 6장 14~15절을 보라).

고대의 명예와 수치 문화에서는 쉽게 자기 자랑에 빠질 수밖에 없었다. 동시에 높은 지위에 있는 자기 자신을 낮추고 자기보다 가난한 자, 더 많은 짐을 가진 자의 종이 된다는 것은 납득하기 어려운 일이었다. 그리스도의 삶과 십자가의 메시지는 그리스 로마 문화의 주요 사회적 관례에 역행하는 것이었다. 당연히 이교도들 중에는 짐을 져주는 것 같은 노예의 일을 하려는 이가 없었다.

4절은 바울이 나아가 어떤 자기 자랑이 언제 적절 혹은 부적절한가에 대한 당대의 관습을 염두에 두고 있었음을 보여준다.[7] 그는 모든 자랑이 부적절하다고 말하지 않는다. 자기의 일은 자신의 자부심을 위한 것이지 타인에게 자랑하기 위한 것이 아니라고 말한다. 또한 바울이 말하고자 하는 것은 하나님 앞에서 받는 최후의 심판이 아니라 비판적인 자기 평가이다.

그렇다면 각각 자기의 짐을 지라는 5절의 가르침은 무슨 의미인가? 이는 2절의 가르침과 상충되지 않는가? 여기서 바울이 2절의 '짐'과 다른 어휘를 사용한 어떤 특별한 이유가 있는가? 바울이 잠깐 사이에 서로 상충하는 내용을 기록하지는 않았을 것이다. 스스로를 책임질 수 있는 사람은 다른 사람의 도움을 기대해서는 안 되고, 동시에 정말로 도움이 필요한 사람의 짐을 져줄 능력이 있다면 반드시 그렇게 해야 한다는 가르침으로 받아들일 수도 있다. 다시 말해서 이 두 절은 다른 사람들의 호의에 대한 개개인의 태도(5절)와 인생의 짐을 져 주고 서로를 도와주는 자기희생적인 그리스도인의 의무(2절) 사이의 차이에 대해 말한다고 볼 수도 있다.

그러나 바울은 5절에서 '짐'이라는 어휘에 2절과 조금 다른 뉘앙스를 주려고 했을 수도 있다. 5절의 '짐'은 정신적인 의미로나 은유적인 용도로는 잘 사용되지 않는다. 예를 들어 다른 헬라 문헌에서 'phortion'은 보통 군인의 배낭을 가리킨다.[8] 바울이 5절에서 헬라 철학의 자급자족 개념을 관철시키려는 것은 분명 아니다. 그는 그러한 철학적 개념을 믿지 않는다. 그가 믿는 것은 하나님을 의지하여 부족함 없는 삶이다. 제임스 던(James Dunn)도 5절에 대하여 비슷한 주장을 한다. "성숙하고 신령한 공동체는 … 각자가 맡아야 할 짐과 도움이 필요한 자들의 짐을 구분할 줄 안다."[9]

만일 6절이 5절에 대한 부연 설명이라면 또 다른 해석도 가능하다. 다음과 같은 가설들을 세울 수 있다.

1. 4절의 "일(ergon)"과 5절의 "짐"의 관계를 함께 고려해야 한다. 바울은 각자의 일이나 돈을 벌 수 있는 일자리, 그리고 그것을 평가하는 방법에 대하여 이야기하고 있다.

2. 따라서 5절의 "짐"은 분명 경제적인 부담을 의미한다. 각 사람은 가능한 한 자신의 경제적 부담을 짊어져야 한다. 군이 후원이나 자선에 의지할 필요가 없다.

3. 이 규칙에 대한 예외가 6절이다. 이는 "일꾼이 자기의 먹을 것 받는 것이 마땅함이라"는 예수님의 가르침을 암시한다. 바울은 자신을 포함한 전도자들과 선교사들이 자신이 섬기는 회중으로부터 경제적 지원을 받을 권리가 있음을 주장하기 위해 곳곳에서 이 말씀을 인용하였다. 복음의 선포자들이 자유로이 복음 사역에 집중할 수 있도록 그러한 권리를 인정해주었던 것이다. 그러나 그들이 원한다면 도움을 거절할 수도 있었다.

4. 6절의 "모든 좋은 것"이란 제자들이 선생에게 제공하는 경제적 지원을 의미한다.

5. 그러나 억지로 할례를 받게 하는 자들은 하나님을 조롱하는 자들이었다. 그들은 육체에 심었으므로 때가 되매 큰 대가를 치르게 될 것이다.

6. 이 경고는 갈라디아 교인들이 그들의 길을 따르지 않도록 하기 위함이다.

7. 바울은 갈라디아 교인들에게 1~2절, 6절과 같은 선한 일들을 행하기를 두려워 말라고 권고한다. 머지않아 그에 대한 상이 있을 것이기 때문이다.

8. 이 선한 일은 하나님의 가정에 집중되어야 하겠지만 그 범위 내의 모든 사람까지 포함해야 한다.

위의 가설들이 모두 맞는다면 바울의 논의, 특히 두 번째 파트에 대해 더 고민해야 할 필요가 있다. 우리는 이 모든 상황 속에서 2절의 "짐을 서로 지라"와 5절의 "각각 자기의 짐을 질 것이라"는 바울의 권고는 서로 상충하지 않는다는 사실을 확인할 수 있다.

갈라디아서 6장 1~10절의 두 번째 파트는 첫 번째 파트와 마찬가지로 주로 돈에 대한 문제를 다루고 있다. 바울은 첫 번째 파트와 마찬가지로 예수님의 가르침을 인용하면서 두 번째 파트를 시작한다. 여기서는 갈라디아 개종자들의 상황에 예수님의 말씀을 적용하고 있다. "가르침을 받는 자는 말씀을 가르치는 자와 모든 좋은 것을 함께하라." 이 권고는 누가복음 10장 7절의 예수님의 말씀에 근거한 것이다. 그리고 바울은 이에 대해 고린도전서 9장 3~14절에서 상당히 자세히 설명한다. 그 본문은 다른 이들의 평가와 비난을 받는 그리스도인들과(9:3) 복음을 전하는 자들이 지원을 받아야 할 권리에 대해서도 언급한다(9:6, 13~14).[10] 또한 복음을 전하는 자들은 영적인 것을 뿌리고 물질을 거둔다는 내용도 등장한다(9:11). 두 본문이 꽤 상응하는 만큼 바울이 갈라디아서 6장 6~10절에서 물질의 (그리고 영적인) 문제에 대하여 다루고 있다는 판단이 가능하다. 그러나 바울이 여기서 자기 자신과 그를 지원해야 할 갈라디아 교인들의 의무에 대해 은근히 이야기하고 있는가의 여부는 정확히 알 수 없다. 그러나 분명한 것은 바울의 서신서에 이런 주제가 자주 등장한다는 사실이다(고후 11:7~11; 살전 2:9; 살후 3:7~10; 롬 15:24; 빌 1:5, 4:15). 또한 신약의 다른 본문에 기록된 "좋은 것들"도 물질적 지원, 도움 혹은 식량을 의미한다(눅 1:53, 12:18~19).

"말씀을 가르치는 자"를 문자 그대로 한 명의 특정인으로 해석해야 하는가? 그렇다면 이는 바울을 의미하는 것일 수도 있다. 그러나 갈라디아 교회의 지원을 받을 자격이 있는 그 지역 선생들로 해석할 수도 있다. 본문에서는 두 번째 해석이 보다 자연스럽다. 그렇다면 "좋은 것들"이란 10절의 마지막 권고를 위한 것일 수도 있다. 10절의 "착한 일"은 6절의 "좋은 것들", 즉 물질적, 재정적 지원을 가리키는 것이다.

7절에서 바울은 막 경고한 내용을 뒷받침하거나 그 근거를 제시하기 위해 헬라와 유대 문학에 등장할 법한 경구를 인용한다.[11] 중요한 것은 바울이 이러한 은유를 사용한 다른 본문들(고전 9:10~11; 고후 9:6)도 모두 돈과 관련된 문제들을 다루고 있다는 사실이다. 어쩌면 이러한 은유를 사용하여 잠언 22장 7~9절의 메시지를 그대로 전하고 있는지도 모른다. "부자는 가난한 자를 주관하고 빚진 자는 채주의 종이 되느니라 악을 뿌리는 자는 재앙을 거두리니 그 분노의 기세가 쇠하리라." 낙심치 말고 선한 일을 하라는 권고 또한 게으름을 버리고 재정적으로 스스로를 책임져야 한다는 〈데살로니가후서〉의 권고 끝에 등장한다(살후 3:13).

이 모든 정황을 종합해보면 7절과 8절의 의미가 분명해진다. 7절은 그리스도인을 포함한 모든 사람을 향한 말씀으로서 8절에서 육체와 성령이라는 반대 개념으로 적용된다. '성령을 위하여 심는다'는 것은 재정적으로 혹은 다른 방법으로 선생들을 지원하는 것을 가리킨다. 6~8절은 통합적으로 이해해야 한다. 따라서 8절에서 바울은 기본적으로 자기주도적인 행위, 스스로 할례를 하는 행위와 타인을 위한 염려와 행위를 대조하고 있다. 전자는 육체에서 난 것이며 후자는 성령으로부터 말미암은 것이다. 이는 이 본문을 아우르는 주제, 즉 타인을 위한 행위와 자기중심적인 자들에 대한 경고에 부합한다. (뿐만 아니라 현재의 행위와 장래의 운명의 관계를 다룬 로마서 2장의 논의에도 부합한다.)

9절은 낙심치 말고 선을 행하라고 가르친다. 또한 포기하지 않는다면 때가 되어 거두게 될 것이라 약속한다. 9절은 문법적으로 8절과 연관되어 있기 때문에 심고 거두는 것에 대한 8절의 말씀을 살펴보아야 할 필요가 있다. 9절은 앞 절과 마찬가지로 장래에 그 대가를 얻게 되리라 약속한다. 그러나 거두기 위해서는 조건이 필요하다. 각 사람은, 그가 비록 그리스도인이라 할지라도 자동적으로 그 대가를 거둘 수 없다. 즉 낙심하지 말고 선을 행하기를 포기하지 말아야 한다. 다른 말씀에서와 마찬가지로 여기서도 바울은 지금 그리스도 안에 있는 자들도 변절을 하거나 믿음을 저버려 영생과 그 나라가 완성될 때 얻게 될 영광을 놓칠 수도 있음을 인정한다(5장 3~4절을 보라). 바울은 사람이 선한 행실로 구원받는다고 주장하는 것이 아니다. 선을 행할 수 있는 기회와 시간이 있다면, 선을 행하지 않는 구원이란 있을 수 없다고 말하는 것이다. 그리스도인에게 있어서 선한 행위는 선택 사항이 아니다.

10절에서 바울은 '성령을 위하여 심는 것'에 대해 9절보다 분명하게 설명하면서 논의를 마무리한다. 다른 서신서들과 마찬가지로 "그러므로"는 그가 논의를 끝내거나 논의의 골자를 언급할 때 사용하는 구절이다(롬 5:18, 7:3, 25, 8:12, 9:16, 18, 14:12, 19; 엡 2:19; 살전 5:6; 살후 2:15). 따라서 이 구절을 본문이나 〈갈라디아서〉 전체의 논의와 별개인, 독립적인 교훈으로 이해하는 것은 옳지 않다. 바울은 "기회 있는 대로", 즉 "시간(과 기회)이 있다면"이라는 수식 어구를 삽입한다. 바울은 우리 그리스도인들(9절에서처럼 자신을 포함한 청중 모두)을 향해 "모든 이에게 착한 일을 하라"고 권고한다. 바울은 일이나 선한 행실에 대하여 전혀 부정적이지 않다. 그가 앞서 비판한 것은 다름 아닌 율법의 일이었다. 뿐만 아니라 바울은 1~10절 전반에 걸쳐 예수님을 믿는 자들이라면 악한 행실을 피해야 할 뿐만 아니라 선한 행실을 추구해야 한다고 주장한다. 모든 이에게 착한 일을 하는 것은 적어도 궁핍하거나 가난한 사람들에게 자비를 베푸는 일에서부터 시작한다. 마지막으로 바울은 특히 믿음의 가정들에게 착한 일을 하라고 부탁한다.

이렇게 바울은 해야 할 일과 하지 말아야 할 일에 대한 실제적 권고와 함께 (〈갈라디아서〉 전체와) 이번 논의를 마무리한다. 그는 갈라디아 교인들에게 추상적이거나 보편적인 훈계를 주지 않았다. 죄를 범하는 그리스도인들을 바로잡고, 타인의 짐을 대신 져주며, 선생들을 재정적으로 지원하고, 모든 이에게, 특히 그리스도인들에게 착한 일을 하라고 구체적으로 가르친다. 그로 말미암아 그들이 예수님의 삶의 패턴과 가르침, 곧 그리스도의 법을 따르게 하기 위함이다.

이렇듯 바울의 초기 서신서에 기록된 원칙들은 이후 서신서들보다 자세하게 기록되어 있다. 원칙들을 정리하면 다음과 같다. 첫째, 그리스도인들은 스스로를 부양하고 자신의 경제적 부담을 감당해야 한다. 또한 일하기 싫은 자는 먹지도 말고 공동체나 공동체의 식량에 기대어 살기를 바라지 말아야 한다.[12] 둘째, 공동체 내에 궁핍함이 있을 때에는 서로가 짐을 져주어야 한다. 이것이 예수님이 제자들에게 주신 명령을 지키는 길이다. 셋째, 선생들은 재정적 지원을 받을 권리가 있고 공동체는 그들을 지원해야 할 의무가 있다. 그러나 선생들은 여러 가지 이유로 그 지원을 거절할 수 있다. 이제 우리의 관심은 자연스럽게 데살로니가후서 3장과 고린도전서 9장의 성직자들의 보수에 대한 가르침으로 옮겨간다.

성직자들의 보수: 작업가설

앞에서도 살펴보았지만 성경을 읽고 연구할 때는 시대착오라는 잠재적 위험에 빠지기 쉽다. 특히 바울의 서신서들을 읽을 때는 시대착오적 생각이 큰 문제가 되기도 한다. 오늘날과 바울 시대의 환경이 동일하다는 전제하에 바울의 기록을 제대로 이해하기 위해 군이 당시와 현재의 사회적 차이들을 고려할 필요가 없다는 그릇된 생각에 빠질 수 있다. 이러한 생각은 돈이나 성직자들의 보수와 같은 문제를 다룰 때에 특히 위험하다. 후원자와 의뢰인이라는 고대의 제도나 후원자에 대한 복잡한 의무에 얽히게 될 때 발생하는 문제들을 고려하지 못하기 때문이다. 무엇보다 바울은 어디를 가든지 관계에 얽매이지 않고 사역할 수 있는 자유가 필요했다. 아무 조건 없이 지원을 받을 수 있다면 가장 좋겠지만, 그럴 수 없는 경우라면 스스로를 책임지는 편이 나았다.

바울은 하나님의 자유와 은혜의 복음을 전하기 위해 서로 주고받고 후원하는 문화의 짐을 조심스럽게 피해 다녀야 했다. 그것은 쉽지 않은 일이었다. 개중에는 돈과 보수에 대한 바울의 행동과 말을 이해하지 못하는 사람들이 있었다. 결국 그가 사용하는 기술적인 언어로 인해 어려움도 겪게 된다. "너희가 나를 내가 갈 곳으로 보내어주게 하려 함이라"나 "주고받는 내 일"이라는 구절들에서 바울은 사실 돈에 대해 이야기하고 있다. 전자는 여행에 필요한 돈이나 물자를 지원해달라는 의미이며, 후자는 후원자와 의뢰인의 관계와는 정반대의 동등한 관계를 가리킨다. 이런 사실들을 먼저 기억하고 성직자의 보수에 대한 문제를 다룬 데살로니가후서 3장 6~12절과 고린도전서 9장 1~18절로 넘어갈 필요가 있다.

> [6]형제들아 우리 주 예수 그리스도의 이름으로 너희를 명하노니 게으르게 행하고 우리에게서 받은 전통대로 행하지 아니하는 모든 형제에게서 떠나라[7] 어떻게 우리를 본받아야 할지를 너희가 스스로 아나니 우리가 너희 가운데서 무질서하게 행하지 아니하며 [8]누구에게서든지 음식을 값없이 먹지 않고 오직 수고하고 애써 주야로 일함은 너희 아무에게도 폐를 끼치지 아니하려 함이니 [9]우리에게 권리가 없는 것이 아니요 오직 스스로 너희에게 본을 보여 우리를 본받게 하려 함이니라 [10]우리가 너희와 함께 있을 때에도 너희에게 명하기를 누구든지 일하기 싫어하거든 먹지도 말게 하라 하였더니 [11]우리가 들은즉 너희 가운데 게으르게 행하여 도무지 일하지 아니하고 일을 만들기만 하는 자들이 있다 하니 [12]이런 자들에게 우리가 명하고 주 예수 그리스도 안에서 권하기를 조용히 일하여 자기 양식을 먹으라 하노라(살후 3:6~12).

데살로니가의 그리스도인들 중에는 사회적으로 엘리트 계층도 있었지만 그렇지 못한 사람들도 있었다. 바울은 엘리트 계층에 속하지 못하면서도 누군가의 의뢰인이 되어 고된 일을 피하고자 하는 게으른 사람들을 책망했다. 그들은 거지처럼 가난한 사람들이 아니었다. 능력과 가능성은 있지만 귀족이나 엘리트 계층이 아니었기에 의뢰인으로서의 가치가 있어 후원자들이 눈여겨볼 만한 사람들이었다. 노예 신분에서 해방된 후 장사에서 두각을 드러내던 사람들이 그 좋은 예다.

바울은 그리스도인들의 그런 행위가 세상 사람들에게 부정적 증거가 될 것을 염려했다. 또한 그리스도인들을 포함한 후원자들이 일상적으로 공동체 일원들을 동맹 관계에 얽매려 하는 행위에 대해서도 동일한 이유로 마땅치 않아 했다. 더러는 비그리스도인 후원자의 의뢰인이 되어 (우상 숭배에 참여하거나 황제에게 제물을 바치는 등) 그들의 종교적 만족을 채우기 위한 일들을 도맡아야 하는 경우도 있었다. 바울은 고린도에 머물며 그리스도인들이 우상 숭배에 참여하는, 도덕적으로 수치스런 행위의 결과를 직접 목격했다. 그는 〈데살로니가후서〉를 기록하며 이러한 상황에 대한 위기감을 느낄 수밖에 없었다. 예수를 믿게 된 이교도들을 변화시키기란 쉽지 않았다. 이전에 그들이 믿던 종교의 동료들이 계속적으로 그들을 이교도의 종교의식에 끌어들이려 했기 때문이다.

바울은 데살로니가후서 3장 6~12절 전반에 걸쳐 데살로니가 교인들에게 노동에 대한 바울의 태도를 배우라고 가르친다. 그가 〈데살로니가전서〉를 기록할 때에는 데살로니가 교인들의 게으름에 대한 의혹만 가지고 있었다. 그러나 〈데살로니가후서〉를 기록할 즈음에는 그들의 게으름이 사실로 드러났다. 그중에는 게으를 뿐만 아니라 바울을 좇아 공동체를 바로 섬기지 못하고 무질서하게 행하는 자들도 있었다. 바울의 삶은 이미 데살로니가 교회의 전통이 되어 있었다. 즉 데살로니가전서 2장 9절에 기록된 것처럼 바울은 처음 데살로니가에 왔을 때 밤낮을 가리지 않고 손으로 일하였다. 데살로니가와 고린도라는 도시에서 선교사가 이러한 일을 하는 것은 매우 탁월한 전략이었다. 두 도시는 올림픽과 같은 경기를 개최했기 때문에 (고린도는 연 2회) 주기적으로 장막을 필요로 했다. 장막은 현대의 값싼 모텔처럼 경기에 참여하는 사람들이 임시적으로 머무는 데 사용되었다.

바울은 〈고린도전서〉에서와 마찬가지로 데살로니가후서 3장 9절에서 자신에게는 선생과 사도로서 경제적인 지원을 요구할 수 있는 권리와 권위가 있다고 구체적으로 언급한다(고린도전서 9장 3~18절, 특히 15절과 비교해보라). 그러나 그는 데살로니가 교회의 게으른 자들처럼 후원자와의 관계에 얽매이지 않기 위하여 그 권리를 포기하였다. 바울은 "일하는 자가 먹을 자격이 있다", 즉 "일꾼이 그 삯을 받는 것은 마땅하다"는 예수님의 말씀을 좇아 살았다. 그럼에도 불구하고 그는 지원을 거절할 수 있는 권리도 있다는 사실도 알고 있었다. 후원자의 통제가 따를 때는 더욱 그랬다. 바울은 "일하기 싫어하거든 먹지도 말게 하라"는 전통적인 격언을 인용한 듯하다(참조. 창 3:9; 잠 10:4).[13] 그는 일하기를 거부하는 자들을 가리킨 것이다.

11절에는 언어유희가 들어 있다. 게으른 자들은 도무지 일하지는 않고 오히려 일을 만들고 다닌다. 일을 할 능력이 있음에도 불구하고 형제들에게 아첨하며 붙어산다. 12절에서는 이들에게 조용히 일하며 자기가 먹을 양식을 벌어야 한다고 가르친다. 이는 조용히 자기 일을 하고 자기 손으로 일하기를 힘쓰라는 이전의 가르침을 보강한 것이다. 바울은 명백히 그릇된 행동을 한 고린도 교인들처럼 데살로니가 교회의 게으른 자들을 엄하게 책망하지는 않았다. 데살로니가에서는 게으르게 행하는 자들을 피하라고 권고하지만 고린도에서는 그들을 추방하라는 명령까지 내린다.

¹내가 자유인이 아니냐 사도가 아니냐 예수 우리 주를 보지 못하였느냐 주 안에서 행한 나의 일이 너희가 아니냐 ²다른 사람들에게는 내가 사도가 아닐지라도 너희에게는 사도이니 나의 사도 됨을 주 안에서 인친 것이 너희라 ³나를 비판하는 자들에게 변명할 것이 이것이니 ⁴우리가 먹고 마실 권리가 없겠느냐 ⁵우리가 다른 사도들과 주의 형제들과 게바와 같이 믿음의 자매 된 아내를 데리고 다닐 권리가 없겠느냐 ⁶어찌 나와 바나바만 일하지 아니할 권리가 없겠느냐 ⁷누가 자기 비용으로 군 복무를 하겠느냐 누가 포도를 심고 그 열매를 먹지 않겠느냐 누가 양 떼를 기르고 그 양 떼의 젖을 먹지 않겠느냐 ⁸내가 사람의 예대로 이것을 말하느냐 율법도 이것을 말하지 아니하느냐 ⁹모세의 율법에 곡식을 밟아 떠는 소에게 망을 씌우지 말라 기록하였으니 하나님께서 어찌 소들을 위하여 염려하심이냐 ¹⁰오로지 우리를 위하여 말씀하심이 아니냐 과연 우리를 위하여 기록된 것이니 밭 가는 자는 소망을 가지고 갈며 곡식 떠는 자는 함께 얻을 소망을 가지고 떠는 것이라 ¹¹우리가 너희에게 신령한 것을 뿌렸은즉 너희의 육적인 것을 거두기로 과하다 하겠느냐 ¹²다른 이들도 너희에게 이런 권리를 가졌은즉 하물며 우리일까보냐 그러나 우리가 이 권리를 쓰지 아니하고 범사에 참는 것은 그리스도의 복음에 아무 장애가 없게 하려 함이로다 ¹³성전의 일을 하는 이들은 성전에서 나는 것을 먹으며 제단에서 섬기는 이들은 제단과 함께 나누는 것을 너희가 알지 못하느냐 ¹⁴이와 같이 주께서도 복음 전하는 자들이 복음으로 말미암아 살리라 명하셨느니라 ¹⁵그러나 내가 이것을 하나도 쓰지 아니하였고 또 이 말을 쓰는 것은 내게 이같이 하여 달라는 것이 아니라 내가 차라리 죽을지언정 누구

든지 내 자랑하는 것을 헛된 데로 돌리지 못하게 하리라 ¹⁶내가 복음을 전할지라도 자랑할 것이 없음은 내가 부득불 할 일임이라 만일 복음을 전하지 아니하면 내게 화가 있을 것이로다 ¹⁷내가 내 자의로 이것을 행하면 상을 얻으려니와 내가 자의로 아니한다 할지라도 나는 사명을 받았노라 ¹⁸그런즉 내상이 무엇이냐 내가 복음을 전할 때에 값없이 전하고 복음으로 말미암아 내게 있는 권리를 다 쓰지 아니하는 이것이로다(고전 9:1~18).

고린도전서 9장에서 바울은 자신의 사도직을 변호하지 않는다. 오히려 자신은 성도들의 지원을 받을 권리가 있다고 있는 그대로 말한다. 이러한 그의 태도는 고린도전서 9장 4절부터 분명히 드러난다. "우리가 먹고 마실 권리가 없겠느냐"는 수사 의문문에는 "물론 있다"라고 답할 수밖에 없다. 이어서 바울은 몇 가지 비유를 든다. 군인에게는 급료를 받을 권리, 농사꾼은 자기가 키운 포도를 먹을 권리, 양 떼를 기른 자에게는 그 젖을 먹을 권리가 있다고 설명한다. 그리고 바울은 소에게도 자기가 밟은 곡식을 먹을 권리가 있다는 결정적 예를 제시한다(신명기 25장 4절을 보라). 바울은 작은 논거에서 큰 논거로 발전시키는 형식을 통해 이런 종류의 일꾼들도 보수나 보상을 받을진대 복음을 전하는 성직자들은 말할 것도 없음을 효과적으로 설명한다. 그러나 12절에서 논의가 전환된다.

자신에게 보수를 받을 권리가 있음을 분명히 설명한 바울은 입장을 바꿔 보수나 다양한 종류의 지원을 거절할 권리도 있다고 강조한다. 바울은 "복음에 아무 장애가 없게 하려고" 고린도에서 그 권리를 사용하지 않았다고 말한다. 이것은 무슨 뜻인가?

바울은 당시 후원을 받거나 가르침에 대한 보수를 받는 선생들과 철학자들, 수사학자들을 후원자와 돈을 낸 청중이나 만족시키는 '타협한' 혹은 '매수된' 자들이라 여기는 문화를 말하고 있는 것이다.[14] 주후 50년대 급격히 발전하고 있던 고린도는 후원과 의뢰의 관계가 왕성하던 로마의 식민 도시였다. 바울은 12절의 입장에서 한 번 더 돌이켜 제사장이나 성전을 섬기는 자들과 같이 그에게도 제물을 나눌 권리가 있다고 다시금 강조한다. 14절에서는 "주께서도 복음 전하는 자들이 복음으로 말미암아 살리라 명하셨느니라"고 단호하게 말한다.

바울이 이렇게 재차 주장한 것으로 보아 우리의 질문은 "바울은 성직자들이 보수를 받아야 한다고 생각하는가"가 아니라 "그렇다면 바울은 왜 고린도에서 보수를 받지 않았는가?"여야 한다. 성직자들이 보수를 받는 것이 이렇게 당연한 일이라면 바울이 보수를 받지 않았던 합리적인 이유가 있어야 한다는 것이다. 본문이 그 이유를 설명해준다. 바울은 자신의 설교에 대한 보수를 받을 권리가 있었다. 그러나 그가 설교를 하고 그에 대한 대가를 받는다면 그것은 더 이상 자발적인 일도, 자랑할 일도 아니다. 강제적으로 하는 일(혹은 보수를 주는 사람들에게 속한 일)은 상을 얻을 수 없기 때문이다. 바울은 자랑할 것을 보전하기 위해 값없이 복음을 전하는 영광을 누리고자 했다.

바울이 지나치게 오만한가? 그렇지 않다. 그보다 더 큰 의미가 있다. 장애라는 말을 보면 알 수 있다. 고린도에서 보수를 받고 복음을 전한다면 하나님의 값없이 주는 은혜의 복음에 장애가 될 것이고 그렇다면 아무런 유익이 없을 것이다. 바울은 그가 보수를 받는 순간 상호주의라는 악순환으로 여겨질 수밖에 없다는 사실을 정확히 파악하고 있었다. 흥미롭게도 돈을 받고 가르치거나 연설하는 것이 허풍이나 오락으로 여겨지던 시대였기 때문이다. 따라서 바울은 분명한 이유를 가지고 보수에 대한 권리를 포기하였다. 고린도 교인들은 다른 젊은 이방인 개종자의 무리처럼 보답에 대한 기대 없이 베푸는 것이나 값없이 주는 은혜, 참된 자기 희생과 같은 개념들을 이해하지 못했다. 그러나 빌립보를 포함한 다른 지역에서는 보상이나 보수와 반대 개념인 은혜, 값없이 주고받는 것의 개념을 이해했던 것으로 보인다.

고린도전서 11장 8~9절과 빌립보서 4장 14~16절을 보면 교회들이 바울이 교회에 찾아가지 않을 때에도 재정과 물자를 보내주었다는 것을 알 수 있다. 이 사실은 어떻게 받아들여야 하는가? 첫째, 바울이 빌립보 교회로부터 정기적인 지원을 받은 것은 사실이다. 그러나 이것이 고린도에서의 제안과 같이 후원자와 의뢰인 관계에 근거한다는 증거는 단 하나도 없다. 오히려 바울은 빌립보 교회와의 관계를 주고받는 관계, 즉 동등한 관계로 여겼다(행 16장; 빌 4장). 바울은 자신이 받는 보수가 후원자 관계에 근거한 것으로 비춰질 위험이 없었기 때문에 멀리서도 그 지원을 받았던 것이다. 일시적인 환대에 응하는 것도 문제가 되지 않는다. 바울은 여러 도시에서 환대의 관습에 의지하여 사역하였다(로마서 16장에 기록된 뵈뵈나 사도행전 16장의 루디아가 그 좋은 예다).

이 논의의 역학을 확실히 이해하려면 유대인들은 일반적으로 상류층 이방인들과 달리 육체 노동을 업신여기지 않았다는 사실 또한 기억해야 한다. 바울은 가죽을 만지는 직업을 수치스럽게 여기지 않았다. 그러나 상류층이었던 이방인 개종자들은 바울의 그런 직업을 못마땅하게 여겼을 것이다. 때문에 바울이 상류층이나 사용하는 언어로 고린도전서 9장을 기록했다는 사실이 더욱 흥미롭게 다가

온다. 그는 사회적 지위를 버리고 손으로 일하여 스스로 낮은 자리로 가는 것 등에 대하여 이야기한다. 이것은 상류층으로서의 자신의 권리를 포기하고, 나아가 교양 있는 로마 시민의 권리들을 포기한 사람에 대한 이야기이다. 이것이 바로 고린도전서 9장 9절의 가르침이다. 곧 바울은 예수님처럼, 자신을 굴복시켜 모든 사람의 종이 되기로 했다. 그렇게 함으로써 그 당시 문화의 사회적 계층을 해체시키고자 했다. 이는 분명 로마서 16장 23절에 언급된 성의 재무관, 에라스도와 같이 고린도의 상류층 성도들을 당혹하게 하고 노엽게 하는 일이었을 것이다.

이 모든 흥미롭고 복잡다단한 자료들 속에서 어떤 결론을 얻을 수 있는가? 장막을 만들어 자신을 부양했던 바울의 사역이 다른 성직자들, 심지어 바울과 전혀 다른 환경에 있는 성직자들도 좇아야 하는 일종의 모범이 되어야 하는가? 물론 그렇지 않다. 그렇다면 바울은 성직자들이 보수를 받을 권리가 있다는 자신의 주장을 결국 번복한 것인가? 그것도 물론 아니다. 우리는 이미 바울을 통하여 갈라디아 교인들이 지역 선생들에게 재정적으로 지원해주었던 정황들을 살펴보았다. 보수나 지원을 받지 않고 자유로이 일을 선택하는 것이 현대 성직자들에게 표본이 되어야 하는가? 아니면 정말로 영웅적인 바울의 예를 좇기를 원하는 자들을 위한 보다 수준 높은 차원의 소명으로 여겨야 하는가? 이번에도 대답은 '아니요'다. 바울이 보수를 마다한 것은 단지 고린도에서 후원이나 지원을 받음으로써 발생될 수 있는 사회적 방해 요소 때문이었다. 자유로운 복음 전파에 방해가 될 수 있는 동맹 관계에 얽히지만 않는다면 바울은 지원을 받는 것을 매우 좋아했다. 이 부분에 대해서는 잠시 후 고린도후서 8~9장에서 보다 자세히 살펴볼 것이다. 그러나 이 시점에서는 돈을 사랑하는 것, 돈으로 살 수 있는 것들에 대한 바울의 논

의로 넘어가는 것이 더 적절할 듯하다.[15]

⫶ 돈과 화려함을 사랑하는 것

바울은 돈을 벌기 위해 복음을 전하는 것을 강하게 반대했다. 그는 경제적 이득을 얻으려고 신앙을 이용하는 행위에 대해 거듭 경고하였다. 그것은 거짓 선생들의 특색이며 그들을 판가름하는 증거이기도 하다. 디모데전서 6장 2~5절에도 그와 같은 거짓 선생들에 대한 비판이 기록되어 있다. 그리고 그 비판은 6~10절로 이어지면서 돈에 대한 신약성경의 중대한 논의로 넘어간다. 그러나 기본적으로 그 본문은 거짓 선생들의 특성과 그들을 분별하는 방법을 다루고 있음을 기억해야 한다.

> [2]믿는 상전이 있는 자들은 그 상전을 형제라고 가볍게 여기지 말고 더 잘 섬기게 하라 이는 유익을 받는 자들이 믿는 자요 사랑을 받는 자임이라 너는 이것들을 가르치고 권하라 [3]누구든지 다른 교훈을 하며 바른 말 곧 우리 주 예수 그리스도의 말씀과 경건에 관한 교훈을 따르지 아니하면 [4]그는 교만하여 아무것도 알지 못하고 변론과 언쟁을 좋아하는 자니 이로써 투기와 분쟁과 비방과 악한 생각이 나며 [5]마음이 부패하여지고 진리를 잃어버려 경건을 이익의 방도로 생각하는 자들의 다툼이 일어나느니라 [6]그러나 자족하는 마음이 있으면 경건은 큰 이익이 되느니라 [7]우리가 세상에 아무것도 가지고 온 것이 없으매 또한 아무것도 가지고 가지 못하리니 [8]우리가 먹을 것과 입을 것이 있은즉 족한 줄로 알 것이니라 [9]부하려 하는 자들은 시험과 올무와 여

러 가지 어리석고 해로운 욕심에 떨어지나니 곧 사람으로 파멸과 멸망에 빠지게 하는 것이라 ¹⁰돈을 사랑함이 일만 악의 뿌리가 되나니 이것을 탐내는 자들은 미혹을 받아 믿음에서 떠나 많은 근심으로 자기를 찔렀도다.

바울은 디모데전서 6장 6절에서 이전에 빌립보서 4장 13절에서 강조했던 자족하는 마음이 큰 이익이 된다는 원칙을 인용하여, 탐욕의 위험에 대해 경고한다(참조. 딤전 4:8). 이와 같이 바울은 참된 종교에는 큰 이익이 있으나 거짓 선생들은 그런 것을 유념치 않음을 분명히 하였다. 바울은 키닉학파와 스토아학파의 핵심 개념인 아우타르케이아스(autarkeias)까지 사용하였다. 그것은 독립적으로 스스로를 책임질 수 있는 이상적인 삶을 가리킨다. 사전적 의미는 '자치(self-rule)' 혹은 '자급자족'이다(참조. 고린도후서 12장 9절에서는 족함을 의미한다).¹⁶ 따라서 일부 성경에는 바울의 가르침과 키닉이나 스토아 학파의 가르침을 구분하기 위하여 이것이 '만족'이라고 번역되어 있다. 바울이 믿은 것은 하나님이 채워주시는 삶이지 스스로 채우는 삶이 아니었기 때문이다. 따라서 만족이라는 의미도 가능하다.

본문에서 바울은 삶의 기본적인 요소만으로도 만족하며 하나님 안에서 자족하는 사람들에 대해 이야기하는 듯하다. 그럴듯한 해석이다. 그러나 바울은 지금 책망하고 있는 중임을 기억하라. 그는 탐욕과 욕심에 중독된 사람들, 그것으로 인해 파멸의 길로 치닫고 있는 자들을 책망하고 있다. 통제가 불가능하거나 자기 통제력을 잃어버린 사람들에 대해 이야기하고 있다. 그런 사람들은 그 필요를 채우기 위해 돈과 이윤이라는 또 다른 해결책에 중독된다. 바울은 거짓 선생들 같은 그들과 욕망에 사로잡히지 아니하고 삶의 기본적인 필요만으로도 행복해하는 사람과 비교한다. 이것은 전제를 생략한 삼단 논법으로서(아래 3번을 보라) 다음과 같이 정리할 수 있다.

1. (변론과 언쟁을 좋아하는) 마음이 부패한 자들은 신앙이나 경건을 이익을 위한 수단으로 여긴다.[17]
2. 그러나 그들은 그 과정 가운데 진리를 빼앗기거나 잃어버린다.
3. (결국 그들은 자신의 목적과 정반대의 결과를 얻게 된다.)
4. 역설적이게도 "그러한 사람들"이 생각한 유익은 아니겠지만 주권적이고 독립적인 경건과 참된 종교에는 큰 유익이 있다.
5. 태어날 때 아무것도 가지고 오지 않았듯이 이 세상을 떠날 때에도 아무것도 가지고 갈 수 없다.

성숙한 그리스도인은 그 어떤 욕망에도 노예가 되지 않는다. 본문이 말하는 욕망이란 돈이나 이익을 가리킨다. 여기서 자립적인 삶이란 노예라는 개념과 대조된다. 보다 정확히 말해서 경건과 자립 혹은 자기 통제는 탐욕과 같은 경건치 못한 욕망과 대조된다. 욕망에 사로잡힌 사람은 끝없는 탐욕의 굶주림과 갈망을 채우기 위해 교묘하게 신앙을 이용한다. 참으로 경건한 사람은 그런 중독들로부터 자유롭다. 적어도 노예는 되지 않는다. 바울은 여기서 헬라 철학의 개념을 차용했으나 그 핵심은 말씀에 근거하고 있다. 그는 자족을 뜻하는 스토아 철학의 개념을 믿지 않는다. 그가 믿는 것은 참된 종교란 다양한 종류의 중독과 열망으로부터 사람을 자유롭게 해준다는 사실이다.

부와 소유, 화려함에 대한 열망으로부터 자유로운 삶은 우리가 세상에 아무것도 가지고 온 것이 없으며 아무것도 가지고 가지 못한다는 믿음에 근거한다. 여기서도 유명한 격언이 인용된 듯하다. 과도하게 강조하기 위함이 아니라 본문의 삼단 논법에 대한 근거를 제시하기 위함이다. 유사한 말씀이 욥기 1장 21절에 기록되어 있다. "내가 모태에서 알몸으로 나왔사온즉 또한 알몸이 그리로 돌아가올지라." 전도서 5장 14절에는 보다 유사한 말씀이 기록되어 있다. "그가 모태에서 벌거벗고 나왔은즉 그가 나온 데로 돌아가고 수고하여 얻은 것을 아무것도 자기 손에 가지고 가지 못하리니."[18] 핵심은 이 세상에서 우리가 얻은 것들도 사실은 우리에게 속한 것이 아니라는 것이다. 우리는 단지 청지기로서 참 주인이신 하나님의 것을 맡고 있을 뿐이다.

우리는 우리를 세상에 보내지 않았고 우리에게 생명을 주지도 않았으며 결국은 죽음을 피하게도, 천국을 보증하지도 못하는 것들로부터 만족이나 가치를 구하지 말아야 한다. 앞에서도 살펴보았듯이 이방인들은 "아무것도 가지고 갈 수 없다"는 이 가르침을 이해할 수 없었을 것이다. 고대의 많은 이방 종교들이 사후 세계에 재물을 가지고 갈 수 있다고 믿었기 때문이다. 더 나아가 8절에서는 생계를 유지할 수 있고 옷이나 몸을 의탁할 지붕과 같이 덮을 것(covering)만 있다면 만족해야 한다는 말로 핵심을 강조한다.[19]

"부하려 하는 자들은(그들이 이미 부하다고 말하지 않는다) 시험과 올무와 여러 가지 어리석고 해로운 욕심에 떨어지나니 곧 사람으로 파멸과 멸망에 빠지게 하는 것이라"(9절). "부하려 하는 자들"과 "율법의 선생이 되려는 자들(1:7)", 이 두 구절은 매우 유사하다. 이 수사적 장치 혹은 반복 효과를 통해 바울이 이 두 구절에서 동일한 인물을 가리키고 있음을 알 수 있다. 이 본문과 부자와 나사로의 가르침(눅 18장)의 비교도 가능하다. 만일 교회 내에 거짓 선생들의 주머니를 채울 만큼의 부를 가진 상류층이 없었다면 이러한 가르침도 필요치 않을 것이다.

이와 비슷한 경고를 베드로전서 5장 2절에서도 찾을 수 있다. 베드로는 거짓 선생들이 아닌 실제 교회의 장로들에게 더러운 이득을 취하지 말라고 엄하게 경고한다. 크레이그 블룸버그(Craig Bloomberg)는 이렇게 말한다. "적어도 이것은 기독교 지도자라면 보수나 어떤 대가를 기대하고 목사가 되어서는 안 된다는 의미이다."[20]

10절을 번역할 때는 특히 세심한 주의가 필요하다. 10절은 목회서신에서 가장 많이 인용되는 말씀인 동시에 가장 많이 잘못 인용되는 말씀이기도 하다.[21] 유대인의 도덕적 전통에서는 악의 뿌리에 대해 언급하는 것이 이상한 일이 아니었다. 예를 들어 필로는 욕망, 불평등, 자만심, 거짓말과 같은 죄가 또 다른 죄를 부추긴다고 했다.[22] 본문은 (돈 자체가 아니라) 돈을 사랑함이 (모든 악이 아니라) 모든 종류의 악의 뿌리(the root이 아니라 a root)가 된다고 기록한다. 이것은 탐욕이나 돈이 세상의 모든 악의 근원이라는 뜻은 아니다.

여기서 다시 한 번 누구나 다 알 만한 격언과 연결된다. 철학자 비온(Bion)은 "돈을 사랑하는 것이 모든 악의 모도시(母都市)이다"라고 말했다.[23] 당시에는 소피스트뿐 아니라 고용된 선생들과 수사학자들, 철학자들이 돈 때문에 가르친다는 이유로 비난을 받곤 했다.[24] 거짓 선생들도 그런 선생들의 범주에 포함된다. 또한 예수님은 부한 과부들의 돈을 취하는 서기관(율법을 통달하여 가르치는 선생)들을 삼가라고 경고하시며 그런 거짓 선생들을 책망하셨다(막 12:38~40). 거짓 선생들, 특히 목회서신에 등장하는 젊은 선생들과 과부들 간에 모종의 관계가 있지 않았을까 하는 의문이 생기기도 한다. 여기서 한 번 더 격언이 등장하여 논의의 핵심을 뒷받침하는 결정적 역할을 한다. 히브리서 13장 5절 바울의 권고에도 동일한 격언이 녹아 있다. "돈을 사랑하지 말고 있는 바를 족한 줄로 알라."[25]

본문에서 비판하는 것은 돈에 대한 태도이다. 돈과 같은 재물을 사랑하고 그 재물을 얻기 위해 사람들을 이용하는 것은 우리를 향한 하나님의 뜻에 완전히 역행하는 일이다. 재물로는 사랑할 수 없고 사랑에 기초한 관계를 맺을 수도 없다. 재물에 대한 갈망은 결국 우상이 된다. 그 우상에 사로잡히면 하나님이 아닌 다른 것으로부터 삶의 만족과 도움을 구하게 된다. 이러한 가르침은 돈을 사랑하는 어리석음과 위험에 대한 예수님의 말씀과 가장 흡사하다(눅 6:20, 24, 9:23~25, 12:22~34, 14:25~33, 16:13). 누가복음 12장 15, 21절은 마치 바울의 논의에 대한 주해와 같다. "삼가 모든 탐심을 물리치라 사람의 생명이 그 소유의 넉넉한 데 있지 아니하니라 … 자기를 위하여 재물을 쌓아 두고 하나님께 대하여 부요하지 못한 자가 이와 같으니라."

바울은 돈에 대한 병적인 사랑이 믿음으로부터 멀어지게 만든다고 덧붙인다. 그것은 불 위에서 자기를 찔러 스스로에게 끝없는 고통을 주는 행위와 같다. 그리고 한 번 더 배교(背敎)라는 주제가 지옥과 영원한 멸망에 대한 암시 속에서 표면화된다. 바울은 〈디모데전서〉의 다른 본문들에서 다루었던 것처럼 여기서도 지적인 잘못과 도덕적 타락의 관계를 강조한다. 그는 탐욕스런 사람은 정신적으로나 도덕적으로 온전치 못하다고 본다.

이제 〈디모데전서〉의 두 번째 본문을 살펴볼 차례이다. 바울은 이 본문에서 돈의 위험을 다루지 않는다. 오늘날 우리가 화려하다고 여기는 것들에 대해 이야기한다. 분명 디모데전서 2장 8~15절은 바울의 모든 서신서 가운데 가장 논란의 소지가 많은 본문이다. 그러나 본문에서 늘 제기되는 성적 위계 문제는 우리의 목적을 위하여 굳이 여기서 살펴볼 필요가 없을 듯하다.

> [8] 그러므로 각처에서 남자들이 분노와 다툼이 없이 거룩한 손을 들어 기도하기를 원하노라 [9] 또 이와 같이 여자들도 단정하게 옷을 입으며 소박함과 정절로써 자리를 단장하고 땋은 머리와 금이나 진주나 값진 옷으로 하지 말고 [10] 오직 선행으로 하기를 원하노라 이것이 하나님을 경외한다 하는 자들에게 마땅한 것이니라 [11] 여자는 일체 순종함으로 조용히 배우라 [12] 여자가 가르치는 것과 남자를 주관하는 것을 허락지 아니하노니 오직 조용할지니라 [13] 이는 아담이 먼저 지음을 받고 하와가 그 후며 [14] 아담이 속은 것이 아니고 여자가 속아 죄에 빠졌음이라 [15] 그러나 여자들이 만일 정숙함으로써 믿음과 사랑과 거룩함에 거하면 그의 해산함으로 구원을 얻으리라.

본문은 예배하는 남자들을 향한 책망으로 시작한다(8절). 바울은 그들에게 분노와 다툼이 없이 거룩한 손을 들어 기도하라고 권고한다. 교회 내에서 기도하는 특권을 두고 남자들이 경쟁하는 상황이 그려진다. (이런저런 상황들을 고려했을 때, 일종의 명예와 수치의 경쟁이 있었을 수도 있다.) 이 권고는 통치자들을 포함하여 모든 사람을 위하여 기도하라는 1~2절의 말씀과 연결된다. "각처에서"는 만남이 이루어지던 모든 장소 혹은 가정 교회를 가리키는 듯하다. 서서(대부분의 유대인이 서서 기도했다) 손을 들고 기도하는 관습은 당시 초기 유대인들의 자료에 자주 등장한다(출 9:29; 시 27:2; 애 3:41; 왕상 8:22, 54; 느 8:6; 사 1:15).[26] 펼쳐진 손은 간절한 바람이나 고난 가운데 하나님께 다가가려는 마음을 상징한다.

바울이 묘사한 거룩한 손은 분노로 들어올린 손과 대조된다. 당시에 "거룩한 손"이 특이한 표현이었던 것은 아니다. 예를 들어 요세푸스는 "깨끗한 손을 들어"[27]라는 표현을 사용했으며 세네카는 "하늘을 향해 순전한 손을 들어"라고 기록하기도 했다.[28] 거룩이란 분노와 다툼이 없는 상태이다. 예배 중이라면 말할 것도 없다. (디도서 1장 17절은 감독이란 쉽게 분내지 않는 사람이어야 한다고 기록한다.) 베드로전서 3장 7절이나 야고보서 1장 19~20절 또한 분노가 의를 이루는 데 방해가 되며 기도를 막히게 한다고 전한다. 8절에 기록된 다툼은 거짓 선생들의 문제와 관련이 있었을 것이다(참조. 딤전 1:3, 4:7, 6:3~4, 20; 딤후 2:16~17, 23). 거짓 선생들 중에 여자가 있었거나 최소한 상류층 여자들에게 어떤 영향을 미쳤을 것이다. 이어서 바울이 여자들을 질책한 것도 그 때문이다. 이러한 사회적 배경 가운데 거짓 선생들이 활동했으므로 가정 교회들 속에 다툼이 있었으리라는 추정이 가능하다. 그리고 바울은 그 상황을 바로잡고자 했다.

9절로 들어가는 '호사우토스'(hosautos), '또한 이와 같이'라는 말에 주목해야 할 필요가 있다. 이는 남자들뿐 아니라 여자들도 기도하되 남자들과 동일한 예의와 거룩함을 갖춰 기도해야 한다는 의미이다. '카타스톨레'(katastole)는 내적, 외적 행실을 모두 가리킨다.[29] 곧 바울은 여자들에게 외적으로는 남을 산만하게 하는 옷을 입지 말고 단정하게 행하며 내적으로는 정절과 소박함을 지키라고 권고한다. '메타 아이도스'(meta aidous)는 하나님을 향한 경외심을 가리킬 때도 있지만 일반적으로 '(자신에 대한) 존중함을 가지고'라는 의미로 사용된다.[30] 필로 (Philo)는 이것이 여성들에게 요구되는 일반적인 덕목들이었다고 기록한다.[31] 당시 문화에서는 소박함, 자기 절제, 경건, 자존감 등이 여성들에게 속한 덕목으로 여겨졌다.

8절의 기도에 대한 가르침에 비추어 9절을 이해하지 않으면 여성들의 치장에 관한 부분이 자칫 본문과 아무런 상관이 없는 책망이 되어버릴 수 있다. 실제로 존 크리소스톰(John Chrysostom)은 주(主)동사를 한 번 더 삽입해야 다음과 같이 본문 전달이 명확하다고 말한다. "또 이와 같이〔바라건대〕여자들도 소박함과 정절로써 기도하며." 크리소스톰은 이렇게 말한다. "여자들도 남자들과 동일하게 분이나 다툼이 없이 거룩한 손을 들어 하나님께 다가가도록 부르심받았다. 그러나 바울은 여자들에게 그 이상을 요구한다. 즉, '단정한 옷과 자존감과 절제의 능력'으로 자기를 단장하라고 권한다."[32]

계속해서 바울이 옷과 장신구에 대해 이야기하는 것으로 보아 그가 무언가를 염두에 두고 있음을 알 수 있다. 제임스 헐리(James Hurley)는 이렇게 기록한다. "그는 부유층 사이에서 유행하던 정교한 헤어스타일과 고급 매춘부들의 양식에 대해 이야기하고 있다. 당시 조각이나 문학 작품을 보면 여성들이 머리를 땋거나 말아서 아주 높이 세우고 보석이나 금 혹은 진주로 장식했다는 사실을 알 수 있다. 고급 매춘부들은 머리를 여러 갈래로 땋아 물방울 모양의 금장식 혹은 진주로 장식하여 빛이 날 수밖에 없었다."[33] 저녁 무렵, 등불이 켜진 좁은 공간에 모여 예배드리는 그리스도인들의 모습을 그려보라. (금이나 진주와 같이) 머리에서 반짝

거리는 보석들이 불빛에 반사되면 예배에 제대로 집중하기가 힘들었을 것이다. 바울의 충고는 어느 정도 지위가 있는 여자들이 지켜야 할 기본적인 도덕적 규정의 일부였을 것이다. 베드로도 아내들을 향하여 그들의 아름다움은 땋은 머리, 금장신구, 아름다운 옷과 같은 화려함이나 외모가 아니라 온유하고 고요한 심령으로부터 나온다고 경고하였다(벧전 3:3~4).

따라서 바울은 단정한 옷을 입으라고 권고하는 데 그치지 않았다. 불필요하게 화려하거나 주의를 산만하게 하는 옷은 피하라고 경고했다. 그러한 옷은 예배에 참여하는 사람들이 갖춰야 할 겸손, 분별, 교양, 절제 등을 거스르는 것이다. 예배를 좁은 공간에서 드리는 경우라면 말할 것도 없다. 여자들의 옷에 대한 바울의 책망은 쥬베날(Juvenal) 혹은 플루타르크(Plutarch)의 그것과 유사한 면이 있다. 이런 유대인의 속담도 있다. "그러므로 여러분의 아내와 딸들이 머리와 외모를 치장하여 남자들의 건전한 정신을 속이는 일이 없도록 막으시오."[34] 한 가지 더 기억해야 할 것은 노예나 미용사를 부리는 여자들, 즉 상류층 여자들만이 바울이 언급한 그런 화려한 머리를 할 수 있었다는 사실이다. 바울은 한 번 더 '숍흐로쉬네'(sophrosyne)를 강조한다. 이 헬라어는 신중, 절제, 분별, 온전한 판단, 자기 절제 등, 헬라인들이 생각하는 이상적인 행위를 뜻한다.[35] 10절은 여자들에게 선행을 통해 하나님을 경외한다 하는 자들에게 마땅한 것을 행하라고 가르친다. 남자나 여자나 그리스도인으로서의 처신이 중요했던 것은 단지 다른 그리스도인들이 보고 있기 때문만은 아니었다. 믿지 않는 자들도 초대되어 그들의 모임에 함께했기 때문이다(참조. 고전 14:23).

▶ 예루살렘 교회를 위한 연보

이번 장을 마무리하기 전에 예루살렘의 가난한 그리스도인들을 위해 모아졌던 연보에 대하여 살펴볼 필요가 있다. 그것은 특히 바울의 초반부 사역 중에서 많이 알려져 있는 일이다. 이 연보를 부탁한 것이 갈라디아서 2장 10절에 이미 기록되어 있고, 연보에 대한 최초의 구체적인 언급은 고린도전서 16장 1~2절에서 찾을 수 있다. (바울은 이 연보를 위해 매주 첫날 돈을 따로 떼어두라고 지시한다.) 고린도후서 8~9장에서도 빌립보 교인들과 다른 이들이 연보를 모았으며 고린도 교인들도 그 일에 동참해야 한다고 가르친다. 로마서 15장 25~28절은 바울이 주후 57년경 기근과 식량 부족으로 신음하는 형제들을 위한 연보를 가지고 예루살렘으로 간다고 기록한다. 또한 사도행전 20장 4절을 통해 바울이 모아진 연보를 가지고 예루살렘 장로들에게 갈 때에 연보를 낸 각 교회의 대표자들을 데리고 갔으리라 예상할 수 있다. 다시 말해서 바울이 교회 공동체를 위하여 모으라고 지시한 돈은 예루살렘 교회의 가난하고 궁핍한 자들을 위한 것이었다. 고린도전서 16장 1~2절조차 고린도의 가정 교회를 위해 연보를 모아두라는 권고가 아니었다.

열거한 본문들을 주의 깊게 살펴보면 일반적인 현대 서구 교회들이 얼마나 초대교회들의 관행으로부터 벗어나 있는지 분명하게 알 수 있다. 대부분의 미국 교회는 평균적으로 예산의 90퍼센트, 혹은 그 이상을 기관들을 유지하고 자기를 이롭게 하는 데 사용한다. 그와 대조적으로 바울은 터키와 그리스의 성도들에게 얼굴도 보지 못한 타국의 성도들을 위하여 연보를 모으라고 권고한다. 바울은 그러한 섬김 속에서 이방인의 교회와 유대인들이 연합하여 한 가족이 될 수 있다고 믿었다. 이것은 교회가 "믿음의 가정들에게 착한 일을 하라"는 바울의 명령을 좇아 세계를 품고 감당해야 할 일이다. 우리는 눈을 들어 다르푸르를 포함한 세계 곳곳에서 신음하는 형제자매들을 위한 행동을 개시해야 한다. 고난 중에서도 다른 이들을 돌아보는 것이야말로 위기를 믿음으로 성숙하게 이겨내는 참된 그리스도인의 모습이다. 모든 사람이 자신을 위해 재물을 쌓을 때에도 자기 공동체뿐 아니라 다른 이들까지 희생적으로 섬기는 교회의 모습은 모든 사람에게 그리스도의 증거가 된다. 위기 속에서 돈을 어떻게 사용하는가는 진정 우리가 누구인지, 우리가 믿는 이는 누구인지를 확실하게 증거한다.

▶ 결론

간략하게나마 아직까지 바울의 서신서를 통해 살펴본 것들을 정리해보도록 하자. 우선 바울은 그리스도인의 삶이 무분별한 소비나 허영을 채우기 위한 옷, 호화로운 생활 방식과 어울리지 않는다고 가르친다. 오히려 자족할 줄 아는 경건한 삶을 강조한다. 부자들의 생활 방식은 가난한 사람들의 음식과 옷을 빼앗는 것일 뿐 아니라 그리스도인들이 도덕적 순결을 지키는 데 방해가 된다. 탐욕, 돈을 사랑하는 것은 모든 종류의 악의 뿌리가 된다. 따라서 그리스도인들은 어떤 대가를 치르고서라도 그것들을 피해야 한다(바울이 동역자, 디모데에게 권고한 만큼 성직자들은 더욱 조심해야 한다). 이익을 바라고 성직자의 자리에 앉는 것 또한 금한다.

바울은 전적으로 노동을 신뢰한다. 뿐만 아니라 그는 자기가 일하는 것을 자랑스럽게 여긴다(고린도후서 11장을 참고하라). 그는 육체 노동을 무시하는 상류층의 문화를 책망한다. 또한 일하기를 싫어하는 게으른 자들을 지적하며 그리스도인들에게 그러한 자들을 피하라고 권고한다. 그들이 공동체의 양식을 먹는 것을 허락하지 말라고 가르친다. 일하지 않는 자는 먹지도 말아야 한다. 값없이 주는 것이 은혜라 하여 노동 없이 소득을 얻고 남에게 기식하는 행위가 용납되는 것은 절대 아니다. (바울은 여기서 능력 있는 후원자들의 의뢰인이 되고자 하는 자들을 지적한다.)

후원이나 상호주의와 같은 당시의 복잡한 상황들을 이해하지 못하면 성직자의 사역이나 보수에 대한 바울의 주장을 분명하게 이해하기 힘들다. 일반적으로 바울은 교회는 선생들이나 성직자들을 물질로 섬겨야 할 의무가 있다고 믿는다. 그러나 당사자들은 그것을 거부할 권리 혹은 자유가 있다. 그렇다고 해서 복음 전파에 대한 보수를 제공하는 의무로부터 교회가 자유로울 수는 없다. 실제로 바울은 예수님도 복음 선포에 대한 대가 지불을 명령하셨다고 믿는다. 그러나 동맹 관계에 얽매이고 사회적 관계 속에서 타협하는 일은 반드시 피해야 한다. 복음이 고용된 궤변가들의 아첨을 위한 미사여구로 전락하는 것을 막아야 하기 때문이다.

현대의 소위 '자비량 선교'라는 것은 바울이 고린도와 데살로니가에서 그랬던 것처럼 교회 개척자들이나 선교사들도 사역 이외의 일을 하여 경제적으로 독립해야 한다는 메시지를 담고 있다. 그러나 정작 바울은 이 '자비량 선교'를 옹호하지 않았다. 고린도전서 9장은 성직자들이라면 반드시 바울처럼 해야 한다고 말하지 않는다. 그들이 바울과 동일한 길을 가기를 원한다면 정당한 이유가 있어야 한다. 신약성경이 성직자들에게 대가를 지불하지 말라고 가르쳐서가 절대로 아니다. 오히려 바울은 교회들이 성직자들에게 보수를 주어야 할 의무가 있다고 가르친다. 보수를 받는 성직자들에 대한 강한 비판이 담겨 있다고 여겨졌던 성경 본문(고린도전서)이 사실 교회가 바울이나 베드로, 디모데나 디도, 혹은 지역 선생들(갈라디아서 6장을 보라)에게 보수를 주어야 하는 가장 분명한 증거를 제시하고 있다는 사실이 흥미롭고 또 아이러니하다.

CHAPTER 08

밧모섬의 요한, 상인들과 미스터 666을 위한 뉴스 속보

때때로 돈은
너무 많은 대가를 요구한다.
랠프 월도 에머슨

그리스도인들, 특히 북아메리카 그리스도인들의 가장 큰 문제는 교회와 국가, 신앙과 일, 마음과 행동을 별개로 생각하는 경향이다. 그러한 경향 때문에 우리의 신앙과 삶이 하나가 되지 못한다. 우리는 물질과 부에 대한 그릇된 태도가 빚어낸 영적 결과들을 인식조차 못하는 죄를 범하며 살고 있다. 심지어 재산으로 사람을 평가할 때도 많다.

부와 재물이 영성에 미치는 부정적인 영향에 대한 성경의 거듭된 경고에도 불구하고 우리는 여전히 물질적인 성공을 추구하고 자기 계발 세미나를 쫓아다니며 무분별한 소비를 일삼고 있다. 우리는 물질과 영성의 관계를 인식하지 못한다. 뿐만 아니라 우리를 둘러싼 문화는 그 문제를 자각조차 못하게 하는 구조를 가지고 있다. 그리스도인들은 재산을 자신의 것이라 믿는 것처럼 도덕 또한 자신에게 속한 것이라 믿는 경향이 있다. 그래서 탐욕이나 물질의 추구와 같은 죄의 근원을 언제나 개인적인 영역으로 받아들이려고 한다. 그러나 그것이 단지 개인의 불균형이나 욕망의 문제가 아니라면 어떨까. 문제의 가장 큰 원인이 우리가 몸을 담그고 있는 이 문화, 또한 그 문화를 형성하고 결정짓는 경제적, 정치적 구조라면 어떨까.

다행히 밧모섬의 요한은 물질주의라는 문제를 개인적, 문화적 차원에서 모두 다루고 있다. 이제 그의 계시록으로 넘어갈 차례이다. 우선 요한이 영적 문제와 물질의 문제를 나란히 다룬 요한계시록 2~3장을 살펴볼 것이다. 그 다음 17장에서는 로마라는 막강한 힘과 결탁했으나 로마와 함께 무너져 빈털터리가 되어버린 탐욕스런 상인에게 임할 심판을 지켜볼 것이다.

❖ 가난하나 영적으로 부한 사람, **부하나 영적으로 가난한 사람**

요한은 선지자였다. 편지를 쓰거나 전통적 수사법을 사용할 때에도 그는 여전히 선지자였다. 따라서 요한계시록 2~3장의 일곱 교회들에게 보내는 편지들에서 단호한 선지자의 기질이 묻어나는 것은 당연한 일이다. 실제로 그는 교회들을 향한 선포의 말씀 속에서 구별된 선지자의 모습이 드러난다. 각 교회들을 향한 요한의 선포에는 공통된 예언의 양식이 있다. (1)도입부: 부탁의 글 (2)전개부: 핵심 메시지 (3)결말부: 경계에 대한 부탁과 고난을 이겨내라는 당부.

편지는 몇 가지 정해진 구절을 중심으로 진행된다. 도입부에는 "이르시되"(tade legei)라는 동사와 함께 높으신 예수님의 말씀이 선포된다. 전개부에서는 "내가 아노니"라는 구절과 함께 각 교회의 상황에 맞는 말씀이 선포된다. 예언의 전개부는 주로 훈계의 성격을 띠고 있으며 부정적인 어조를 비칠 때도 있다. 따라서 요한과 같은 당시 예언자들이나 선지자들도 구약 시대 선지자들과 동일한 역할을 했음을 알 수 있다. 그들은 그리스도인들의 행위와 믿음을 지키고 보호하는 사람들이었다. (소위) 하나님의 언약의 대변인으로서 법을 집행할 수 있는 권리도 있었다. 달라진 것이 있다면 그들이 선포한 것은 새로운 언약이었다는 사실이다. 우리는 이 교회들 가운데 지도자가 부족했기에 요한이 선지자로서 개입해야 할 필요가 있었으리라 짐작할 수 있다. 선지자나 예언자들은 권위자나 지도자의 자리가 비어있을 때처럼 교회가 위기에 처했을 때 개입할 수 있었다.

요한은 이 모든 권고와 명령이 밧모섬의 요한이 아닌 높으신 그리스도로부터 말미암은 것이라는 사실을 알리고자 했다. 우리는 〈요한계시록〉을 밧모섬 요한의 가르침이라 부르지만 사실 그는 승천하신 그리스도께서 계시하신 것을 전하는 사람으로서 "아멘"이라 선포할 뿐이었다.

요한계시록 2장 9절은 서머나(오늘날 터키의 이즈미르) 교회가 재정적 어려움을 겪고 있으나 영적으로는 부요하다고 기록한다. (라오디게아 교회에 대한 기록은 이와 정반대다.) 서머나의 그리스도인들이 궁핍하게 살았던 것은 그들이 길드(guild)에 가입하기를 거부했기 때문일 가능성이 매우 높다. 길드에 가입하지 않으면 할 수 있는 일이 그리 많지 않았기 때문이다. 길드는 여러 가지 면에서 현대의 조합과 유사하다. 다양한 거래에 참여하기 위해서는 반드시 길드의 일원이 되어야 했다. 문제는 길드의 일원이 되면 다양한 이교도 의식에 참여해야 한다는 것이었다. 서머나는 그 지방에서 황제 숭배를 수용한 두 번째 도시였다.[1] 또한 이 숭배 의식의 참여도에 따라 시민으로서의 자질이 결정되었다. 이 의식에는 황제 숭배뿐 아니라 황제에게 제물을 바치는 일도 포함되었다. 길드는 이러한 의식에 참여한 도시의 주요 기관들 중 하나였다. 또한 도미티아누스 황제는 그를 'Deus et

Dominus Noster', 즉 '우리 주 하나님'이라 부르라고 명했다. 그러나 요한은 서머나의 그리스도인들이 겪는 환난으로 인하여 그 도시에 거하는 유대인들을 책망한다. 문제의 근원이 무엇이었든 그 결과는 영적인 것이 아니라 물질적인 것, 즉 그리스도인들에게 닥친 가난이었다.

물론 영적 성장과 물질적 풍요의 관계에 대한 논쟁은 끊이지 않는다. 가장 단순하고도 분명한 사실은 가난한 사람들은 물질적 풍요가 안정감을 준다는 거짓 믿음에 빠지지 않는다는 것이다. 그들이 온전한 신앙생활을 하고 있다면, 그들의 필요는 외부의 도움, 나아가 하나님의 도우심으로만 채워질 수 있다는 사실을 알 것이다. 사람은 세상의 모든 재물, 아니 비축해놓은 재물만 사라져도 자신이 위기에 처했음을 알고 그가 누구든 자신에게 도움을 줄 수 있는 궁극적 존재에게 돌아가게 된다. 경제적 위기를 포함한 모든 위기는 우리의 믿음을 성숙시키고 더욱 하나님을 의지하게 한다. 일부 번영신학의 설교자들에게는 의아한 이야기일지도 모르나, 실제로 가난은 우리의 기도를 깊이 있게 해주고 영적 풍성함을 누리게 해준다. 가난으로 인하여 전능자의 품으로 돌아갔다면, 그것은 하나님이 주신 축복일 수 있다. 마찬가지로 물질의 풍요는 우리의 영혼을 파괴하려는 사탄의 유혹이 될 수도 있다. 이 사실을 알고 있었던 밧모섬의 요한은 곧 살펴볼 요한계시록 3장 14~22절에서 보다 직설적인 메시지를 전한다.

라오디게아 교회에게 보낸 편지는 방황하고 있는 교회의 문을 두드리시는 예수님의 모습을 그려 일곱 개의 편지들 중 가장 많이 알려져 있다. 라오디게아는 매우 부유한 도시였다. 유명한 의과 대학과 많은 은행을 갖추고 있었다. 최근에 발굴된 자료에 따르면 길에는 열주가 깔려 있었고 거대한 극장과 경기장도 있었다. 라오디게아는 부자들이 휴식을 위해 찾던 온천이 있는 히에라폴리스(Hierapolis)에서 겨우 7킬로미터 정도 떨어져 있다. 라오디게아 교회가 부요함을 누리고 있었음에도 불구하고 편지에는 이 교회에 대한 칭찬이 단 하나도 기록되어 있지 않다. 요한은 다른 6개의 교회를 모두 칭찬해주었다. 라오디게아 성도들은 그들의 부를 자랑하고 아무런 궁핍함이 없었다. 자기만족에 빠져 있던 그들의 신앙생활은 미지근해질 수밖에 없었다.

요한은 예수님이 차지도 뜨겁지도 않은 라오디게아 교인들을 그 입에서 토하실 거라고 책망한다. 그들은 물질의 풍요와 만족만을 좇다가 자기를 인식하는 능력을 완전히 상실해버렸다. 라오디게아 교인들은 영적 파탄 상태에 이르러 벌거벗었으나 정작 그들은 그것을 깨닫지도 못했다. 그들은 자신을 구제할 수 없다. 지금 그들이 구제받는 길은 예수님이 찾아오셔서 '치료'해주시는 것뿐이다. 서구의 부요한 그리스도인들도 이와 동일한 문제를 가지고 있다. 우리는 부가 우리의 영성에 위험한 존재라는 사실을 너무나 자주 망각한다. 기쁜 소식은 예수님이 이 교회에 회개를 명하셨다는 것이다. 이는 아직도 이 교회에 소망이 있다는 의미이다. 그러나 교회에 속한 각 사람은 이 명령에 순종하여 부요하고 과도한 삶으로부터 돌아서야 한다.

요한은 교회에 닥친 고난을 설명하기 위해 반어법과 대조법을 자주 사용한다. 라오디게아 교회에 보낸 편지도 예외는 아니다. 물질적 풍요가 뒷받침되면 영성에 주의를 기울일 만한 시간과 기회를 확보할 수 있으리라 생각하는 사람들도 있다. 그러나 라오디게아 교회는 전혀 그렇지 못했다. 상류층이었던 그리스도인들은 그들만의 지배적 문화에 휩쓸려 방탕한 삶을 살았다. 그렇게 자신의 영성이 좀

먹고 있으며 영생의 축복도 멀어지고 있다는 사실을 깨닫지 못했다.

그 당시에는 종교와 정치, 영성과 물질적 현실이 모두 통합되어 있었으나 지금은 교회와 국가가 구분되어 있기 때문에 현대 미국인들은 이런 문제와 별 상관이 없다고 생각할 수도 있다. 그러나 실제로는 영적 영역과 물질적 영역이 나뉘어져 있는 까닭에 성경이 경고하는 부와 재물의 위험성에 더 무감각해지는 것이다. 영적 영역과 물질적 영역의 관계를 인지하지 못하기 때문에 마치 성공이 하나님의 축복을 증거하는 양 자기를 정당화한다. 그리스도인들도 우리를 둘러싼 문화와 마찬가지로 우리를 무감각하게 만드는 물질주의의 전략에 넘어가버렸다. 탐욕의 종말과 부와 재물을 좇는 허탄함을 깨닫고자 《사일러스 마너》[2]를 찾아서 읽거나 여러 가지 전설에 귀 기울일 필요가 없다. 로마 제국과 그 경제적 능력에 의존했던 사람들의 종말이 기록된 요한계시록 17~18장을 깊이 묵상하는 것만으로도 충분하다. (이 시점에서 요한만 이런 가르침을 남긴 것은 아니라는 사실을 분명히 기억하라. 예수님과 야고보도 이와 동일한 교훈을 가르치지 않았는가.)

▶ 음녀와 그녀의 옷

로마 경제와 〈요한계시록〉에 대한 넬슨 크레이빌(J. Nelson Kraybill)의 상세한 연구는 1세기 후반 그리스도인들이 당시 우상을 숭배하던 문화적 흐름, 특히 황제 숭배에 저항한 까닭에 경제적인 어려움을 겪었다는 사실을 밝혀냈다는 점에서 큰 의의가 있다.[3] 요한은 교인들에게 로마와 새 예루살렘, 두 도시의 이야기를 들려주며 황제나 로마 제국과 경제적 관계를 맺지 말라고 경고한다. 그는 황제 숭배와 같은 우상을 중심으로 한 경제체제에 얽매이지 않도록 돕기 위해 비유와 대조라는 수사법을 사용한다. 아름답고 빛나는 신부(새 예루살렘)와 과도하게 치장한 음녀(로마)를 극명하게 대조시킨다. 성도들이 악에는 저항하고 선을 좇을 수 있도록 격려하기 위함이다. 여기서 선이란 부도덕하고 영적으로 위험한 거래와 결탁하지 않는 것을 의미한다.

신기할 정도로 정확하게 시장의 붕괴를 예고하는 월 스트리트의 애널리스트처럼, 요한은 로마와 그 경제적 협력자들이 모두 곧 무너질 것을 예언하였다. 오늘날 사람들이 추측하는 바와 달리 요한이 목격한 경제 침체는 하나님의 심판으로 인한 직접적인 결과였다. 하나님이 로마에게 내리신 심판의 핵심이었다.

요한계시록 17장은 매우 강렬하게 시작한다. 많은 물 위에 음녀가 앉아 있다. 지중해 연안의 도시들이 이 음녀와 음행을 저지른다. 로마라는 다국적 제국이 여러 도시들의 다국적 상인들을 구하고 또 결국 얻어낸다. 요한은 음란을 행하고 술에 취한 모습 속에서 제국의 도시와 문화가 그보다 못한 권세와 백성들에게 해로운 영향을 미치고 있음을 강조한다. 로마의 후원을 받아 로마의 노예(혹은 아첨하는 의뢰인)가 된 사람은 로마의 몰락과 함께 무너질 것이다.

요한이 그 의뢰인들에게 여신 로마(도시의 종교적 상징으로 그려진다)의 모습으로 분한 로마를 섬긴 죄를 묻는다는 사실이 우리를 가장 불편하게 한다. 아무런 조건 없이 국가에 완벽한 충성을 다한다면 그것은 우상 숭배와 다를 바 없다. 요한은 이익과 부를 얻으려고 영혼을 팔아버린 이 상인들을 책망한다. 요한은 그 도시와 종교의 신화성을 제거하고 교인들이 제국 숭배 의식을 피할 수 있도록 돕기 위하여 로마의 실상을 드러냈다.

요한은 불법에 비밀이 있다고 말한다. 어떻게 그렇게 크고, 권세 있고, 성공적인, 그토록 부유하고 아름다운 존재가 그토록 악하며 영혼을 파괴시킬 수 있는가? 하나님이 그들의 편이 아니신데 어떻게 이런 일이 가능한가? 로마 제국은 현대의 여러 국가들과 마찬가지로 클수록 좋고 강할수록 더 중하며 '성공'만이 모든 불행을 해결할 수 있다고 믿었다. 그래서 사회경제 시스템을 정치적, 종교적 시스템과 통합하는 실수를 저질렀다. 말 그대로 원스톱 쇼핑처럼 황제를 숭배하고 제국을 숭상하면 자기에게 유리한 거래 협정과 부가 따라오는 것이었다. 단순하지만 악한 우상 숭배였다.

그러나 요한이 멀리 떨어져 있던 로마라는 적만 비난한 것은 아니었다. 그가 〈요한계시록〉을 기록할 때는 아시아에서 있었던 일로 유배 중이었다. 그 일이 무엇이었든, 부와 장수를 위해 황제와 로마 제국에 아첨한 지역의 높은 엘리트들을 비판했기 때문인 것은 분명하다. 그는 관료들뿐 아니라 시민들도 비판하였다. 그들에게 요한은 밧모섬의 유배지로 보내야 할 만큼 지역의 큰 골칫덩어리였던 것이다.

요한계시록 18장은 로마와의 계약을 발판 삼아 이익과 성공을 얻으려고 영혼마저 팔아버린 사람들을 오싹하게 만드는 표현들로 가득하다. 땅의 왕들뿐만 아니라 상인들, 선장들과 선원들까지 로마라는 배에 올라탔다. 요한은 그들이 모두 가라앉는 모습을 본다. 18장은 그들의 종말이 예고 없이, 갑작스럽게 찾아올 거라고 분명하게 말한다.

그러나 요한이 말한 것과 말하지 않은 것을 분명하게 짚고 넘어가야 할 필요가 있다. 요한은 상업 자체를 부정하지는 않는다. 그러나 그는 교인들에게 "거기서 나오라"고 명한다(18:4). 즉 로마라는 '짐승'과 황제를 가리키는 '미스터 666(여기서는 도미티아누스 황제)'과의 경제적 유대 관계를 끊거나 피하라는 것이다. 경제적 결탁은 직접적인 우상 숭배와 도덕적 타협으로 이어지기 때문이다. 하나님도 아니고 거룩한 옷도 없는 황제와 부정(不淨)한 동맹을 맺어야 하기 때문이다. 여기서 요한이 비판하는 것은 일반적인 거짓 종교나 도덕성의 부재가 아니다. 탐욕과 물질주의, 즉 이 세상의 좋은 것을 향한 그릇된 태도와 같이 보다 구체적인 것들이다.

18장 3절을 보라. 로마가 소유한 사치의 세력으로 부요해진 상인들은 사치를 향한 로마의 욕망에 의지하게 된다. 탐욕으로부터 모든 문제가 시작된다. 탐욕은 신약성경에 가장 빈번하게 등장하는 악이다. 요한이 수입품들의 목록을 장황하고도 자세히 기록한 것은 로마의 대도시가 얼마나 병들었는지, 그 귀족들이 얼마나 깊은 탐욕의 강에 빠져 있는지 보이기 위함이다. 그는 그들의 삶의 태도를 책망하고 있다. 진정으로 선한 삶을 살고자 하는 이에게 보석, 진주, 금, 상아 같은 것들은 필수품이 아니다. 예나 지금이나 그것들은 사치품일 뿐이다. 그리고 요한이 여기서 구체적으로 언급한 사치품들이기도 하다. 그는 사치를 위한 욕정 때문에 도덕을 버리고 지금 당장 믿을 대상만 있다면 말 그대로 '신앙도 저버리는' 자들을 책망한다. 여기서 우리는 노예라는 문제를 짚고 넘어갈 필요가 있다.

요한이 계시록을 기록할 즈음 로마 제국에는 약 6천만 명(총 인구의 1/3에서 1/2에 이르는 규모)의 노예가 있었다. 노예들은 부자들 밑에서 일했으나 정당한 보수를 받을 수는 없었다. 윤락 행위를 하는 노예들도 있었고 극장이나 아레나에서 경기를 하는 노예들도 있었다. 심지어 주인의 자녀들을 교육하거나 대신 사업을 운영하는 경우도 있었다. 당시 노예들은 농사만 짓거나 무식하고 가난한 노예들이 아니었다. 대부분의 노예는 로마의 정복 전쟁 가운데 생겨난 포로들이었다. 따라서 고등교육을 받았거나 상류층이었던 사람들도 경매대에 올랐다. 재산이나 교양이 있든 없든, 로마에 정복된 지역에 사는 불운을 타고난 사람이라면 누구든지 노예가 될 수 있었다.

물론 로마 시대 상황은 오늘날 서구 사회와 많이 다르다. 그러나 불법 체류자들을 고용하여 저임금으로 궂은일을 시키는 오늘날의 현실을 떠올리지 않을 수 없다.[5] 현재 미국 기업들은 앞다투어 값싼 노동력을 확보할 수 있는 중국이나 여러 나라들에서 상품을 제작하고 있다. 사실 현대 사회가 이렇게 발전할 수 있었던 데는 두 가지 궁극적 요인이 있다. 이웃의 사업을 희생시켜서라도 저렴한 상품을 제조하려는 서구 사회의 욕망, 그리고 더 크고 더 높은 이윤을 향한 끝없는 열망이다. 따라서 요한이 로마와 그 동맹자들에게서 보았던 영혼의 병은 우리 문화 속에도 분명히 존재한다. 그 병의 이름은 탐욕이다. 부와 재물, 사치를 향한 욕망이다.

▶ 결론

요한의 책망은 개개인들뿐 아니라 사회라는 총체적인 집합체를 향한 것이다. 요한은 그리스도인의 삶과 그 영적 본질을 파멸로 이끄는 내면적, 개인적 원인만 지적하려고 하지 않았다. 물론 그는 부와 물질주의가 어떻게 한 그리스도인의 삶을 파멸시킬 수 있는지 가감 없이 기록하였다. 그러나 요한이 유배를 가게된 것은 그리스도인들 개개인에게 당시 물질주의적 문화에 물들지 말라고 훈계해서가 아니었다.

요한은 분명 계시록 17~18장과 같은 책망의 메시지를 전하다가 곤경에 빠졌을 것이다. 요한은 영적 문제들의 미시적 원인과 거시적 원인을 균등하게 제시하였다. "거기서 나오라"는 그의 명령은 단지 물질주의나 탐욕을 버리라는 의미가 아니다. 여느 때처럼 일을 하되 기독교 윤리를 일에 적용했을 때 일어날 변화에 직면하라는 의미이다.

죄는 개인적인 문제에 그치지 않는다. 그것은 타락한 세상과 그 모든 정치적, 경제적, 혹은 종교적인 면면에 파고든다. 요한은 이 사실을 알고 있었다. 그래서 죄의 꼭대기부터 밑바닥까지, 즉 황제가 앉은 높은 로마의 일곱 산에서부터 탐욕이라는 욕망, 물질주의라는 질병이 머무는 인간의 마음 깊은 곳까지 책망할 준비가 되어 있었던 것이다. 요한은 우리가 사는 이 시대를 향해서도 동일하게 강하고 엄중한 메시지를 전할 것이다. 그가 이 시대에 노동력을 착취하거나 이웃을 희생시켜, 혹은 떳떳치 못한 기업 윤리로 성공한 서구의 부유한 그리스도인들을 보지 못하겠는가? 부자와 유명인들의 삶에 세례를 베풀어 그들을 의롭다 이르는 이 현실을 보지 못하겠는가?

지금까지 돈과 재물에 대한 신약성경의 본문들을 살펴보았다. 이제 신약성경의 증거가 지닌 힘과 무게, 그에 대한 구약성경의 배경을 전반적으로 평가할 차례이다. 오늘날 우리는 돈, 부, 재물, 가난, 일, 성직자들의 보수와 같은 문제들을 정말로 어떻게 받아들여야 하는가? 신약성경의 기자들은 우리를 향해 무슨 말을 하고 싶을까?

CHAPTER 09

신약성경이 말하는
돈, 청지기적 삶, 구제

돈과 칭찬과 명성에 무심해지는 순간,
당신은 성공의 정점에 이른 것이다.
토머스 울프

돈은 거름과 같다.
작은 생명을 위해 뿌려지지 않는 한 아무 가치가 없다.
손턴 와일더

손드라 윌러는 소유, 구제, 돈과
부에 대한 신학적 구조를 세운 탁월한 연구서에서 다양성을 고려하는 것이 무
엇보다 중요하다고 말한다. 보다 포괄적으로 성경에 접근해야 하는 가장 큰 이
유는 특정한 상황에서의 명령을 일반화해버리면 그와 동일한 비중의 다른 명
령과 충돌을 일으킬 수 있기 때문이다. 예를 들어 누가복음 12장 33절("너희 소
유를 팔아 구제하여")을 무조건 모든 상황, 모든 그리스도인에게 적용되는 명령
으로 해석하면 "손님 대접하기를 잊지 말라(히 13:2)"는 명령과 충돌한다. 집도
소유도 없다면 어떻게 손님을 대접할 수 있겠는가?[1] 다시 말해서 성경의 증거
를 평가할 때는 균형을 잃지 말아야 한다. 특정한 상황과 장소에 처한 특정 개
인에게 주어진 명령이나 요구 사항을 일반화하지 말아야 한다.

돈과 재물에 대한 신약성경의 태도는 상당 부분 구약성경에 근거하고 있다는
윌러의 주장 또한 중요하다. 기본적인 명제는 다음과 같다. 첫째, 하나님은 만물

의 창조자시며 주인이시다. 둘째, 우리는 물질의 소유자가 아닌 청지기일 뿐이다. 우리가 땀 흘려 손에 넣은 것이라 할지라도 이 진리는 변하지 않는다. 셋째, 구약성경은 인간이 타락했으며 탐욕 같은 것들과의 내면의 싸움은 끝나지 않는다고 말한다. 누구도 그 싸움으로부터 자유로울 수 없다. 마지막으로 부에 대한 성경의 (우상 숭배와 배교와 관련된) 수많은 경고에 비추어볼 때, 믿는 자들은 돈과 재물이라는 문제를 신중하게 다루어야 한다.

이사야 선지자가 화려함과 자만에 사로잡힌 시온의 딸들이 자기만족과 영적 타락에 빠질 뿐 아니라 완전히 멸망케 되리라는 예언을 한 것은 결코 우연이 아니었다(사 3:16~24). 아모스 선지자 또한 게으른 부자들을 맹렬히 비난하며 그들이 곧 그 땅에서 추방당할 것을 경고했다(암 6:4~7). 누구보다 하나님은 이스라엘을 부로 축복하셨으나 그들은 하나님을 버리고 우상을 섬겼으며 "이스라엘을 내신 하나님을 잊어버렸다(신 32:10~18)"고 한탄하신다.

현대의 부요한 그리스도인들은 부와 재물에 대한 타락한 태도, 우리가 처한 위험에 대한 이 경고들이 고대 이스라엘을 향한 그것들과 다를 바 없다는 사실을 깨닫지 못한다. 이 본문의 경고들은 부가 정직한 노동에 대한 하나님의 상이요 축복이라 말하는 구약과 신약성경의 본문들에만 초점을 맞추면 안 된다는 사실을 일깨워준다. 우리는 성경의 모든 증거를 깊이 묵상해야 한다. 그 부분에서 큰 문제가 발생하기 때문이다. 만일 다른 성경의 말씀들을 제쳐두고, 경구들의 특성은 이해하지 못한 채 〈잠언〉의 특정 구절들만 다룬다면 성경 전체 중의 일부를 잘못 해석하는 것에만 그치지 않는다. 때로 물질은 하나님의 축복이며 선하고 정직한 노동에 대한 대가라는 특정 부분의 메시지까지 왜곡하는 결과를 낳게 된다.

뿐만 아니라 신약성경에서는 부가 영적 걸림돌이 될 수 있다는 메시지의 강도가 보다 높아진다. 예를 들어 신약성경은 건강과 부의 복음에 대해 구약성경보다 엄격한 태도를 보인다.[2] 재물을 땅에 쌓아두지 말라는 가르침도, 돈을 사랑함이 일만 악의 뿌리가 된다는 말씀도 모두 신약성경에 기록되어 있다. "너희는 먼저 … 구하라 그리하면 이 모든 것을 너희에게 더하시리라"의 핵심 메시지는 믿는 자들이 기본적인 필요를 채우기 위해 의지할 것은 브로커가 아닌 하나님이라는 사실이다(행 4:34; 마 6:33; 눅 6:31; 고후 9:10~11).

이 본문들은 하나님은 그분의 백성들에게 시험의 시간을 허락하실지언정 순종하는 그들의 삶에 필요한 것들을 채우실 수 있으며 또 그렇게 하실 것이라고 우리를 안심시킨다. 뿐만 아니라 성경은 하나님이 물질적 풍요로 축복하시는 이들은 주로 의인들이라고 기록한다. 즉, 하나님은 주신 자원을 선하고 경건하게 사용할 만한 자들을 축복하신다. 부는 자신의 그릇된 욕망과 탐욕에 사로잡힌 사람들에게 축복이라기보다 유혹이요 덫일 뿐이기 때문이다. 신약성경은 어떤 상황에서도 그리스도인에게 있어서 삶의 목표란 성공이나 부의 획득이 아니라 자족할 줄 아는 경건함이라고 분명하게 가르친다. 바울은 그것이 우리에게 가장 큰 이익이 된다고 강조한다.

신약의 가르침은 균형이 잡혀 있다. 많은 교부의 주장과 달리 신약성경은 우리 모두에게 금욕을 강요하지 않는다. 가난이 하나님과의 관계에 깊이를 더해주는 것은 사실이다. 그렇다고 해서 가난한 사람들은 부자들보다 더 큰 영적 풍요를 누릴 수 있다는 것이 신약성경의 가르침은 아니다. 이에 대하여 윌러는 다음과 같이 매우 유익한 설명을 덧붙인다.

(신약성경은) 부란 더 이상 부자들의 미덕으로 말미암은 것도, 하나님의 승인을 증거하는 것도, 사탄에게 속한 것도 아니라고 가르친다. 신약성경은 (영지주의와 달리) 물질이 본질적으로 악하다는 극단적 금욕주의를 말하지 않으며 육체적 실재를 버리면 하나님께 가까이 갈 수 있다고 말하지도 않는다. 물질을 소유하려 들 때 발생하는 혼란, 믿음과 충성심이 그릇된 대상을 향하는 위험에 대해서는 분명하게 경고하지만 그런 식으로 물질 자체를 부인하지는 않는다. 제자들은 소유를 팔아 가난한 사람들에게 주라는 명령을 받았을 것이다. 그러나 가진 것을 모두 주라는 의미는 아니었다. 인간의 기본적인 필요를 채우기 위해서라면 물질은 선한 것이다. 이미 살펴보았던 것처럼 탐욕은 우상 숭배와 같다고 정죄한 바로 그 서신서에 자신과 그 가족들을 위한 양식을 마련하라는 명령이 기록되어 있다.[3]

여기에 덧붙여 기억해야 할 것이 있다. 성경은 성직자들이 그 수고에 대한 대가를 받고 섬기는 사람들의 지원을 받아야 할 의무가 있다고 강조한다는 사실이다. 어떤 의미에서 일하는 사람은 마땅히 그 보수를 받아야 한다는 가르침은 "누구든지 일하기 싫어하거든 먹지도 말게 하라"의 다른 표현이다. 일하는 사람이 무상으로 섬기기를 원치 않는 한 노동이란 평가를 거쳐 보수가 따라와야 한다. 신약성경에서 이 원리는 여느 그리스도인들과 마찬가지로 성직자들에게도 적용된다.

사실 대부분의 신약성경은 부와 희생이라는 주제에 대하여 개인의 책임의 문제를 강조한다. 그러나 바로 앞 장에서 살펴보았던 것처럼, 〈요한계시록〉에서 요한은 조직에 스며들어 있는 악으로 우리의 시선을 돌린다. 우리를 둘러싸고 있는 사회의 경제적 구조에 대한 날카롭고도 신랄한 질문을 던진다. 이에 대하여 월러는 우리가 응당 던져야 할 몇 가지 질문들을 제시한다(부록2. 존 웨슬리의 설교 〈돈의 사용〉을 참고하라).

첫째, 현대 그리스도인들의 부를 어느 정도까지 강제와 착취에 의한 비도덕적인 노동과 경영 혹은 마케팅 관행의 산물로 보아야 하는가? 둘째, 우리의 물질적 부나 그 영속성은 얼마만큼 사회와 세계의 부당한 구조나 기관들에 의지하고 있는가? 그것들이 영속하는 데 얼마만큼 기여하고 있는가? 셋째, 인간에게 득이 되고 이웃과 원수를 사랑하고 섬기라는 명령에 부합하는 도덕적 관행을 지켜내는 것이 과연 가능한 일인가? 넷째, 우리는 가난하고 궁핍한 자들의 고난을 덜어주는 데 사용해야 할 재산에 불필요하게 집착하고 있지 않은가? 우리에게 있는 이윤뿐 아니라 우리가 맡은 짐도 정당하고도 공평하게 나눌 수 있지 않은가? 다섯째, 어찌하여 사회적 권력을 사용하는 부요한 그리스도인들이 늘어나고 있는가? 특권을 이용하여 부정한 이익이나 더 많은 자원, 부를 창출하기 위함이 아닌가?[4] 여기에 덧붙여야 할 질문들이 몇 가지 있다. 즉, 부유한 그리스도인들이 궁핍한 자들을 위한 명령에 순종하여 삶의 규모를 축소하고 그들을 섬기는 것이 어느 정도까지 가능한가? 번영의 복음의 가장 큰 문제점은 과시적 소비에 대한 죄책감을 제거시켜버리고 우리를 궁핍한 자들의 울부짖음에 둔감한 영적 귀머거리로 만들어버리는 것이다. 이제는 귓가를 맴도는 그들의 소리를 외면해도 좋다고, 그들은 자신의 잘못된 선택과 게으름의 희생자일 뿐이라고 말한다.

크레이그 블룸버그(Craig Bloomberg)는 부와 재물에 대한 성경 본문들을 자세히 다루던 중 신약성경으로부터 다음과 같이 유용하고도 균형 잡힌 결론을 이

끌어냈다. 물질적 궁핍, 그 자체가 선해 보이지 않는 것은 사실이다. 그래서 물질적 풍요는 다른 사람들의 필요를 채우라고 주시는 하나님의 선한 축복으로 보일 수도 있다. 문제는 인간은 모두 타락한 피조물이라는 사실이다. 자기중심적 본질을 타고난 인간은 끊임없이 자기를 정당화시키고 자기 행위, 특히 소위 가처분 소득에 대한 지출 경위를 합리화시킨다. 이것이 바로 물질이라는 선한 것이 인간의 손에 들어가는 순간 하나님으로부터 멀어지도록 하는 수단이 되어버리는 이유이다.[5]

돈을 어디에 쓰는가를 보면 그의 마음이 어디에 있는가를 알 수 있고 그가 참으로 변화된 그리스도인인지 아닌지를 분별할 수 있다. 블룸버그가 지적한 것처럼 부유하나 경건한 족장들은 하나같이 궁핍한 자들을 후하게 섬겼다. 그들의 영성과 관용은 연결되어 있었다. 진실로 하나님을 신뢰하는 사람은 관용과 사랑을 좇아 자신의 소유를 나누는 일이 그리 어렵지 않다. "우리는 하나님을 믿는다(In God We Trust)"가 동전 속의 글귀에 그치지 않기를 원한다면 우리의 궁극적 믿음이 은행 계좌를 향하지 말아야 한다. 그것은 즉 우리의 도움이 되시는 하나님이 현재에도 미래에도 소유에 집착할 필요가 없도록 채워주시리라는 사실을 믿는 것이다. 일부 족장들은 부요함 가운데서도 이 사실을 기억했을 것이다.

계속해서 블룸버그는 그 수준을 구체적으로 제시하기는 힘들지만 극도의 부와 가난은 용납하기 어렵다는 신약성경의 가르침을 강조한다.[6] 이는 모든 일을 알맞게 행하라는 성경의 가르침에도 부합한다. 물론 성경도 상황에 따라 극단적인 희생을 요구하거나 장려할 때가 있다. 블룸버그는 잠언 30장 8절("나를 가난하게도 마옵시고 부하게도 마옵시고")을 따라 그의 책《부도 아닌 가난도 아닌Neither

Wealth nor Poverty》의 제목을 정했다고 한다. 그는 하나님이 광야에서 이스라엘 백성에게 매일 만나를 주셨던 것이 자족과 절제의 원칙에 따른 하나님의 방식이라고 말한다. 바울이 고린도 교회 성도들에게 예루살렘 교회를 위한 연보를 모으는 일을 마치라고 권고하며 〈출애굽기〉 이야기를 인용한 것은 결코 우연이 아니었다.

여기서 "연보를 모은" 교회에 대한 신약성경의 기록을 다시 한 번 살펴볼 필요가 있다. 바울이 고린도후서 8~9장에 걸쳐 교인들에게 부탁한 내용은 보다 자세히 살펴보아야 한다. 그러나 그전에 분명하게 기억해야 할 것은 바울이 고린도 교인들에게 요구한 것은 보편적인 관대함이 아니었다는 사실이다. 그는 몇 가지 원칙을 가지고 있었다. 첫째, 자신의 소유에 맞게 구제해야 한다(11절). 둘째, 구제의 분명한 목적이다. "다른 사람들은 평안하게 하고 너희는 곤고하게 하려는 것이 아니요 균등하게 하려는 것이니 이제 너희의 넉넉한 것으로 그들의 부족한 것을 보충함은 후에 그들의 넉넉한 것으로 너희의 부족한 것을 보충하여 균등하게 하려 함이라"(고후 8:13~14). 바로 여기서 바울은 출애굽기 16장 15절을 인용한다.

그러나 그리스도의 몸 안에서 균등 혹은 공평하다는 것은 정확히 무슨 의미인가? 바울은 후원이라는 관례는 지속될 것이며 더 가진 그리스도인들이 있는 만큼 분명 덜 가진 그리스도인들도 있을 거라고 예상했다. 그는 그리스도인들에게 관대하라고 권고하지만 어리석은 희생을 요구하지는 않는다. '있는 대로' 주라고 말한다. 여기서 '균등'이란 사도행전 4장의 모습일지도 모른다. 즉 교회 가운데 가난한 사람이 없고 각자가 있는 대로 주고 궁핍한 것은 받는 나눔의 모습이다. 한편으로 바울은 마게도니아 교인들의 예를 들어 고린도 교인들에게 부끄러움을 느끼도록 했다. 마게도니아 교인들은 극심한 가난 중에서도 힘에 지나도록 가난한 자들을 섬겼다. 그들은 연보의 후원자가 되어 예루살렘 성도들을 향한 바울의 사역에 동참하기를 원했다. 다른 한편으로 바울은 어떤 이들은 평안한데 또 어떤 이들은 곤고한 상황은 바람직하지 않다고 말한다.

바울은 성도들을 위한 연보에 대해 권고하던 중 예수님을 예로 든다. 예수님은 자신을 낮춰 인간이 되셨을 뿐만 아니라 제자들에게 영적 부요함을 주시기 위해 스스로 물질의 가난을 택하셨다. 바울은 고린도 교인들이 모두 예수님처럼 가난해져야 한다고 주장하려는 것이 아니다. 그들도 예수님처럼 모두 평등해지기를 원하는 마음을 갖고 관대하게 자신을 희생해야 한다는 것이다. 여기서 바울은 전혀 다른 교회 사이에도 상호 관계를 구축해야 한다고 촉구한다. 지금은 예루살렘 교회가 도움을 필요로 한다. 그러나 바울은 고린도 교회가 궁핍에 처하면 예루살렘 교회가 도와줄 날이 있을 거라고 말한다.

고린도후서 8장 11절, "있는 대로 하라"는 구절이 매우 중요하다. 바울은 고린도 교인들에게 가서 대출을 받아다가 도우라고 가르치지 않는다. 양이 많을수록 좋다고 가르치지도 않는다. 오히려 열의와 진정성만 있다면 그 크기는 중요치 않다고 말한다. 그는 부요치 못한 성도들에게도 조금밖에 내지 못하는 것에 대해 수치심을 느끼지 말라고 격려한다. 명예와 수치의 문화 속에서 살던 그들에게 수치심은 종종 구제의 걸림돌이 되었다. 바울은 각각 그 마음에 정한 대로 하되 인색함으로나 억지로 하지 말라고 가르친다. 하나님은 즐겨 내는 자를 사랑하시기 때문이다(고후 9:7). 또한 바울은 연보를 씨 뿌리는 것에 비유한다. 적게 심는 자는 적게 거두는 것처럼 많이 심으면 많이 거둘 것이다.

여기서 바울의 권고는 아리스토텔레스의 그것과 매우 흡사하다. "관대함은 각자의 자산을 근거로 평가해야 한다. 후원의 양 자체가 아닌 후원자의 자산에 비례하여 평가해야 한다."[7] 여기서는 'isotes'(균등)이라는 용어를 눈여겨보아야 한다. 아리스토텔레스는 상호주의에 입각한 관계가 성립되었다 할지라도 그것이 사회적 균등관계를 의미하지는 않는다고 보았다. 의뢰인이 자신에게 필요한 재물과 돈을 받는 반면 후원자는 더 많은 칭송과 명예를 획득함으로써 균등한 관계가 성립되는 것이다.

물론 바울은 모든 사람이 하나님의 형상을 따라 창조된 평등한 존재라고 믿는다(아리스토텔레스는 이 진리를 부인한다. 노예라는 대상을 다룰 때는 더욱 그렇다). 또한 그리스도 안에 거하는 사람은 모두 새로운 피조물이며 속죄받은 인간으로서 동일하게 거룩한 존재라고 믿는다. 그가 고린도후서 8장에서 언급한 균등함은 기본적으로 그러한 신학적 논의에 입각한 것이다. 그러나 바울이 정말로 이야기하고 싶었던 것은 경제적인 영역이다. 고린도 교인들은 예루살렘 교회와 바울과 같은 사람들에게서 영적 유산을 물려받았다. 따라서 그들은 성도들의 궁핍을 덜어줌으로써 그 빚을 갚을 수 있다. 바울은 출애굽기 16장 18절을 인용하면서 균등의 의미를 분명하게 전달한다. 즉, 그리스도인들의 공동체 내에는 가난한 자가 없어야 한다. 이미 갈라디아서 6장에서 살펴보았던 것처럼, 바울은 믿음의 가정은 서로를 책임져야 한다고 생각한다. 그것은 그저 지역 교회에만 국한되지 않는다. 즉 지역을 초월하는 공동체, 하나님의 에클레시아(교회)이다.

바울은 고린도후서 9장 후반부로 넘어가면서 다른 가르침들을 덧붙인다. (9장 6~11절에서) 바울의 가르침은 본질적으로 하나님은 종종 우리가 다른 사람들에게 축복이 되도록 물질의 복을 허락하신다는 것이다. 그는 9장 8절에서 '넉넉함'의 원리를 언급한다. 바울은 성도들이 모든 일에 넉넉하여 사람에게 의지하지 않게 해달라고 기도한다. 여기서 헬라어 '아우탈케이아'(autarkeia)는 자립을 의미하기도 한다. 그러나 바울이 말하는 것은 일종의 경제적 독립, 다른 사람들에게 후히 나눠줄 수 있는 능력이다.

바울은 고린도 교인들이 계속되는 가난과 궁핍으로부터 벗어나기를 간절히 원했다. 그들이 '의의 열매'를 풍성히 걷을 수 있을 만큼 넉넉해지기를 기도했다. 즉, 넉넉히 구제함으로써 다른 믿는 자들에게 축복이 될 수 있기를 바랐다. 여기서 의는 관대함과 거의 비슷한 의미로 사용되었다. 따라서 고린도후서 8~9장에서도 남는 돈을 가지고 무엇을 하는가가 사람을 판단하는 기준이 된다는 사실을 알 수 있다. 그러나 구제의 더 큰 유익은 따로 있다. 즉 고린도 교인들이 섬긴 사람들을 통해 하나님이 감사와 찬양을 받으신다는 사실이다. 따라서 구제는 세상 앞에서 하나님을 증거하는 일이며 더 많은 그리스도인이 하나님을 높이는 길이다.

연보에 대한 논의 가운데 우리가 놓치지 말아야 할 것이 있다. 바울은 그 어떤 종류의 공산주의도 옹호하지 않았다는 사실이다. 그가 옹호한 것은 공동체 의식 혹은 공동체주의였다. 즉, 그는 그리스도인들의 공동체에는 단 한 명이라도 궁핍에 처한 자가 없어야 한다고 믿었다. 이것은 단지 특정 교회의 의무가 아니라 제국적 규모의 교회들이 감당해야 하는 일이었다. 그리스도인들은 서로를 책임져야 한다. 바울은 후원자들이 후원을 그치기를 원하지 않았다. 또한 그가 언급한 '균등'이란 모든 사람이 동일한 양과 질의 물질적 자원을 똑같이 나누는 것도 아니었다. 그의 주장은 그보다 훨씬 수준 높은 것이다. 바울은 예루살렘 교회가 경제적 위기를 겪고 있던 당시, 도울 수 있는 교회는 돕고 도움을 받아야 할 교회는 도움을 받는 등 교회 간 상호 네트워크를 구축하고자 했다. 그는 받는 자는 평안하게 하고 주는 자는 곤고하게 하는 또 다른 문제가 발생하지 않아야 한다고 강조하기도 했다.

또한 바울은 각 그리스도인들에게 기쁨과 넉넉함으로 정하여 자유롭게 베풀라고 권고한다. 반드시 물질적인 것이 아니라고 해도 구제의 대가는 반드시 있다고 믿었다. "적게 심는 자는 적게 거두고"는 어떤 경제적 이론이 아니다. 본문에는 영적 영역과 물질적 영역이 서로 얽혀 있다. 따라서 본문에서 그 구절만 뽑아 많은 돈을 베푼 그리스도인은 큰 금전적 축복을 얻는다고 믿는 것은 큰 오류이다. 논의의 초반부에 등장하는 예수님의 예가 그러한 결론을 분명하게 배제한다(고후 8:9). 하늘의 모든 부를 가지신 예수님은 우리에게 모든 것을 주셨고 또 가난하게 되셨지만 아무런 금전적 대가를 받지 않으셨다. 오히려 대가를 바라지 않고 베풀어주는 참된 본이 되심으로 우리에게 큰 영적 부요함을 허락하셨다.

하나님은 물질을 베푼 자를 다양한 영적 복으로 갚아주기도 하신다. 예루살렘 교회는 영적 유산을 베풀었고 그들이 기근으로 궁핍에 처했을 때는 이방인의 교회가 그들을 돌보았다. 이것이 바울이 말한 균등이다.

예수님도 마지막 때를 염두에 두고 베드로에게 하나님 나라의 많은 집과 형제를 약속하셨음을 반드시 기억해야 한다. 예수님은 그분을 따르는 자들이 하나가 되고 모든 것을 함께 나누는 이 세대의 끝을 가리키셨다. 예수님은 바로 지금, 여기서 상을 받게 될 거라고 말씀하지 않았다. 설령 지금, 여기서 상을 받을 거라는 말씀이었다 할지라도 예수님의 말씀은 부를 불러오는 마법도, 축복을 받기 위한 공식도 아니었다. 예수님의 뜻은 이후의 바울의 가르침과 마찬가지로 제자들이 서로를 돌보는 것이었다. 고린도후서 8~9장에서 바울이 하늘에서 내려오는 만나를 언급하기는 했으나 예루살렘 교회가 하늘로부터 어떤 직접적인 도움을 받게 되기를 기대한 것은 아니었다. 그는 성도들이 연보를 모아 문제를 함께 해결하기를 기대했다. 그래서 고린도 교인들에게 궁핍에 처한 예루살렘 교회의 기도의 응답이 되어달라고 부탁했던 것이다.

아이러니하게도 바울이 돈에 대해 정말로 자세히 기록한 본문은 그리 많지 않다. 성직자의 보수에 대한 권리를 설명할 때, 자신이 개척하지도 않은 교회의 궁핍한 자들을 위한 연보를 마련하라고 권고할 때, 디모데를 포함한 여러 사역자들에게 돈이 아닌 복음을 위한 종이 되라고 부탁할 때에만 돈을 언급했다. 지역 교회에서 매주 드리는 헌금에 대해서는 단 한 마디도 언급하지 않았다. 성도들은 모두 그리스도 안에서 한 형제요 자매이므로 "착한 일을 하되 더욱 믿음의 가정들에게 할지니라"는 가르침을 알고 있으리라 믿었을 것이다.

부와 재물에 대한 블룸버그의 논의의 허점은 노예 노동에 근거한 경제 체제와 같이 경제 구조 속에 침투해있는 악을 간과한 것이다. 바울은 후원이나 상호주의 같은 체제에는 별 이의를 제기하지 않았지만 노예제는 분명하게 반대했다. 그는 교인들 중 그 누구도 노예가 되는 것을 원치 않았다. 노예제는 그리스도 안에서 모두 형제자매라는 원칙에 위반된다고 믿었기 때문이다. 빌레몬에게 오네시모가 "이후로는 종과 같이 대하지 아니하고 종 이상으로 곧 사랑받는 형제로 둘 자라"며 다시 받아달라고 간청했던 것도 같은 이유에서였다.[8] 또한 바울은 시간과 기회가 있을 때마다 모든 사람이 그리스도의 한 지체로서 균등한 삶을 누릴 수 있도록 힘을 다했다. 아직까지 강조한 것처럼 그리스도 안에서 균등하다는 것은 적어도 공동체 가운데 궁핍이나 가난에 처한 그리스도인이 없다는 의미이다. (야고보라면 이에 아멘으로 화답했을 것이다.) 바울의 이러한 가르침은 곧 교회가 로마 경제의 근간, 즉 노예제를 무너뜨려야 한다는 의미이기도 하다.

밧모섬의 요한은 부에 대한 욕심에 사로잡혀 악한 경제 체제에 잠식해버리는 위험에 대하여 바울보다 훨씬 엄중하게 경고한다. 그는 돈이나 이익을 얻으려고 악한 지도자와 함께 하지 말라고 가르친다. 부가 사람의 영혼과 믿음을 파괴할 수 있음을 잊지 말라고 권고한다. 아이러니하게도 부자보다 가난한 사람들이 하나님을 더 가까이 하기 쉽고 물질을 믿음의 대상으로 보는 우를 범하지도 않는 사실을 요한은 분명히 알고 있었다. 그는 야고보와 같이(야고보서 5장을 보라) 약한 자들을 이용하며 불법적인 거래를 일삼고 오직 하나이신 참 하나님보다 이 세상의 거짓 신들을 높이는 부유한 상인들의 음울한 미래를 예견하였다. 예수님은 분명 낙타가 바늘귀로 들어가는 것이 부자가 하나님 나라에 들어가는 것보다 쉽다고 말씀하시지 않았던가!

요컨대 돈과 재물, 소유와 일, 보수와 같은 문제들에 대한 신약성경의 가르침은 미시적, 거시적 관점의 윤리를 모두 고려해야 한다. 정직하게 일하여 정직한 보수를 받는다는 원리만으로는 충분치 않다. 오늘날 사업 윤리는 성경이 가르치는 원칙과 일치해야 한다. 많은 자산을 가진 사람은 스스로에게 질문할 수 있어야 한다. "하나님 보시기에 악하고 부끄러운 사업이나 회사에 투자하여 이 돈을 벌지는 않았는가?" 일을 하는 사람은 세상의 방식과 사업적 관행을 과감히 끊을 수 있어야 한다.

물론 퇴직과 같이 신약성경이 답해주지 않는, 까다로운 문제들도 있다. 죽음이 가깝지 않는 한 성경 그 어디에서도 퇴직을 장려하거나 인정하는 내용은 찾을 수 없다. 나와 가족이 마지막 날까지 편안하게 부를 누리며 살 만큼의 돈만 있으면 더 이상 일할 필요가 없다는 것이 대부분의 현대인의 생각이다. 그러나 성경에서 이에 대한 근거를 찾을 수는 없다.[9]

존 웨슬리(John Wesley)는 기도했다. "주여, 게으른 삶을 살지 않게 하소서." 이 기도를 단지 열심히 일하며 살아야 한다는 뜻으로 해석해서는 안 된다. 놀고 쉬는 것도 인생의 중요한 부분이기 때문이다. 건강이 뒷받침되는 한 생계를 유지하기 위해 일하는 것은 옳고 정상적인 것이다. 그러나 일과 삶, 사역과 그리스도인의 행위의 관계는 보다 주의 깊게 살펴볼 필요가 있다. 나중에라도 일하지 않고 화려하게 살려고 돈을 벌고 있다면 그것은 올바른 그리스도인의 동기가 될 수 없다. 혹 후에 주님의 일을 하거나 돕고자 돈을 벌고 있다면 그것은 또 다른 문제다.

분명한 것은 부가 우리의 영에 미치는 해로운 영향력에 대한 신약성경의 경고를 외면해서는 안 된다는 사실이다. 신약성경은 우리에게 관대한 마음으로 구제하라고 권고한다. 이기적이고 자기중심적인 태도로 '불의한 맘몬'을 위해 일하며 살지 말라고 말한다. 하나님만 믿으며 희생적인 구제를 통해 그 믿음을 증거하라고 가르친다. 이 세상의 타락한 경제, 정치적 기관들을 경계하여 지혜롭게 행하며 그들의 비윤리적인 관행에 얽매이지 않도록 조심하라고 경고한다. 또한 신약성경은 우리에게 자족의 신학을 가지라고 권고한다. 즉 만족과 경건의 원칙을 좇아 살면 돈으로는 가늠할 수 없는 큰 유익을 얻게 된다고 전한다. 뿐만 아니라 성공과 부, 재물을 향한 이 시대의 무한 경쟁을 무너뜨리고 거기에 가담하지 말라고 가르친다. 탐욕은 영혼을 파괴하는 우리의 적이라고 거듭 경고한다. 그리스도인의 삶의 목적은 재물도, 그로 인한 행복도 아니다. 경건함과 거룩함, 전심으로 하나님과 이웃들을 사랑하는 것이다.

예수님이 우리에게 거듭 말씀하신 큰 계명의 본질은 이기적이고 자기중심적인 삶을 버리고 하나님과 이웃을 후하게 사랑하라는 것이다. 우리가 그 계명을 따른다면 구제는 호흡과 같이 누가 시키지 않아도 지속할 수 있는 자연스러운 일이 될 것이다. 물론 신약성경은 자신의 삶의 짐을 충분히 감당할 수 있을 때에는 다른 사람에게 부담을 주지 말라고 분명하게 가르친다. 다른 사람이 열심히 일하여 얻은 것을 가지고 자신을 배불리려 해서는 안 된다. 그리스도 안에서 한 몸이 되어 위기가 찾아왔을 때 궁핍에 처한 형제를 도울 수 있도록 모두가 열심히 일하고 준비해야 한다. 노동은 저주가 아니다. 소득을 얻을 수 있는 축복이요 기회다. 그 소득을 통해 내가 다른 사람들에게 축복이 될 수 있다.

신약성경은 그리스도의 몸에 베푼 재정적 투자에 대한 이윤을 약속하지 않는다. 다시 말해서 선한 일이나 사역에 베푼 물질의 양에 상당하는 경제적 보상을 약속하지 않는다. 구제할 때에는 보상을 기대하지 말아야 한다. 그러나 하나님은 후히 베푸는 자들을 다양한 방법으로 축복하신다는 약속은 기록되어 있다. 이 문제에 관해서는 고린도후서 8~9장의 권고들을 기억해야 할 필요가 있다. 바울은 구제의 대가를 계산하라고 부추기지 않는다. 예루살렘 교회를 구제했으니 하나님이 그 이상으로 갚아주시리라는 말로 고린도 교인들을 위로하지도 않는다. 구제에 대한 그런 결론은 신약성경 그 어디에서도 찾을 수 없다. 예수님은 우리를 위하여 육체의 모든 것을 내어주셨고 십자가에서 온전한 희생을 이루셨다. 그리고 그 희생은 우리에게 영적 유익을 주었다. 때로 물질적으로 후하게 베푼 행위에 대하여 영적인 보상만 받을 때가 있다. 사실 하나님 나라에서는 그것이 무엇보다도 가치 있고 귀한 상이다.

신약성경은 우리에게 '예수님의 제자가 되어 자기 십자가를 지고 예수님을 좇을 수 있느냐'고 끈질기게 묻는다. 그 말은 즉 '돈과 재물, 부와 사역, 보수와 노동에 대한 하나님 나라의 원칙들에 순종할 수 있느냐'는 뜻이다. 지금까지 그렇게 살지 못했는가? 하나님 나라의 원칙들에 온전히 순종하지 못했는가? 아직도 우리에게는 할 수 있는 것들이 있다. 마지막 장에서는 우리의 영혼을 파괴하는 생활 방식, 즉 과시적 소비를 벗어버리기 위한 방법들을 알아볼 것이다.

CHAPTER 10

과시적 소비와
자기만족 버리기

금이 녹슬어버리면
철은 무엇을 해야 하는가?
초서(도덕적 본보기로서의 성직자와 일반인들을 비교하면서)

돈이라는 문제에 관해서라면
만인의 종교가 통일된다.
볼테르

나는 신학교에 있을 때 론 사이더 (Ron Sider)의《가난한 시대를 사는 부유한 그리스도인》이라는 책이 큰 반향을 불러일으켰다. 오늘날에도 여전히 큰 의미가 있는 이 책은 그만큼 논란의 대상이 되었다. 저자는 북아메리카의 그리스도인들을 향해 삶을 단순화하고 지속적인 소비 문화에서 벗어나 가난한 사람들을 위한 뜻깊은 사역에 헌신하라고 권면한다. 이에 대한 반응은 참 다양했던 것으로 기억한다. 사람들의 반응은 단순한 반감이 아니었다. 그것은 거의 폭력에 가까웠다. 사이더는 복음주의 기독교의 영혼 깊숙이 숨어 있는 약점, 아주 예민하고 원초적인 곳을 건드렸다. 그는 힘을 향해 진리를 말했으나 그 힘은 그 진리를 기꺼워하지 않았다. 사이더에 이어 고든 피(Gordon Fee)도 그에 필적할 만한 논문, 〈건강과 부의 복음이라는 질병〉을 내놓았다. 번영의 복음이 현대의 기독교 서점과 TV를 휩쓸기 훨씬 전, 고든 피는 그 논문에서 번영의 복음을 분명하게 해체시켰다. 이 짧은 논문의 결론에 이를수록 "예수님은 부자셨다. 예수님은 우리도 모두 부자가 되기를 원하신다"는 주장이 들어설 자리가 없어진다.

그러나 수많은 교회가 그들의 말을 듣지 않았다. 아니 듣고 싶어 하지 않았다. 21세기인 지금, 교회들은 그 당시보다 더 귀를 막고 있다. 가장 안타까운 현실은 이들이 하나님 나라를 침노하는 것이 무엇인가에 대한 예수님의 말씀을 근본적으로 저버리고 있다는 것이다. 예수님은 과시적 소비와 신분 상승 제일 교회를 세우시려고 자기를 희생하고 십자가에서 죽으시지 않았다. 오히려 예수님은 가장 작은 자, 나중 된 자, 잃어버린 자들이 가장 먼저 하나님 나라에 들어갈 거라고 말씀하셨다. 가장 큰 자, 먼저 된 자, 찾음을 입은 자들은 그 나라에 들어가기 어렵다고 말씀하셨다. 그렇다면 물질주의와 과시적 소비와 같은 우리 문화의 매혹적 가치들을 어떻게 벗어버릴 수 있는가? 가장 확실한 방법에서부터 시작해보자.

▶ 1. 그런 이야기는 하지도 마라

사람이 물에 빠져 죽어가는데 물을 더 붓는 사람은 없을 것이다. 재물(혹은 재물을 향한 탐욕)에 빠져가는 사람에게도 마찬가지다. 물론 신약성경에는 청지기의 마음만 더해진다면 재물을 갖는 것도 괜찮다고 기록한 본문들이 있다. 그러나 "먼저 그의 나라와 그의 의를 구하라 그리하면 이 모든 것을 너희에게 더하시리라(마 6:33)"는 구절을 본문에서 뚝 떼어내면 "이 모든 것"은 단지 삶을 위한 필수품이 아니라 사치품들을 가리킨다는 결론에 이른다. 그러면 재물을 소유하는 것 자체는 죄가 아니라는 본문의 의미조차 훼손된다. 더 큰 문제는 그런 결론과 정반대인 신약성경 전체의 메시지까지 훼손된다는 사실이다.

신약성경은 (경건과 기도를 이용해서 하나님이 운영하시는 백화점으로부터) 재물을 얻어내라고 강조하지 않는다. 신약성경이 강조하는 것은 희생과 버리는 것이다. 현대의 부유한 그리스도인들은 번영의 복음 대신 자기희생과 버림의 복음에 귀 기울여야 한다. 돈과 부에 대한 성경의 가르침에 순종하기를 원하는가? 그렇다면 더 이상 거대한 문화의 물질주의적 가치들에 세례를 주어 그것들이 의롭다고 말하지 마라.

▶ 2. 필수품과 사치품을 분별하는 능력을 키워라

예수님은 우리에게 일용할 양식을 위해 기도하라고 말씀하셨다. 일용할 양식이란 삶을 영위하기 위한 필수품, 즉 음식과 집, 가족, 친구, 생계 수단을 가리킨다. 이 범주를 벗어나는 것들은 대부분 사치품에 속한다. 이 주제에 들어가기에 앞서 두 번째 부록으로 실린 존 웨슬리의 설교를 주의 깊게 읽어보기를 권한다. 나에게는 사치품인 것이 다른 사람에게는 필수품인 경우도 분명 있다. 그것은 각자의 환경과 상황에 따라 달라진다. 아내와 내가 영국 더럼에 살 때는 온화한 기후 덕분에 냉장고가 필요하지 않았다. 그러나 냉장고 없이 싱가포르에 산다는 것은 상상도 못할 일이다(공용 냉장고라도 있어야 하지 않겠는가). 누군가 당뇨병이 있어 약을 냉장고에 보관해야 한다면, 그에게 냉장고는 필수품이다. 다시 말해서 어떤 사람에게 무엇이 필수품이고 무엇이 사치품인지 구분하기 위해서는 분별력과 지혜가 필요하다. 다른 예를 들어보자.

나는 선생이다. 책이 없이는 일을 할 수 없는 사람이다. 연구 교수인데다가 책도 많이 써야 하기 때문에 늘 자료가 필요하다. 물론 도서관을 통해서 필요한 책들을 얻을 수는 있지만 늘 그럴 수 있는 것은 아니다. 책들이 다른 도서관에 대출 중이어서 한동안 구할 수 없는 경우도 있다. 그런 경우에는 어떻게 해야 하는가. 내가 내린 결론은 나만의 도서관을 만드는 것이었다. 그리고 지난 25년간 도서관을 만들어왔다. 언젠가는 내가 가진 책들을 대부분 신학 도서관에 기증할 생각을 갖고 있었다. 그 사이 감사하게도 도서관이 모습을 갖춰갔고 지금도 꾸준하게 이용하고 있다. 지금 나의 도서관에는 대략 3,000권 정도의 신학 책이 있다. 책의 양이 너무 많지 않은지, 충분하다는 기준은 무엇인지 분별하는 것이 쉽지는 않다. 그러나 감사한 것은 이제 더 이상 많은 책을 구입할 필요가 없어졌다는 것과 그 책들을 나눠주기 시작했다는 것이다.

내가 이 일을 무리하게 시작했을 때에는 값비싼 전공 서적을 사야 하는 의사의 마음과 같았다. 내게 이 도서관이 없었다면 학자로서의 지금의 나는 존재할 수 없었을 것이다. 무엇보다 이 도서관이 있었기 때문에 어디에서든 연구에 매진할 수 있었다. 아이들이 어릴 때에는 집에서 일할 수 있었고 안식년에는 책들을 챙겨 멀리 떠날 수 있었다. 이제는 책을 사지 않는 이유보다 사야 하는 이유를 만들어내야 하는 지경이 되었다. 그러나 이것은 내 삶을 단순화하고 우리 사회에 만연한 비기독교적 가치들을 벗어버리는 끝없는 싸움 가운데 겪어야 할 분별의 과정이다. 쉽지 않은 싸움이다. 그러나 우리는 세상에서 살되 세상에 속하지 않는 자들로 부르심받았다.

바울은 이를 '없는 자같이(고전 7장)' 사는 것이라고 기록한다. 이 말은 곧 우리는 이 세상의 모든 방법이나 관례와 분리되어 살아야 한다는 의미이다. 그렇다. 우리는 예수님의 재림을 기다리며 살고 있다. 이미 종말의 시대를 살고 있다. 세상의 가치가 아닌 하나님 나라의 가치를 좇아 살아야 할 때다. 그러나 그 두 가지 가치를 분별하는 것이 어려울 때가 있다.

한 가지 내가 배운 말은 하나님이 명령하신 것에 대하여 "절대 아니라고 말하지 마라"이다. 제자들에게 가정과 집, 아내, 아이들을 버리고 그분을 좇으라고 명하셨던 예수님은 언제든 우리에게도 희생을 요구하실 수 있다. 따라서 필수품과 사치품을 구분할 때는 섣불리 "하나님이 내게 X를 주라고(혹은 포기하라고) 명하실 리가 없어"라고 말하면 안 된다.

신약성경은 우리가 피해야 할 사치품들을 분명하게 기록한다. 값비싼 옷, 터무니없이 사치스런 보석, 쓸데없이 기름만 많이 먹는 고급차, 사용하지도 않는 방들로 가득 찬 거대한 집 등이다. 그러나 이것들은 비교적 분별하기 쉬운 사치품들이다. 그리스도인 치과 의사를 예로 들어보자. 그는 수백만 달러를 들여 최신 엑스레이 기기를 비치해놓아야 하는가, 좀 뒤떨어진 기술이라도 만족해야 하는가? 그에게 최신 기기가 없다고 해서 일자리를 잃는 일은 없을 것이다. 그는 이렇게 자문해야 한다. 이것이 내 일에 꼭 필요한 물건인가, 아니면 그저 갖고 싶은 것인가?

모든 그리스도인은 각자의 필수품과 사치품의 목록을 작성해야 한다. 그 과정이 쉽지는 않겠지만 유익은 있다. 목록을 만드는 가운데 자신이 경건한 삶을 살고 있는지 아닌지 비판적으로 생각할 수 있기 때문이다. 이렇게 분별의 능력을 키우고 문화로부터 자신을 분리시키는 과정은 영적 건강에 매우 중요한 일이다. 우리를 자신과 가족뿐 아니라 하나님 나라를 위해 일할 수 있는 사람들로 만들어주기 때문이다.

3. 희생이 필요한 사역에 헌신하라

성경은 가난하고 궁핍한 자들을 돌아보라고 권고한다. 따라서 거의 모든 그리스도인은 그 어떤 일보다 구제 사역에 먼저 동참해야 할 의무가 있다. 재정적 지원이나 선교 여행뿐 아니라 직접 사역 현장에 뛰어드는 것도 한 방법이다. 내가 가르쳤던 학생 두 명은 켄터키 렉싱턴의 극빈지역을 섬기기 위해 아예 그곳으로 거처를 옮겼다. 그리고 교회가 모든 지원과 헌신을 아끼지 않고 그들을 후원했다. 구제의 현장에 참여하는 것만으로도 얻을 수 있는 유익이 있다. 물이 없어 고생하는 마을에 우물을 파주려고 케냐에 간다면, 노숙자들을 돕기 위해 뉴올리언스로 간다면, 가난은 실제가 되고 가난한 사람들은 더 이상 '그들'이 아니다. 이제는 죄책감 없이 풍요롭게 사는 것이 힘들어진다. 죄책감이 우리가 하나님 중심이 아닌 자기중심적 삶을 살고 있다는 사실에 대한 깨달음에 기인한 것이라면 죄책감도 선하다.

4. 충분히 돈을 벌었는가? 남은 삶을 하나님의 일에 헌신하라

여전히 일할 수 있을 만큼 건강한 그리스도인들에게 세속적 의미의 퇴직은 선택 사항이 아니다. 나의 두 친구가 퇴직 이후의 삶을 어떻게 헌신했는가를 들어보라. 그들은 텍사스 우드랜드에 살고 있다. 수십 년을 석유 산업 계통에서 일한 밥은 충분한 돈을 모았다. 그는 퇴직 후 남은 삶을 다양한 선교 사업을 위해 사용하기로 결심했다. 그의 아내는 목사 안수를 받은 후 지금도 목회를 잘 하고 있다. 그동안 돈을 지혜롭게 사용하였기 때문에 자유롭게 그런 일들을 할 수 있었던 것이다. 이들과 같은 그리스도인들이 점점 많아지고, 기름 많이 드는 고급

차에 "나는 손자들의 유산을 소비하고 있다"라는 범퍼 스티커를 붙이고 다니는 그리스도인들은 줄어들기를 바란다.

◗ 5. 지출, 특히 재량 지출의 내역을 평가하라

좋은 일에 사용되는 대신 쉽게 낭비되어버리는 액수에 당신은 분명 할 말을 잃을 것이다. 우리 문화와 같은 환경에 묻혀 사는 사람들에게 발생하는 가장 큰 문제는 소비를 조장하는 자극들이 너무나 많다는 것이다. 그 자극에 둘러싸여 있다 보면 전혀 필요하지 않은 것도 반드시 사야 할 것만 같다. 전혀 쓸모도 없고 필수품과는 거리가 멀다 해도, 미국의 '제품'이라면 구매하는 것이 애국이라고 믿는 그리스도인들이 있다. 삶을 단순화하기 위해서는 먼저 통신 판매원들의 블랙리스트에 우리 이름을 올려야 한다. 한 가지 더 기억해야 할 것이 있다. 그런 사람들과는 전화상으로 절대 그 어떤 재정 거래도 하지 마라.

◗ 6. 낭비를 줄이라

물론 낭비를 줄이려면 모든 종류의 물건을 재활용해야 한다. 거기에 덧붙여 얼마나 많은 음식과 옷 등이 특별한 이유 없이 버려지고 있는지 점검해야 할 필요가 있다. 그런 낭비가 사라져야 한다. 낭비하지 않으면 부족할 것이 없다. 더 이상 남은 음식을 가지고 불평하지 마라. 먹을 수 있을 만큼만 주문하고, 자기 양보다 많을 때에는 다른 사람과 나누거나 집으로 가져와 나중에 먹으면 된다.

최대한 빨리 환경친화적 문화를 심는 것도 그리스도인들이 해야 할 일이다. 방법은 많다. 하이브리드 차량과 소형차를 이용할 수도 있고 절전 전구, 가능하다면 태양 전지판을 사용하는 것도 좋은 방법이다. 집에 아무도 없다면 에어컨을 꺼두는 것도 잊지 마라. 점차 우리는 소비자가 아닌 보존자가 되어야 한다.

7. 돈쓰기 좋아하는 사람과 어울리지 마라

심리학자들은 하나같이 사람에게는 자신이 우러러보는 사람들을 모방하고 그들과 비슷해지려는 경향이 있다고 주장한다. 삶을 단순화하려면 다른 사람들과 똑같아지려는 마음을 버리거나 아예 그들과의 관계를 끊어야 한다. 부러움은 곧 모방으로 이어진다. 더 큰 집과 차, 보트, 더 화려한 삶을 향한 열망에 사로잡혀 있는 사람들과 어울리지 않는 것만으로도 부러움이라는 단순하지만 매혹적인 감정에 쉽게 넘어가지 않을 수 있다. 그에 반해서 단순한 삶을 살고 있는 사람들과 함께하는 것은 큰 유익이 있다. 만일 지금 돈쓰기 좋아하는 사람들이 곁에 많다면 자신을 점검해야 할 필요가 있다. 삶의 변화를 주어야 할 부분들이 있다는 사실을 깨닫게 될 것이다.

그리스도인의 삶에 소비와 경쟁이라는 사고방식을 적용하려고 하지 마라. 모든 문화에는 그것을 주도하는 정신적 동력이 있다. 우리 문화의 가장 강력한 동력이 바로 소비와 경쟁이다. 많은 그리스도인이 이 소비와 경쟁에 중독되어 있다. 그들은 백화점에 가서 그곳에서 이루어지는 게임에 참여해야 한다. 그것이 안 되면 구경이라도 해야 한다. 그렇지 않으면 삶이 곧 지루해지기 때문이다. 지루하다는 것은 상상력, 특히 그리스도인만의 특별한 상상력이 부족하다는 의미이다. 소비라는 관점으로 교회를 평가하지 마라. '어느 교회에서 가장 많은 것을 얻을 수 있는가'라는 기준으로 교회를 선택하지 마라. '어디서 가장 잘 헌신할 수 있는가'

를 보라. 소비자로서의 사고방식은 이기적이고 자기중심적인 원죄의 한 형태이다. 경쟁이라는 사고방식 또한 잘못 사용되면 우정이나 결혼생활을 파괴할 수 있다. 이런 파괴적인 경쟁의식은 결국 가인과 아벨로부터 시작되었다. 즉 그것은 엄연한 형제간 경쟁이다.

가치 있는 싸움을 싸우기 원하는가? 마약과 죄악, 포르노 산업과 성매매, 혼음, 낙태에 저항하여 싸우라. 진정한 경쟁을 하기 원하는가? 훌륭한 부모와 배우자, 주일학교 선생님이 되기 위해 경쟁하라. 모든 경쟁이 나쁘다는 것이 절대 아니다. 물론 신약성경에는 삶을 경주에 비유한 구절도 있다. 문제는 승리가 과연 무엇이냐는 것이다. 속임수를 써가면서까지 얻어내야 할 가치가 있는가? 다른 그리스도인들을 밀어내면서까지 손에 넣어야 하는가? 그리스도인들은 늘 성공과 승리라는 개념을 재정립해야 할 필요가 있다. 아니면 성공과 승리의 우선순위를 그것들과는 거리가 먼 이웃을 구제하고 사랑하는 것, 공동체를 섬기는 것 다음에 두어야 한다.

한 가지 예를 들어보자. 운동선수들 중 내가 가장 존경하는 인물은 데럴 그린 (Darrell Green)이다. 그는 수년간 레드스킨 팀 최고의 수비수로 활동하면서 선수들에게 큰 본이 되었다. 그의 삶에서 가장 중요한 것은 예수님에 대한 믿음이었다. 경기에서 승리하는 것은 언제나 부차적인 문제였다. 그러나 그는 그리스도인으로서 탁월해지기 위해, 또 완벽해지기 위해 늘 노력했다. 자신에게 주어진 능력을 아끼지 않고 전력을 다했으며 동료들에게 좋은 본보기가 되고자 했다. 그는 팀워크를 완벽하게 이해하는 선수였다. 여러 곳에서 더 좋은 조건으로 그를 불렀지만, 그는 주님의 명령에 순종하여 워싱턴에 남았다. 그에게 교회와 가족만큼 소중한 것은 없었기에 그의 우선순위는 더 많은 돈을 버는 것보다 교회와 가족이었다.

레드스킨의 성공과 실패의 역사가 계속되는 동안 그린은 워싱턴을 떠나지 않았다. 그리고 2008년 그의 이름이 명예의 전당에 올라갔다. 특히 놀라웠던 것은 코치가 아니라 데럴의 아들이 그를 추천했다는 사실이었다. 그의 아들은 데럴이 경건한 아버지의 모범이었으며 아버지 같은 사람이 되고 싶다고 거듭 언급했다. 데럴 그린은 진리를 저버리지 않고도, 자기 자리에서 최고의 자리를 지키면서도, 그리스도인의 가치로 문화의 가치를 이길 수 있음을 보여준 최고의 예가 되었다. 이것이야말로 세상에 거하되 세상에 속하지 않고 세상을 향한 증인이 되는 것이 아닌가? 그리스도인은 인생의 정말 가치 있는 것들에 대한 우선순위를 정해야 한다. 뿐만 아니라 절대 타협하지 말아야 할 가치들을 기억해야 한다. 세상을 다 가진다 해도 영혼을 잃는다면 무슨 소용이 있겠는가.

8. 자본주의가 옳다는 생각을 버려라

성경은 경제에 관하여 '공산주의가 옳다', '자본주의가 옳다'라고 말하지 않는다. 이에 대하여는 역사적 원인뿐 아니라 신학적 원인도 작용한다. 하나님이 만물의 주인이시라는 것이 재물에 대한 성경의 입장이다. 성경적 관점에서는 개인이 아니라 정부라도 재물을 소유할 권리가 없다. 우리는 모두 하나님의 재물을 관리하는 청지기일 뿐이다. 하나님은 그분의 뜻에 따라 재물을 사용하실 수 있다. 그렇다면 우리는 이 하나님의 뜻을 좇아 살아가고 있는가?

자본주의의 철학은 "내게 있는 것은 내 것이고 이것을 나누면 나는 자비로운 사람"이다. 또한 "네게 있는 것은 우리 것이기에 모두 압수하여 공동재산으로 사용해야 한다"는 것이 공산주의 철학이다. 물론 이 두 가지 철학적 접근법 모두 성경적 관점에 근거하지 않는다. 그리스도인들은 하나님이 맡기신 재물을 잘 관리하는 방법을 배우려는 지속적 노력이 필요하다. 우리는 늘 이렇게 물어야 한다. '하나님, 이것을 어떻게 사용하기를 원하십니까? 왜 이것을 제게 허락하셨습니까?' 건강과 부의 복음을 전하는 자들은 "나를 축복하소서"라고 말하기만 하면 대부분의 경우 모든 것이 해결된다고 믿는다. 그러나 사실 바울이 지적한 것처럼 하나님이 우리를 축복하시는 것은 다른 사람들에게 복의 통로가 되길 원하시기 때문이다. 이것이 바로 하나님이 우리에게 재물을 주신 이유를 끊임없이 찾아야 하는 이유이다. 하나님이 주신 은혜에 감사하는 것만으로는 충분하지 않다. 우리에게는 받은 선물의 목적과 기능에 대하여 계속 질문해야 할 책임이 있다.

성경적 관점에서 자본주의(자유시장 자본주의까지도)가 심각한 문제를 가지고 있다는 사실을 분명하게 인정해야 한다. 자본주의의 초점은 오로지 이윤을 창출하고 새로운 제품을 구입함으로써 얻게 되는 경제 성장에만 맞춰져 있다. 그것은 보다 저렴한 상품에 대한 집착으로 이어진다. 대부분의 상품을 저렴한 비용에 외주 제작하기 때문에 현지 산업과 회사들은 밀려날 수밖에 없다. 그러나 나는 이런 현실에 대하여 착잡한 마음을 가지지 않을 수 없다. 현재 우리는 세계적 규모의 경제 사회를 살고 있다. 우리가 상품을 구입하여 다른 나라 사람들의 삶의 수준이 향상된다면 그것은 좋은 일이기 때문이다. 그러나 21세기를 사는 우리는 세계적인 자본주의자에 그치지 말고 세계적인 그리스도인이 되어야 한다. 즉 우리에게는 이 세계의 안위, 특히 세계 곳곳에 흩어져 있는 그리스도인들을 돌아보아야 할 의무가 있다.

어쨌든 자본주의와 공산주의는 모두 악하다. 자본주의가 공산주의, 특히 마르크스 공산주의보다 조금 덜 악할 뿐이다. 나는 이전에 공산주의를 표방했던 나라들에서 가르치면서 공산주의가 그 국민에게 그 어떤 혜택도 가져다주지 못했음을 분명하게 깨달았다. 오히려 대부분의 국민에게 고질적인 가난만 안겨주었을 뿐이다. 문제는 자본주의냐, 공산주의냐가 아니다. 종교의 자유를 허락하는 것처럼 전자가 후자보다 조금 더 성경적인 정치 제도일 뿐이다. 보다 중요한 문제는 막강한 국가의 통제 아래 있는 마르크스주의 경제 구조이다. 왜 그토록 많은 성경학자가 마르크스주의의 분석 연구, 과정, 경제 이론 등이 다른 이론들보다 신약성경과 일치한다고 생각하는지 이해할 수가 없다. 로마와 노예를 근본으로 한 로마의 전체주의적 경제를 비판했던 밧모섬의 요한은 반기독교적 마르크스주의 정부들과 그들의 전체주의적, 중앙집권적 경제 제도 또한 비판할 것이다.

삶을 단순화하는 데 많은 시간을 할애한 지혜로운 노인들의 말에 귀를 기울이라. 성경의 지혜 문학은 참된 성경적 삶을 살기 위해서 오랫동안 고민해온 사람들을 찾아가라고 조언한다. 구약성경은 부도 가난도 구하지 말라고 가르친다. 또 신약성경은 자족할 줄 아는 경건함과 넉넉함의 신학이 우리의 삶을 지배해야 한다고 가르친다.

지혜는 우리의 영혼이 우리에게 있는 재물과 재물을 향한 태도에 영향을 받는다고 가르친다. 성경은 우리가 모두 부해지는 것이 하나님의 뜻이라고 가르치지 않는다. 솔직히 타락한 인간들은, 아무리 그리스도인들이라도 대부분 재물을 올바로 다루지 못한다. 재물은 그들의 뱃속뿐 아니라 머리와 마음까지 지배해버린다. 재물이 있으면 자신은 특별하고 일반인보다 훌륭하다는 착각에 굴복한다. 나아가 경건한 삶을 지키지 않으면 하나님이 이 모든 물질의 축복을 거두시리라는 그릇된 믿음에 사로잡힌다. 재물은 너무나 쉽게 망상으로 이어진다.

또한 지혜는 재물, 특히 과도한 재물이 하나님과의 관계에 방해가 된다고 가르친다. 실제로 성경은 소유를 향한 본능이 과도할 때 스스로 신이 되려하는 위험에 빠질 수 있다고 경고한다. 나는 소비자로서의 사고방식을 떨쳐내고 대신 단순한 삶을 선택한 그리스도인들로부터 많은 지혜를 얻었다.

나의 할아버지와 할머니는 평생을 단순하게 사셨다. 대공황 시절을 지내신 두 분에게 그 길이 외롭지만은 않았다. 두 분은 헌신된 그리스도인이었다. 가진 것이 없을 때에도 다른 사람들을 섬기신 분들이었다. 어머니는 할아버지가 소방서에서 일하시고 주당 20달러를 받던 시절, 가난하고 궁핍한 이웃에게 매주 6달러씩 주셨던 이야기를 들려주셨다. 그것이 전부가 아니었다. 할아버지는 천국의 그늘 밑에서 살던 분이셨다. 한번은 그에게 물었다. "할아버지, 왜 그렇게 고지식하게 사세요?" 나는 지금도 할아버지의 대답을 잊을 수 없다. "대충 살아버리기엔 천국은 너무 멋지고 지옥은 너무 뜨겁단다." 할아버지는 초대교회 교인들 같았다. 시대의 문화가 돈, 재물, 일, 보수에 대한 그의 생각에 영향을 미칠 수 없었다. 그는 이 세상이 전부가 아니며 이 생이 끝이 아니라는 사실을 분명히 알고 있었다. 그래서 영원의 그늘 밑에서, 하나님 나라를 경험하며 살 수 있었던 것이다. 그는 재물의 영향을 받지 않았고 꼭 필요하지 않은 물건을 사고픈 유혹에 굴복하는 법도 없었다. 할아버지는 교회뿐 아니라 많은 이웃에게도 헌신적으로 베풀었다. 그리고 92살이 되던 해 행복하고 경건했던 삶을 마치셨다. 그는 성경에 순종하여 평생을 살았다.

9. 희년을 선포하라: 빚을 탕감해주고 대가 없이 돈을 빌려주라

앞서 우리는 예수님이 희년의 선포로 하나님 나라의 도래를 알리셨음을 살펴보았다(눅 4장). 용서에 대한 예수님의 일반적인 가르침뿐 아니라 주기도문에서도 그 증거를 찾을 수 있다. 주기도문을 통해 예수님은 빚을 탕감해달라고 구하기 전에 자신에게 빚진 자들을 먼저 탕감해주라고 가르치신다. 물론 경우에 따라 빚을 갚기 위해 일하도록 내버려두는 것이 현명한 일일 수도 있다.

예를 들면 채무자가 무책임한 사람인 경우이다. 그러나 빚을 단번에 탕감해주어야 할 때도 있다. 채무자는 열심히 일하고 빚을 갚고자 노력하는데도 상황이 따라주지 않는 경우도 있기 때문이다. 이런 원리는 국가에도 적용되어야 한다. 서구 사회 또한 이 원리에 따라 제3세계 국가들의 빚을 조건 없이 탕감해주어야 한다.

이 원리는 돈을 빌려주는 문제에도 그대로 적용된다. 앞서 우리는 얼마나 많은 성경 기자가 이자를 받고 돈을 빌려주는 것에 대해 부정적인지 분명하게 살펴보았다. 그리스도인들 사이에서의 거래라면 말할 것도 없다. 거룩한 증인, 보다 나은 사람이 되기를 원하는가? 햄릿에 등장하는 셰익스피어의 충고는 무시하라. 이런 구절은 절대 성경에 등장하지 않는다.

> 돈을 빌리지도 빌려주지도 마라.
> 돈도 친구도 잃게 될 것이다.
> 돈을 빌리면 절약하는 마음이 무디어진다.
> 무엇보다 너 자신에게 진실해라.

오히려 우리는 다른 이들을 도와줄 기회를 찾아다녀야 한다. 그리고 그들을 위해 기꺼이 희생해야 한다. 돈을 빌려주는 것도 한 가지 방법이다. 빚을 탕감해주는 것은 그리스도의 한 몸으로서 관대함을 베푸는 또 다른 방법이다. 지금까지 살펴본 것처럼 성경은 주되 대가는 기대하지 말라고 가르친다. 준다는 것은 단순히 빌려주는 것과는 다르지 않은가?

신용카드는 모두 버려라. 미국은 신용을 남발하는 나라가 되어버렸다. 고이율의 신용카드들이 곳곳에 널려 있다. 정말로 삶을 단순화하기를 원하는가? 현금이나 직불카드로 그 자리에서 전액 결제하라. 신용카드 한 개 정도는 비상시를 위해 가지고 있어도 좋다. 그러나 재정 관리만 잘한다면 그것을 사용할 일은 거의 없을 것이다.

이 열 가지 목록들로부터 시작하라. 우리의 목적은 예수님과 초대교회 성도들처럼 베풀고 후히 나눠줄 수 있는 마음을 키워가는 것이다. 대가를 기대하지 말고 베풀라는 가르침은 상호주의라는 관례와 빌려준 만큼 다 받아내려는 사고방식에 대한 도전이다. 예수님은 거기에 그치지 않고 원수에게도 대가 없이 베풀라고 말씀하셨다. (최근에 보았던 범퍼 스티커가 생각난다. "원수를 사랑하라. 그가 당황할 것이다"라고 적혀 있었다.)

예수님과 신약성경은 돈, 재물, 희생적인 구제, 일, 보수와 같은 문제들에 있어서 문화를 거스르며, 때로는 직관을 거스르는 하나님 나라의 윤리를 좇아 살라고 가르친다. 예수님은 당시 문화에 존재하던 돈과 재물에 대한 기본적인 믿음들을 인정하지 않으셨다. 오히려 끊임없이 그 믿음들에 이의를 제기하셨다. 우리도 그렇게 해야만 한다.

Jesus
and
Money

부록

그리스도인들이 가지고 있는 돈에 대한 10가지 근거 없는 믿음

1. 하나님만 믿으라. "네 마음의 모든 소원을" 이루어주실 것이다.

인용된 성경구절은 사실 이것이다. "여호와를 기뻐하라 그가 네 마음의 소원을 네게 이루어주시리로다 네 길을 여호와께 맡기라 그를 의지하면 그가 이루시고"(시 37:4~5). 이 말씀은 경제적 번영과 아무 관련이 없다. 여기서 '마음의 소원'이란 하나님을 가리킨다. 〈시편〉 기자에게 하나님을 기뻐할 때 얻는 축복이란 그분의 임재를 더 많이 경험하는 것이었다.

2. "먼저 그 나라를 구하라." 당신이 구하는 모든 것을 얻을 것이다.

이 믿음 또한 성경 본문을 전혀 잘못 해석한 결과다. 예수님이 마태복음 6장 25~34장에서 말씀하신 것은 음식이나 옷처럼 살아가는 데 기본적으로 필요한 것들이다. 예수님은 제자들에게 그 기본적인 필요들로 인해 염려하지 말라고 하셨다. 우리에게 그 모든 것이 필요하다는 것을 하나님이 다 알고 계시기 때문이다. 염려 대신 그 나라를 구하면 그분이 모든 필요를 더하실 것이다. 본문에서 예수님은 부나 재물의 축복에 대해 한 마디도 언급하지 않으셨다. 살아가기 위해 기본적으로 있어야 할 먹을 것, 마실 것, 입을 것을 가리키셨을 뿐이다.

3. 성경에는 "구하라 그리하면 너희에게 주실 것이요"라고 기록되어 있다. 그러므로 십일조를 드려라. 당신이 드린 것보다 훨씬 더 많은 것으로 축복하실 것이다. 이 본문 또한 빵이나 생선처럼 기본적인 필요를 구하라는 권고이다. 예수님은 우리가 그런 것들을 구하기만 하면 하나님이 능히 채워주실 수 있다고 말씀하신다. 하나님은 삶의 기본적인 필요들에 대하여 그분을 구하고 의지하는 자들에게 복주시기를 기뻐하신다. 하나님은 그 필요들을 무한히 채워주실 수 있다. 이런 관점으로 "너희가 얻지 못함은 구하지 아니하기 때문이요"를 해석한다면 진리에 이르게 된다. 이런 말씀들은 보상이나 하나님과의 상호 관계와는 아무 관련이 없다. 하나님이 주시는 복이 늘 물질적인 것을 가리키는 것은 아니다. 하나님과 우리 사이에 일종의 채권 채무 관계가 성립되어 우리가 하나님께 X를 드렸으니 하나님은 우리에게 Y를 주어야 할 의무가 있다고 생각한다면 그야말로 오산이다. 하나님의 선물은 은혜로 거저 주시는 것이다. 상호주의라는 그릇된 신학과는 아무 관련이 없다.

4. 전심으로 구하라, 아니면 오랫동안 뜨겁게 기도하라. 그러면 얻을 수 있을 것
   이다.

기도가 하나님이 도와주실 수밖에 없도록 만드는 무기라고 말하는 것인가? 이
것은 하나님과 우리 그 어느 쪽에서 보아도 그릇된 믿음이다. 첫째, 우리에게는
하나님께 거절할 수 없는 제안을 할 권리가 없다. 아무리 간절히 또 정중히 구
해도 이 사실은 변하지 않는다. 우리가 구하는 것들의 대부분이 우리에게 반드
시 필요한 것도, 우리의 영적 성숙에 유익이 되는 것도 아니기 때문이다. 둘째,
하나님은 이미 약속하신 것만 행하실 의무가 있다. 그것도 그 약속에 들어가는
조건에 따라 결정된다. 하나님은 "내 백성이 그들의 악한 길에서 떠나 스스로
낮추고 기도하여 내 얼굴을 찾으면…"이라는 조건이 붙은 약속을 하셨다. 우리
가 이 조건을 지키지 않는다면 하나님도 약속을 지키실 의무가 없다.

5. 돈은 모든 악의 뿌리이기 때문에 "부정한 돈" 혹은 "불의한 재물"이라고 불린
   다. 따라서 그리스도인들은 돈을 벌지 않는 편이 낫다. 돈은 기껏해야 필요악일
   뿐이다.

사실 바울은 돈을 사랑함이 모든 종류의 악의 뿌리라고 말하고 있다. 즉, 바울
이 책망한 것은 돈을 향한 마음의 태도, 즉 탐욕이라는 죄였다. 돈 자체는 교환
수단일 뿐이다. 하나님의 다른 창조물들과 마찬가지로 돈 자체는 악하지 않다.
그러나 성경은 타락한 인간들은 재물을 마음대로 사용하고픈 유혹에 빠질 수
밖에 없다고 경고한다. 그래서 예수님은 그런 것들을 가리켜 "불의한 재물"이
라 부르셨던 것이다. 예수님의 말씀대로라면 우리 모두는 돈이라는 존재를 아

주 조심스럽게 다뤄야 한다. 왜 더 많은 돈을 원하고 이것저것 사고 싶어 하는지 그 배경과 이유를 고민해야 할 필요가 있다.

6. 성경을 하나님의 말씀으로 믿는 자들끼리 이자를 받고 돈을 빌려주는 것은 큰 문제가 되지 않는다.

성경에는 믿는 자들끼리 돈이나 재물을 빌려주고 이자를 받는 행위에 대한 비난이 많이 기록되어 있다. 믿지 않는 자들에게 이자를 받는 것을 피하라는 말씀은 없다. 그러나 전반적으로 구약성경은 이 문제에 대하여 공동체의 일원이라면 나그네라 할지라도 이자를 받지 말라고 가르친다. 적어도 이자를 받지 못하도록 막으라고 권고한다. 여기서 우리는 주제를 조금 바꾸어 투기나 높은 이자율로 돈을 투자하는 행위에 대해 살펴볼 필요가 있다. 그리스도인이 주식 시장에 뛰어들어 싼값에 사서 비싸게 파는 것이 과연 옳은 일인가? 성경은 직접적으로 말해주지 않는다. 고대에는 주식 시장이라는 것이 없었기 때문이다. 그러나 전체적인 성경의 가르침에 따르면 노동과 보수의 관계, 즉 정직한 하루의 노동과 정직한 하루의 보수의 관계를 깨뜨리는 것은 옳다고 볼 수 없다. 대부분의 경우 투기란 아주 적은 노력이나 시간, 돈, 기술을 들여 엄청난 대가를 얻기 위한 것이지 않는가. 이는 성경 곳곳에서 가르치는 노동의 윤리에 위배된다.[1]

7. 솔로몬을 비롯한 구약성경의 여러 인물들이 증거하듯이, 하나님은 그리스도인들이 부유하게 사는 것을 싫어하지 않으신다.

우선 그리스도인들은 옛 언약 아래 있지 않다. 그리고 신약성경은 물질적인 부분에 있어서 더 엄격하고 높은 수준의 경건한 삶을 요구한다. 또한 〈잠언〉을 포함한 구약성경은 곳곳에서 솔로몬과 같은 왕들을 비난한다. 그들은 재물과 부를 소유했던 고대 근동의 황제들과 왕들을 겨우 흉내 냈을 뿐이다. 즉, 이 믿음은 거짓이다.

8. 축복이 어디로부터 오는지 늘 기억하고, 하나님을 향한 감사의 태도만 잃지 마라. 분명한 도덕적 경계만 지킨다면 원하는 대로 돈을 사용해도 좋다(예를 들면 성적으로 부도덕한 일에는 절대 돈을 허비하면 안 된다).

근본적으로 잘못된 믿음이다. 우리가 가진 모든 재물은 물론 하나님으로부터 말미암은 것이다. 그래서 우리는 더욱 그것을 하나님의 것으로 인정하고 '내게 맡기신 이 재물을 어떻게 사용해야 하나님이 기뻐하실까?'에 대하여 고민해야 한다. 이것이 바로 무분별한 사치나 화려한 삶에 빠져서 가난한 자들과 과부와 고아의 것을 빼앗는 그리스도인들을 야고보가 책망한 이유이다.

9. 믿음으로 구원받았으니 우리 돈을 가지고 무엇을 하든 상관없다.

이 또한 그릇된 믿음이다. 믿음으로 구원받았으니 그 이후의 행위에 대해서는 일절 책임질 필요가 없다는 믿음과 맥락을 같이 한다. 이런 믿음은 고린도후서 5장 말씀을 부인하는 것이다. 고린도후서 5장은 우리 모두가 그리스도의 심판대 앞에 서서 그동안 행한 모든 일을 고해야 한다고 말한다. 양과 염소의 비유는 더 분명하다. 예수님은 제자들에게 그분이 옥에 갇혔을 때 돌보지 않은 죄, 주릴 때 먹이지 않은 죄 등을 물으신다. 그리고 이렇게 말씀하신다. "이 지극히 작은 자 하나에게 하지 아니한 것이 곧 내게 하지 아니한 것이니라." 예수님은 가난하고 궁핍한 자들과 자신을 동일시하셨다. 그리고 우리도 그렇게 하기를 원하신다.

10. 십일조를 드리는가? 나머지 90%는 맘대로 사용해도 좋다.

첫째, 희생적인 나눔이 우리의 일상이 되어야 한다. 그러려면 십일조 이상을 드려야 할 때도 있다. 둘째, 남은 90%도 하나님의 것이다. 우리는 청지기일 뿐, 모두 하나님의 뜻에 따라 사용해야 한다.

결국 가장 지혜로운 삶이란 바울의 말처럼 자족할 줄 아는 경건의 신학을 마음에 새겨 순종하는 삶이다. 바울은 이것이 큰 이익이라고 말한다. 빌립보서 4장 11~13절은 이런 문제에 대한 탁월한 지침서다. 우리를 둘러싼 물질적 환경이 어떠하든지 21세기를 사는 그리스도인들로서 자족을 배우겠는가? 아니면 전혀 필요하지도 않은 물건들을 사라고 속삭이는 광고에 굴복하겠는가? 바울은 어떠한 형편에서도 자족하는 법을 배웠다고 말한다. 풍부에 처하든 궁핍에 처하든 자족할 줄 아는 비밀을 배울 준비가 되었는가? 우리 모두가 이 자족의 비밀을 깨닫게 되기를 기도한다.

돈의 사용－존 웨슬리

이어지는 글은 그리스도인이 어떻게 돈을 사용해야 하는가를 다룬 18세기 가장 뛰어난 설교문 중 하나이다. 존 웨슬리는 ('믿음을 통한 칭의'라는 유명한 설교를 제외하면) 이 설교를 가장 많이 전했다. 그가 이 설교를 하던 18세기 후반에는 근면하고 절약정신이 투철했던 감리교인들이 막 부를 쌓아가고 있었다. 웨슬리는 어머니와 청교도에 관한 서적들을 통해 청교도 정신을 물려받았다. 그러나 이 설교문에서는 재물에 관련된 내용만 다루고 있다. 특히 설교의 세 번째 주제, "최대한 많이 주라"에서는 십일조 이상을 요구하기도 한다.

웨슬리는 자신의 신념을 좇아 살았다. 그는 죽기 전 대부분의 재산을 나누어주었고 평생을 검소하게 살았다. 고아원을 짓는 일에서부터 아메리카 대륙에 선교사를 파송하는 일까지 다양한 하나님의 일에 재물을 사용했다. 이것은 그 어느 때

보다 바로 지금, 북아메리카 교회들에게 적합하고 또 필요한 설교문이다. 여기 제공된 설교문은 원판의 라틴어 인용구가 그대로 들어가 있는 옛 잭슨 판(1872)이다. 따라서 저작권의 제한을 받지 않는다.

돈의 사용

> 내가 너희에게 말하노니 불의의 재물로 친구를 사귀라 그리하면 그 재물이 없어질 때에 그들이 너희를 영주할 처소로 영접하리라(눅 16:9).

1. 우리 주님은 '탕자의 비유'라는 아름다운 이야기에 이어 다른 이야기를 또 들려주신다. 전자는 세리와 죄인들과 함께 계신 주님을 비난하는 자들을 향한 이야기였다면 후자는 하나님의 자녀들을 위한 이야기였다. "또한 제자들에게 이르시되"라는 구절로 보아 이야기는 바리새인과 서기관들을 위한 것이 아니었다. "어떤 부자에게 청지기가 있는데 그가 주인의 소유를 낭비한다는 말이 그 주인에게 들린지라 주인이 그를 불러 이르되 내가 네게 대하여 들은 이 말이 어찌 됨이냐 네가 보던 일을 셈하라 청지기 직무를 계속하지 못하리라 하니"(눅 16:1~2). 주님은 청지기가 장래에 찾아올 궁핍에 대비한 방법을 말씀하신다. 청지기가 때에 알맞은 사전 대책을 세웠기에 "주인은 이 옳지 않은 청지기를 칭찬하였다." 그리고 주님은 중요한 메시지를 전하신다. "이 세대의 아들들이 자기 시대에 있어서는 빛의 아들들보다 더 지혜로움이니라"(눅 16:8). 이 세상만을 구하는 자들이 "빛의 아들들", 곧 예수 그리스도의 얼굴에서 하나님 아버지의 영광의 빛을 보는 자

들보다 "더 지혜롭다"는 것이다(절대 그렇지 않다. 그들은 그야말로 어리석은 자들이며 하늘 아래 가장 지독한 광인들일 뿐이다. 그러나 "자기 세대에 있어서는" 나름대로 일관성을 지키고 일반적인 원칙들에 충실하며 꾸준히 자신의 목표를 추구한다). 그리고 이어지는 말씀이 위에 인용된 구절이다.

"내가"–우리가 "청지기 직무를 계속하지 못할 때" 하나님의 독생자, 만물의 창조자, 주님, 하늘과 땅과 그 안에 있는 만물의 주인이자 심판자이신 그분께 "청지기의 일을 셈해야 할" 것이다. "너희에게 말하노니"–'너희'에는 불의한 청지기도 포함된다. "불의의 재물로"–지혜롭고도 때에 적절한 대책을 세워 "친구를 사귀라"–재물(맘몬)은 돈이나 부를 의미한다. 맘몬은 주로 불의한 방법을 통해 얻어지고 정당한 방법으로 얻었다 할지라도 불의한 곳에 사용하는 경우가 많기 때문에 "불의한 재물"이라 일컫는 것이다. 가능한 한 선한 일을 많이 하여 특히 하나님의 아들들과 "친구를 사귀라"는 것이다. "그리하면 그 재물이 없어질 때에"–빈털터리가 되었을 때, 해 아래 갈 곳이 없을 때 그들이 맞이하여 "너희를 영주할 처소로 영접하리라."

2. 여기서 우리 주님은 제자들에게 예수님의 큰 지혜, 즉 돈을 바르게 사용하는 방법을 가르쳐주셨다. 세상에 속한 많은 사람이 이야기하지만 정작 하나님이 택하신 사람들은 깊이 고민하지 않는 문제이다. 그것이 매우 중요한 주제임에도 불구하고 그들은 그 훌륭한 달란트를 어떻게 사용해야 할지 논의하지 않는다. 어떻게 사용해야 가장 큰 유익을 얻을 수 있는지도 이해하지 못한다. 세상이 알고 있

는 것은 하나님의 지혜롭고 은혜로운 큰 섭리의 단면일 뿐이다. 또한 세상이 타락하고 도덕이 사라지고 인간 사회가 썩어가면서 돈을 비난하는 것이 거의 모든 시대와 모든 나라의 시인과 연설가, 철학자의 일이 되어버렸다. 그래서 우리는 다음과 같은 말들에 매우 익숙하다.

금은 날카로운 칼보다 훨씬 해롭다.

그러고 나서 비탄에 찬 불평으로 이어진다.

부를 좇는 것은 온갖 악을 부추기는 일이다.

또한 한 유명한 작가는 모든 악을 단번에 없애고 싶으면 "가진 모든 돈을 바다에 던지라"고 심각하게 권고하였다.

그러나 이 모든 말이 공허하지 않은가? 이러한 말들 속에 어떤 분명한 근거가 있는가? 절대 그렇지 않다. 세상이 타락한 것이 금과 은 때문인가? 우리는 돈을 사랑함이 "일만 악의 뿌리"라는 말씀을 알고 있다. 그러나 돈 자체가 악한 것은 아니다. 문제는 돈이 아니라 그것을 사용하는 사람들이다. 돈을 그릇 사용하는 것이 문제이다. 그러나 돈을 잘 사용할 수도 있다. 돈을 악하게 사용할 수 있는 것처럼 선하게 사용할 수도 있다. 모든 문명국가에서 돈은 삶을 유지하는 데 큰 역할을 한다. (예수님이 가르쳐주신 지혜대로 사용하기만 한다면) 돈은 모든 종류의 상업 거래에서, 모든 선한 일을 하는 데 있어서 가장 유용한 도구가 될 수 있다. 만일 인간에게 죄가 없거나 모든 사람이 '성령 충만'하다면, 즉 '자기 재물을 조금이라도 자기 것이라 하는 이가 하나도 없고' 오히려 '각 사람의 필요에 따라 나눠주는' 예루살렘의 초대교회와 같다면 돈은 더 이상 사용되지 않을 것이다. 천국에서 돈이 통용되는 것은 상상할 수 없기 때문이다. 따라서 인간이 현재 상태에서는 돈을 가장 고귀한 목적에 사용하는 것이야말로 하나님의 놀라운 선물이다. 하나님의 자녀들에게 맡겨진 돈은 배고픈 자들에게 양식이, 목마른 자들에게는 마실 것이, 헐벗은 자들에게는 옷이, 여행자들이나 이방인들에게는 머리 둘 곳이 된다. 과부들에게는 남편과 같은, 고아들에게는 아버지 같은 존재가 된다. 그 돈을 가지고 억눌린 자들을 보호해주고 병든 자들에게 건강을, 고통 가운데 있는 자들을 위로해줄 수 있다. 눈먼 자들에게는 눈이 되어주고 절름발이에게는 발이 되어주고 죽음의 문에 다다른 자들을 구원해줄 수도 있다.

3. 따라서 하나님을 경외하는 자들이라면 응당 이 소중한 달란트를 어떻게 사용해야 하는지, 어떻게 하나님의 영광스러운 뜻에 순종해야 하는지, 가장 좋은 방법으로 사용해야 하는지를 고민해야 한다. 그 모든 지침을 세 가지로 요약할 수 있다. 이것들을 잘 지킨다면 우리는 '불의한 재물'을 잘 관리하는 신실한 청지기가 될 수 있다.

|

1. 첫째, "최대한 많이 벌어라"이다(귀 있는 자는 들을지어다). 아마 세상 사람들도 이와 똑같이 말할 것이다. 우리는 동일한 환경에서 그들을 만나며 이렇게 하는

것이 우리의 의무이다. 하지만 될 수 있는 대로 많이 벌되 너무 고가에, 혹은 헐값에 거래해서는 안 된다. 생명을 희생시켜가면서, 혹은 (사실 똑같은 말이지만) 건강을 해치면서까지 돈을 벌어서도 안 된다. 따라서 아무리 큰돈을 번다고 해도 너무 고되거나 장시간의 노동이 필요해 건강에 무리가 되는 직업이라면 아예 시작하지도, 지속하지도 말아야 한다. 기본적으로 신체에 필요한 밥 먹고 잠자는 시간까지 침범하는 일은 시작하지도, 계속하지도 마라. 여기 큰 차이가 있다. 직업 중에는 비소나 다른 유해한 무기물들을 취급하는 일, 혹은 납이 용해된 공기를 마셔야 하는 일 등 건강에 큰 해를 끼치는 일도 있다. 그러한 일들은 서서히 건강한 신체를 파괴시킨다. 모든 사람이 그런 것은 아니지만 허약한 사람들에게는 치명적이다. 오랜 시간 글을 쓰는 사람들도 마찬가지다. 오랜 시간 앉아서 글을 쓰다 보면 위에 부담이 가게 되고 불편한 자세가 지속될 수밖에 없다. 이유야 어찌되었든 건강이나 체력에 해가 된다면 피해야 한다. "목숨이 음식보다 중하며 몸이 의복보다 중하기" 때문이다. 지금 그런 일을 하고 있다면 최대한 빨리 직업을 바꿔야 한다. 수입은 줄어들지 몰라도 건강은 지킬 수 있을 것이다.

2. 둘째, 신체뿐 아니라 마음이 상하지 않는 범위 내에서 많이 벌어야 한다. 그 어느 쪽도 상해서는 안 된다. 우리는 어떤 경우에도 건강한 마음의 영혼을 지켜야 한다. 바로 이 때문에 하나님의 법이나 국가의 법에 위반되는 거래에 절대 관여하지 말아야 한다. 그러한 일들은 하나같이 법이 인정하는 왕의 세를 훔치거나 사취하는 일로 이어진다. 친구의 재물을 훔치는 것이 죄인 것처럼 왕의 권리를 빼앗는 것도 죄이기 때문이다. 우리가 집과 옷을 가질 권리가 있는 것처럼 왕도 세에 대

한 충분한 권리가 있다. 직업 그 자체는 죄가 없을지 몰라도 적어도 지금, 이 영국에서는 그렇지 못한 직업들도 있다. 예를 들어 속임수나 거짓말 없이는 수익을 올릴 수가 없고 양심을 거스르는 일일지라도 관례를 따라야만 하는 경우가 있다. 그런 관례를 따라야만 수익을 올릴 수 있다면 그런 직업은 피해야 한다. 돈을 얻기 위해 영혼을 잃어버릴 수는 없기 때문이다. 몸도 마음도 상하지 않고 하나님 앞에 죄를 짓지 않으면서도 돈을 벌 수 있는 사람들이 있을지도 모른다. 그러나 당신은 그렇게 할 수 없을 것이다. 당신의 영혼을 상하게 하는 회사와 연관될 수도 있다. 많은 경험을 하다 보면 그런 회사들로부터 완전히 자유로울 수 없다는 사실을 알게 된다. 어쩌면 (많은 사람이 신체에 기이한 특징이 있는 것처럼) 당신의 영혼에도 특이한 부분이 있을 수 있다. 그래서 다른 사람들은 쉽게 하는 일도 당신에게는 치명적일 수 있다. 나는 아직까지 살면서 무신론자나 이신론자가 되지 않는 한 수학, 산수, 대수 등을 완벽하게 연구할 수 없다는 사실을 알게 되었다. 물론 평생 그런 학문들을 공부하면서도 아무런 불편을 느끼지 못하는 사람들도 있다. 따라서 결정은 타인이 내려줄 수 없다. 모든 사람이 스스로 판단하여 자신의 영혼에 해가 되는 것은 단호히 끊을 수 있어야 한다.

3. 셋째, 이웃에게 해가 되지 않는 범위 내에서 많이 벌어야 한다. 이웃을 사랑하지 않는 한 이 법칙을 따를 수 없을 것이다. 이웃을 나 자신처럼 사랑한다면 그가 가진 재물에 해를 입힐 수 없다. 도박이나 (의약품, 법조문에 대한) 무리한 청구서, 혹은 국법이 금한 이윤을 요구하거나 갈취하여 토지나 가옥을 빼앗아서는 안 된다. 따라서 전당포업은 사라져야 한다. 그런 사업으로 그 어떤 선한 것이 창출

된다 할지라도 공정한 사람이라면 누구나 악으로 기운 사업의 실체를 볼 수 있다. 설사 그렇지 않다 할지라도 하나님은 '선을 위해 악을 행하는 일'을 금하신다. 형제를 사랑한다면 시세보다 낮게 팔아서도 안 되고 이웃의 사업이 망하기를 꾀해서도 안 된다. 자신의 유익을 위해 이웃에게 필요한 노동자나 고용인들을 꾀어내어 자기 사람으로 만들어서도 안 된다. 이웃의 가산을 집어삼켜 돈을 번 사람들은 반드시 지옥의 저주를 맛보게 될 것이다.

4. 돈을 벌기 위해 이웃의 육체를 상하게 해서도 안 된다. 건강에 해가 될 수 있는 물건은 판매하지 말아야 한다. 즉 위스키나 화주(火酒)라 불리는 독한 술 등이다. 이런 술들이 약물의 기능을 하는 것이 사실이다. 의사가 있다면 그것을 사용할 일은 거의 없겠지만 꼭 필요하다면 반드시 신체에 이상이 있을 때만 사용해야 한다. 그런 목적을 위해서만 물건을 준비하고 판매한다면 깨끗한 양심을 지킬 수 있을 것이다. 그러나 과연 그런 사람들이 있는가? 그런 목적을 위해서만 물건을 사고파는 사람들이 있는가? 당신은 단 열 명이라도 영국에서 그런 목적으로 주류를 판매하는 사람을 알고 있는가? 알고 있다면 용서하라. 그러나 주류를 사는 사람들, 파는 사람들은 대부분 독살범이다. 그들은 왕의 신하들을 도매로 살해한다. 그 어떤 긍휼도 귀중히 여기는 마음도 없이 그들을 양 떼처럼 지옥으로 내몬다. 그래서 그들이 얻는 것이 무엇인가? 그들의 피 외에 더 무엇이 있겠는가? 그 누가 그들의 호사스러운 집과 궁궐을 부러워하겠는가? 그들 가운데 저주가 임했다. 하나님의 저주가 그들의 집에 있는 돌과 목재, 가구를 쪼갤 것이다. 하나님의 저주가 그들의 정원, 산책길, 숲에 임할 것이다. 그 저주가 지옥 끝까지 태우는 불과 같을 것

이다. 피가 넘쳐날 것이다. 주춧돌과 마루, 벽과 지붕까지 피로 흥건할 것이다. "자색 옷과 고운 베옷을 입고 날마다 호화롭게 즐긴다" 한들 당신이 피의 사람이라면 무슨 소용이 있겠는가? 후손에게 그 피밭을 물려주기를 바라겠는가? 그렇지 않다. 하늘에 하나님이 계시기 때문이다. 그 이름이 뿌리째 뽑힐 것이다. 당신이 파멸시킨 사람들의 육체와 영혼처럼 "당신의 비석도 당신과 함께 사라질 것이다."

5. 그만큼 심각하지는 않지만 사람의 생명이나 건강을 책임지는 외과 의사, 약사, 내과 의사들 또한 수익 때문에 동일한 죄를 짓고 있지 않는가? 바로 치료할 수 있는 고통이나 질병도 일부러 방치하는 자들도 있지 않은가? 재물을 얻고자 환자의 치료를 늦추는 자들도 있지 않은가? 최대한 빨리 질병을 고치거나 질병과 고통을 조속히 치료하지 않은 자가 하나님 앞에 당당히 설 수 있겠는가? 절대 그럴 수 없다. 그들은 "자기 몸과 같이 이웃을 사랑하지" 않았으며 "남에게 대접을 받고자 하는 대로 남을 대접하지" 않았기 때문이다.

6. 이웃의 영혼을 상하게 하고 얻은 이익은 그 대가가 너무 크다. 직접적이든 간접적이든 부정하거나 무절제하게 행한 일들은 그 대가를 피할 수 없다. 하나님을 경외하는 자들, 진정으로 하나님을 기쁘시게 하기를 원하는 자들은 그런 일들을 할 수 없다. 여관이나 음식점, 오페라 하우스, 극장, 대중과 오락을 위한 장소에서 일하는 사람들이라면 모두 이 사실을 기억해야 한다. 그 일이 영혼에 유익이 된다면 하나님 앞에서 깨끗한 것이다. 그 직업 자체도 선하고 그로 인해 얻는 재물도 깨끗하다. 그러나 일 자체가 악하거나 그 일 때문에 다른 죄와 연관되어야 한다면

그것을 두려워하고 부정한 이윤을 창출하고 있음을 깨달아야 한다. 그날에 이르러 하나님이 이렇게 말씀하시는 일이 없어야 할 것이다. "이들은 불의함으로 인해 패망하였다. 그러나 그들의 피값은 너희들의 손에서 찾을 것이다."

7. 세속적인 직업을 가지고 있는 모든 사람은 이런 규칙과 제한 사항들을 잘 지키면서 될 수 있는 대로 많이 벌어라"는 돈에 대한 가장 중요한 예수님의 지혜를 좇아야 한다. 최대한 많이 벌되 정직하게 일하라. 최선을 다해 일하라. 시간을 허비하지 마라. 자신과 하나님과 사람과의 관계를 이해하면 버릴 것이 하나도 없다는 사실도 깨닫게 된다. 하나님이 당신에게 주신 특별한 소명을 발견하면 자신만을 위해 살 수 없다는 사실을 깨닫게 될 것이다. 어떤 직업이든 매일, 매 시간 해야 할 일들은 충분하다. 당신이 있는 그곳에서 최선을 다해 일할 때 어리석고 무익한 데 허비할 시간이 없어질 것이다. 그보다 훨씬 좋은 일, 당신에게 유익이 될 수 있는 일들은 얼마든지 있다. 무슨 일이든 온 힘을 다해서 하라. 최대한 빨리 하라. 일을 미루지 마라. 오늘 할 일을 내일로, 지금 할 일을 다음으로 미루지 마라. 오늘 할 수 있는 일을 내일로 미루지 마라. 졸거나 하품하면서 일하지도 마라. 온 힘을 다 쏟으라. 수고를 아끼지 마라. 도중에 그만두거나 대충 하지도 마라. 참고 노력해서 끝낼 수 있는 일을 중간에 포기하지 마라.

8. 하나님이 주신 지식과 지혜를 모두 사용하여 최대한 많이 벌어라. 놀랍게도 너무나 많은 사람이 그것들을 활용하지 못한 채 선조들의 그릇된 삶을 답습하고 있다. 하나님을 모르는 자들의 행위는 당신에게 유익을 줄 수 없다. 무슨 일이든

그리스도인들이 그들을 앞서지 못한다면 부끄러운 일이다. 어제보다 더 나은 오늘을 살려면 타인과 나 자신의 경험, 독서와 묵상을 통해 끊임없이 배워야 한다. 그렇게 배운 것을 실천에 옮기고 그 지식을 최대한 활용해야 한다.

||

1. 정직한 지혜와 불굴의 노력으로 부를 얻은 그리스도인들이 해야 할 두 번째 과제가 있다. "최대한 많이 저축하라." 그 소중한 달란트를 바다에 내던지지 마라. 그런 어리석은 행위는 하나님을 믿지 않는 철학자들의 몫이다. 돈을 어리석은 데에 허비하는 것은 그것을 바다에 내던지는 것과 다를 바 없다. 아주 적은 돈이라도 육신의 정욕과 안목의 정욕, 이생의 자랑을 충족시키는 데 허비하지 마라.

2. 소중한 달란트를 육신의 적용을 만족시키는 데 사용하지 마라. 즉 다양한 종류의 쾌락, 특히 입을 즐겁게 하는 데 사용하지 마라. 이것은 단지 폭식이나 과음만 의미하지 않는다. 이것들은 정직한 이방인들도 정죄한다. 그러나 미식주의처럼 보다 정규적이고 평판이 꽤 괜찮은 쾌락도 있다. 그것은 즉시 몸을 상하게 하지도 않고 (적어도 현저하게) 사고력을 저하시키지도 않는다. 그러나 (미식주의의 다른 효과를 지금 설명하려는 것은 아니지만) 상당한 지출 없이 그런 쾌락을 유지하기란 쉽지 않다. 당장 그 모든 지출을 끊어버려라. 멋과 화려함을 경멸하고 몸에 꼭 필요한 것들로 만족하라.

3. 화려하고 값비싼 옷이나 불필요한 장신구로 안목의 정욕을 만족시키는 데

소중한 달란트를 허비하지 마라. 사치스러운 가구와 값비싼 명화, 장식품과 책 등으로 집을 꾸미고 멋들어진 정원을 치장하는 데 돈을 허비하지 마라. 그것밖에 모르는 이웃들로 하여금 "죽은 자들로 그들의 죽은 자들을 장사하게 하라." 우리 주님은 말씀하신다. "그것이 네게 무슨 상관이냐? 너는 나를 따르라." 순종하기를 원하는가? 당신은 할 수 있다.

4. 사람의 존경과 칭찬을 받아 이생의 자랑을 충족하기 위해 돈을 낭비하지 마라. 이것은 보통 앞에서 언급한 동기들과 연관된다. 사람들은 단순히 식욕을 즐기거나 눈과 상상력을 만족시키기 위해 식사를 하고 옷과 가구를 사지 않는다. 그들은 소비를 통해 자신의 허영심을 채운다. 당신이 "자색 옷과 고운 베옷을 입고 날마다 호화롭게 즐긴다면" 사람들에게 좋은 평판을 얻을 수 있을 것이다. 많은 사람이 당신의 우아한 식도락과 관대함, 친절함을 칭찬할 것이다. 그러나 그들의 칭찬을 얻기 위해 너무 많은 대가를 치르지 마라. 하나님으로부터 말미암은 영광으로도 족하다.

5. 욕망이 충족될수록 욕망이 커진다는 사실을 알게 된다면 그 누가 이 모든 욕망을 충족하기 위해 지출하겠는가? 이보다 더 분명한 사실은 없다. 매일의 경험 속에서 인간이란 욕망이 충족되면 충족될수록 더 많은 것을 원한다는 사실을 배울 수 있다. 따라서 미각을 포함한 당신의 감각들을 즐겁게 하려고 지출하기 시작하면 너무나 많은 대가를 치러야 할 것이다. 눈을 즐겁게 하려고 돈을 쓰는 것은 커져가는 호기심, 손에 넣는 즉시 사라져버리는 쾌락에 대한 집착으로 돈을 허비

하는 것이다. 사람들이 갖고 싶어 하는 물건을 살 때는 더 큰 허영심에 사로잡힌다. 허영심과 쾌락, 호기심이라면 이미 충분히 경험하지 않았는가? 아직도 부족한가? 아직도 거기에 돈을 허비하기를 원하는가? 그것은 도대체 어디로부터 온 지혜인가? 말 그대로 바다에 돈을 내던지는 것이 오히려 더 낫지 않겠는가?

6. 왜 당신은 자기 자신보다 자녀들에게 값비싼 음식과 옷, 사치스러운 것들을 사주면서 돈을 낭비하는가? 왜 그들에게 우월감이나 탐욕, 허영심, 헛되고 해로운 욕망을 심어주는가? 그들은 그렇게 많은 것이 필요하지 않다. 이미 충분히 가지고 있다. 하나님은 그들에게 넉넉히 허락하셨다. 당신이 그들에게 그렇게 돈을 쓸 때 그들은 더 많은 유혹과 함정을 만나게 되고 더 큰 슬픔을 경험할 것이다.

7. 자녀들이 돈을 낭비하지 않도록 양육하라. 자녀들이 당신과 그들의 영혼을 걸고서라도 육신의 정욕, 안목의 정욕, 이생의 자랑을 만족시키는 데 당신의 재물을 허비할 거라고 생각하는가? 그렇다면 그들의 인생에 놓인 함정들을 치워주어야 한다. 몰록과 바알에게 당신의 아들딸을 바치지 마라. 그들을 긍휼히 여기라. 그들로 하여금 죄를 짓게 하는 것들을 제거하라. 그냥 내버려두면 결국 영영한 멸망의 구렁텅이에 빠질 것이다. 놀랍게도 수많은 부모는 자녀들에게 아무리 많이 물려주어도 충분치 않다고 믿고 있다. 자녀에게 화살과 불, 죽음을 물려주기를 원하는가? 어리석고 해로운 욕망, 우월감과 탐욕, 정욕, 허영심, 영영한 불을 물려주기를 원하는가? 한심하기 짝이 없다. 당신은 두려워할 것이 없는데 두려워하고 있는 것이다. 당신과 자녀들이 지옥에서 눈을 들게 될 때, '결코 죽지 않는 벌레'와

'결코 꺼지지 않는 불'을 영원히 소유할 수 있을 것이다.

8. "당신이 막대한 유산을 남기게 된다면 과연 어떻게 하겠는가?" 내가 그런 유산을 남길 수 있을지는 아직 모르겠다. 그러나 어떻게 해야 할지는 분명히 알고 있다. 나에게 나이가 적든 많든 돈의 가치를 이해하고 돈을 제대로 사용할 줄 아는 자녀가 있다면 대부분의 재산을 그에게 줄 것이다. 다른 자녀들에게는 늘 살아오던 대로 살 수 있을 만큼만 줄 것이다. "자녀들이 모두 돈을 사용할 줄 모른다면 어떻게 하겠는가?" 그런 경우에는 (물론 지키기 힘들겠지만) 각자에게 생활할 수 있을 만큼만 주고 나머지는 하나님의 영광을 위해 가장 최선이라고 여겨지는 곳에 맡길 것이다.

Ⅲ

1. 그러나 '최대한 많이 벌고 많이 저축했다'고 해서 다 끝난 것이 아니다. 이제 모두 끝났다고 생각하고 더 이상 앞으로 나아가지 않는다면 모든 것이 허사가 된다. 돈을 쌓아놓기만 한다면 그것은 저축이라 할 수 없다. 돈을 땅에 파묻어놓느니 오히려 바다에 던져버리는 것이 낫다. 금고나 영국 은행에 돈을 넣어두는 것은 땅 속에 파묻는 것과 다를 바 없다. 돈을 사용하지 않는 것은 사실상 돈을 버리는 것이다. 따라서 '불의의 재물로 친구를 사귀기' 원한다면 세 번째 법칙이 더해져야 한다. 최대한 많이 벌고 최대한 많이 저축했는가? 이제 "최대한 많이 주라."

2. 이 명령의 근거와 이유를 알고 싶다면 하늘과 땅의 주인이신 하나님이 당신

을 만드셨고 이 땅에 보내시되 주인이 아닌 청지기로 보내셨음을 기억하라. 하나님은 당신에게 다양한 재물을 잠시 맡기셨다. 그러나 그 소유권은 여전히 하나님에게 있고 그 사실은 절대 변하지 않는다. 당신 자신도 당신의 것이 아니라 하나님의 것이다. 당신의 영혼과 육체가 하나님께 속했으니 재물은 말할 것도 없다. 하나님은 우리가 그분을 위해 그것을 사용할 수 있다고 분명히 말씀하셨다. 단 예수 그리스도로 말미암아 용납된, 거룩한 재물이어야 한다. 또한 하나님은 그와 같이 쉽고 가벼운 일에 대하여 영원한 영광으로 갚아주신다고 약속하셨다.

3. 하나님은 세상의 재물을 사용하는 방법을 다음과 같이 알려주셨다. 충성스럽고 지혜로운 청지기가 되고 싶은가? 하나님이 당신의 손에 맡기셨으나 언제든 그분께 돌려드릴 수 있는 재물이 있는가? 그렇다면 첫째, 자신에게 사용하라. 음식과 의복 등 자신의 건강한 신체를 유지하기 위해 사용하라. 둘째, 아내와 자녀와 하인 등 가족 구성원에게 사용하라. 이렇게 사용하고 남는 것이 있으면 "믿음의 가정들에게 착한 일을 하라." 그래도 남는 것이 있으면 "기회 있는 대로 모든 이에게 착한 일을 하라." 이것이 최대한 많이 주는 것이고 당신에게 있는 모든 것을 주는 것이다. 이것은 곧 하나님께 바치는 것이기 때문이다. 가난한 사람들뿐 아니라 자신과 가족에게 꼭 필요한 것들을 공급하는 것은 '하나님의 것을 하나님께 돌려드리는 것'이다.

4. 자신과 가족에게 돈을 사용하는 부분에 대해 의문이 남아 있는가? 그 의문은 쉽게 해결될 수 있다. 조용히, 그리고 진지하게 생각해보라.

(1) 나는 본분에 맞게 소비하는가? 소유자가 아닌 청지기로서 주님의 재물을 관리하고 있는가?

(2) 하나님의 말씀에 순종하여 소비하는가? 하나님은 어떤 성경 말씀을 통해 나에게 그것을 명하시는가?

(3) 나의 행동과 소비가 예수 그리스도로 말미암아 하나님께 드리는 희생제물이 될 수 있는가?

(4) 의인들이 부활하는 날, 나도 이 행위로 인해 상을 받을 수 있는가?

머릿속에 떠오르는 의심을 해결하려고 다른 방법을 시도할 필요가 없다. 이 네 가지 항목만 기억하라. 어디로 가야 할지 분명히 알 수 있을 것이다.

5. 아직도 의심이 남아 있는가? 위의 항목을 따라 자신을 점검하라. 마음에 정죄감이 없는지 살펴보고 마음을 감찰하시는 이에게 다음과 같이 기도하라.

"주님, 주님은 제가 음식과 옷, 가구를 사는 데 이 돈을 사용한다는 것을 아십니다. 또한 제가 주님의 재물을 맡은 청지기로서 주님의 뜻에 따라 돈을 사용한다는 것을 아십니다. 주님이 명령하셨기에 그 명령에 순종하여 이렇게 행한다는 사실도 아십니다. 이것이 예수 그리스도로 말미암아 하나님이 용납하실 만한 거룩한 희생제물이 되기를 간절히 원합니다. 주님께서 행위를 좇아 모든 사람에게 갚아주시는 그날, 저도 이 사랑의 행위에 대한 상을 받으리라는 증거를 주시옵소서."

성령께서 이 기도가 하나님을 기쁘시게 한다는 증거를 주셨는가? 그렇다면 그 돈의 사용이 바르고 선한 것인지, 그것으로 인해 수치를 당하게 되지는 않을지 더 이상 의심하지 마라.

6. 이제 당신은 "불의한 재물로 친구를 사귀라"는 말씀의 의미를 알게 되었다. 또한 "그 재물이 없어질 때에 그들이 너희를 영주할 처소로 영접하리라"는 말씀이 어떻게 성취되는지도 이해하게 되었다. 하나님이 주신 놀라운 달란트, 돈이라는 물질에 대하여 참된 그리스도인들이 지녀야 할 태도의 본질과 범위도 알게 되었다. 최대한 많이 벌어라. 단 자신과 이웃의 영혼과 육체를 해하지 않는 범위 내에서 벌어야 한다. 또한 끊임없이 노력하고 하나님이 당신에게 주신 지혜를 잘 활용하여 벌어야 한다. 최대한 많이 저축하라. 어리석은 욕망에 돈을 허비하지 마라. 즉 육신의 정욕, 안목의 정욕, 이생의 자랑을 만족시키려고 낭비하지 마라. 살든지 죽든지 죄와 어리석은 일에 낭비하지 마라. 자신뿐만 아니라 자녀들에게도 돈을 허비하지 마라. 최대한 많이 주어라. 즉, 당신이 가진 모든 것을 하나님께 바치라. 유대인처럼 이것저것 쪼개어 인색하게 주지 마라. 당신은 그리스도인이다. 소득의 십 분의 일, 삼 분의 일, 절반이 아닌 "그 전부를 하나님께 바치라." 모두 하나님의 것이기 때문이다. 그것은 곧 자신과 가족, 믿음의 가정과 모든 사람에게 주는 것이다. 당신이 청지기직을 마치는 그날, 하나님이 상 주실 것이다. 하나님이 일반적인 혹은 특별한 방법으로 알려주신 방법으로 주라. 당신의 모든 행위가 하나님 앞에서 '향기로운 제물'이 되도록 하라. 예수님이 모든 성도와 함께 오시는 그날, 그 모든 행위를 갚아주실 것이다.

7. 형제들이여! 주님의 재물을 이렇게 관리하지 않으면서 지혜롭고 충직한 청지기가 될 수 있겠는가? 그럴 수 없다. 하나님의 말씀뿐 아니라 우리의 양심이 증거한다. 그렇다면 왜 지체하는가? 왜 아직도 혈육이나 세상 사람들과 고민하고 있는가? 우리의 나라, 우리의 지혜는 이 세상에 속한 것이 아니다. 이방인들의 관습은 우리에게 아무 의미가 없다. 우리는 그리스도의 제자가 아닌 그들의 관습을 따를 수 없다. 오늘, 바로 지금 그분의 음성을 듣고 순종하라. 이 시간부터 그분의 뜻을 따르라. 그분의 모든 말씀에 순복하라. 주 예수의 이름으로 간청하기는 당신의 부르심의 위엄을 좇아 행하라. 게으름을 버리라. 하나님이 맡기신 모든 일에 온 힘을 다하라. 더 이상 낭비하지 마라. 유행과 변화, 혈육의 요구에 허비하지 마라. 탐욕을 버리라. 하나님이 맡기신 재물을 믿음의 가정과 모든 사람에게 착한 일을 하는 데 사용하라. 의인들은 이 지혜가 반드시 필요하다. 당신 자신뿐 아니라 당신에게 있는 모든 것을 독생자를 주신 하나님께 영적 희생제물로 드려라. 그리하여 "장래에 자기를 위하여 좋은 터를 쌓아 참된 생명을 취하라!"

1. 루이스 캐럴의 《이상한 나라의 앨리스》에 등장하는 달걀 모양
   의 인물이다. 높은 담벼락 위에 앉아 있다가 떨어져 깨져버리
   는 그는 자만심과 권위 의식에 사로잡힌 인간을 대변한다. 루
   이스 캐럴은 금융 위기로 파탄으로 치닫는 세계 경제를 험프
   티 덤프티에 빗대어 풍자했다고 한다.
2. 손드라 E. 윌러, *Wealth and Peril as Obligation* (Grand
   Rapids: Eerdmans, 1995), p. 122.
3. *Ibid.*, pp. 124~125.
4. *Ibid.*, p. 125.
5. 지혜서를 다룬 본문을 참고하라, pp. 41~59.
6. 윌러, *Wealth and Peril*, pp. 128~129.
7. *Ibid.*, p. 130.

1. 웬델 베리, 〈Sabbaths 2005〉XⅡ. 이 시는 소책자나 자비출판
   서적을 통해 공개되었을 뿐 책을 통해 공식적으로 출판되지
   는 않았다. 이후 온라인을 통해 대중에게 공개되었다(http://
   shenandoah.wlu.edu/BerryPoems.pdf).
2. 폴 존슨, *A History of Jews* (New York: HarperCollins,
   1987), pp. 172~173에서 인용.
3. "Usury," Wikipedia, http://en.wikipedia.org/wiki/Usury
   (2009년 6월 13일 접속).

4. 이 주제에 대한 나의 글을 참고하라. 벤 위더링턴 3세, *The Letter to Philemon, the Colossians, and the Ephesians* (Grand Rapids: Eerdmans, 2007), pp. 87~90.

5. 이 주제를 신약까지 확장하여 연구한 훌륭한 책이 있다. 브라이언 로스너, *Greed as Idolatry: The Origin and Meaning of a Pauline Metaphor* (Grand Rapids: Eerdmans, 2007)를 참고하라.

CHAPTER 02
왕의 몸값

1. 더 상세한 정보는 벤 위더링턴 3세, *Jesus the Sage*, rev. ed. (Minneapolis: Fortress, 2000), pp. 3~116을 참고하라.

2. 로버트 고디스, 〈The Social Background of Wisdom Literature〉, *HUCA* 18(1944): pp. 77~118 중 p. 81~82 발췌.

3. 제임스 크렌쇼, *Old Testament Wisdom: An Introduction* (Louisville: Westminster/John Knox, 1981), p. 67.

4. '믿음의 말씀 신학'과 연관되는 경우도 있다.

5. 〈전도서〉의 기원과 발생에 대한 자세한 정보는 위더링턴, *Jesus the Sage*, pp. 52~54를 참고하라.

CHAPTER 03
예수님 시대의 돈

1. 오크먼, 〈Economics of Palestine〉, *Dictionary of New Testament Background*, ed. Craig A. Evans and Stanley E. Porter (Downers Grove, IL: InterVarsity, 2000), pp. 303~308 중 p. 303 인용. 오크먼이 이 분야에 있어서 전문가이니만큼, 3장의 이 부분에서는 기본적으로 그의 입장을 따랐다.

2. *Ibid.*, p. 304.

3. *Ibid.*

4. 에케하르트와 볼프강 스테게만, *The Jesus Movement: A*

Social History of Its First Century (Minneapolis: Fortress, 1999), p. 100.

5. 아래를 보라, pp. 143~150.

6. 요세푸스, *Jewish War* 3. pp. 41~45를 보라.

7. 스테게만과 스테게만, *Jesus Movement*, p. 105.

8. 그러나 토지가 헤롯의 세 아들에게 분배되고 결과적으로 세 개의 독립적인 지역이 된 후에는 경제적인 상황도 훨씬 복잡해졌다는 사실을 기억해야 한다. 예를 들어 이들이 각자 다른 화폐를 주조함에 따라 등가성의 문제가 발생하기도 했다.

9. 스테게만과 스테게만, *Jesus Movement*, p.112를 보라.

10. *Ibid.*

11. *m, Sehvi'it* 10:2~4

12. 성전세는 성전이 파괴된 주후 70년 폐지되었다. 그리고 보다 혐오스러운 유대인 세금제(fiscus Dudaicus), 혹은 로마세로 대체되었다. 로마세는 정복당한 민족들에게 그들의 패배는 유피테르 옵티무스 막시무스의 성전에 속했음을 보여주기 위해 부과한 매우 악명 높은 세금이었다. 3세에서 62세에 이르는 모든 유대인에게 부과되었다. 스테게만과 스테게만, *Jesus Movement*, p.120을 참고하라.

13. 필로, *On the Special Laws* 1. 78.

14. 요세푸스, *The Life* 63.

15. 유대인의 화폐에 대한 정보는 씨어도어 라이나흐, *Jewish Coins* (Chicago: Argonaut, 1966)의 메리 힐 역을 참고하라.

16. 이 주제에 관해서는 벤 위더링턴 3세, *Women in the Ministry of Jesus* (Cambridge: Cambridge University Press, 1984)를 참고하라.

1. 벤 위더링턴 3세, *Women in the Ministry of Jesus* (Cambridge: Cambridge University Press, 1984)를 참고하라.

2. 이 이야기에 대한 자세한 사항은 벤 위더링턴 3세, *The Christology of Jesus* (Minneapolis Fortress, 1990), pp. 101~104를 참고하라.

3. 조세프 크라이처, *Striking New Images: Roman Imperial Coinage and the New Testament* (Sheffield: Sheffield Academic Press, 1996)을 참고하라.

4. 요세푸스, *Jewish Antiquities* 3. 8. 2와 *m. Shequlim* 1:1을 보라.

5. *4Q Ordinances*를 보라.

6. 예를 들어 로마서 13장을 보라. 베드로전서 2장 3~17절도 도움이 될 것이다.

7. 〈마태복음〉 본문에는 이러한 권고가 등장하지 않는다. 이 권고는 말씀을 듣는 자에게 팔 만한 자원이 있는 것을 전제로 한다.

8. *m. Pe'ah* 1:1; *b. Shabbat 156b*; *b. Rosh HaShanah 16b*.

9. 크레이그 에반스, *Luke*, NIBC (Peabody, MA: Hendrickson, 1990), p. 197.

10. 루크 티머시 존슨, *The Gospel of Luke*, SP (Collegeville, MN: Liturgical, 1991), p. 199.

11. 존 던컨 데렛, *Law in the New Testament* (London: Dartan, Longman and Todd, 1970), pp. 48~77을 보라.

12. 조세프 피츠마이어, *The Gospel according to Luke* Ⅹ-ⅩⅩⅣ, AB28 (New York: Doubleday, 1985), pp.1097~1113.

13. 에반스, *Luke*, p. 239.

14. 지혜 문학에 대한 부분을 참고하라, pp. 41~59.

15. Q는 〈마태복음〉과 〈누가복음〉에만 기록되고 〈마가(혹은 요

한)복음〉에는 기록되지 않은 말씀들을 모은 것을 가리키는 약어이다.

16. 존 놀란드, *Luke 9. 21~18. 34*, WBC 35b (Waco, TX: Word, 1993), p. 807.

17. 요세푸스, *Jewish Antiquities* 4. 238을 보라.

18. 시락서를 참고하라.

19. 이에 대해서는 예수님 말씀을 재현한 거드 테이슨, *The Shadow of the Galilean: The Quest for the Historical Jesus in Narrative Form* (Minneapolis: Fortress, 2007)을 참고하라.

20. 아래를 보라, pp. 198~199.

21. 이에 대하여 조세프 피츠마이어 는 누가가 '너희'라는 대명사를 삽입했을 거라고 지적한다. *The Gospel according to Luke I -IX*, AB *28* (New York: Doubleday, 1981), p. 632. 누가가 2인칭 복수 대명사를 즐겨 사용할 뿐만 아니라 이처럼 지혜를 담은 초기 금언들에는 주로 3인칭 대명사가 등장하기 때문이다. 다음 주석도 참고하라.

22. 따라서 본문은 복을 받거나 화를 당한 특정 인물에게 임할 4가지 일을 기록한다. 프레드릭 W. 댕커, *Jesus and the New Age according to St. Luke: A Commentary on the Third Gospel* (St. Louis: Clayton, 1972), p. 142를 참고하라.

23. 요세푸스, *Jewish Antiquities* 20. pp. 180~181, 205~207을 참고하라. 이 모든 본문에 대해서는 벤 위더링턴 3세, *The Gospel of Mark* (Grand Rapids: Eerdmans, 2001), pp. 334~336을 보라.

24. 앞 장의 화폐에 대한 부분을 참고하라, p. 76.

1. 여기 간략하게 소개된 내용들을 보다 자세히 살펴보길 원
   한다면 벤 위더링턴 3세, *Letters and Homilies for Jewish
   Christians: Hebrews, James, Jude* (Downers Grove, IL:
   InterVarsity, 2007)을 참고하라.

2. 전자는 시락서 7장 6~7절, 후자는 35장 10~18절을 참고하라.

3. 레위기 19장 15절 바로 다음 본문에 이웃 사랑에 대한 말씀이
   등장하기 때문에 야고보가 설교 초입에서 〈레위기〉의 이 부
   분 전체를 다루고 있다는 주장도 있다. 루크 티머시 존슨 〈The
   Use of Leviticus 19 in the Letter of James〉, JBL 101 (1982):
   pp. 391~401을 보라.

4. *Didache* 16.2와 이그나티우스, *To Polycarp* 4.2를 비교해라.

5. 반드시 그런 것은 아니다. 중동의 모스크와 예배당에서 한참을
   있다 보면 남루한 옷을 입고 냄새 나는 사람들을 많이 볼 수 있
   다. 그것은 기후 탓이지 그들이 모두 거지이기 때문은 아니다.

6. 이는 에드워드 저지의 주장이다. *New Documents Illustrating
   Early Christianity*, vol. 1, *A Review of the Greek inscriptions
   and Papyri Published in 1976*, ed. G. H. R. Horsley (Sydney:
   Macquarrie University Press, 1981), p. 111. 같은 페이지에
   SEG 1683에서 발췌한 비문을 번역한 내용이 기록되어 있다.
   다음은 그 일부이다. "유대인들의 회당은 스트라톤의 딸 타티
   온을 예우하여 … 금관을 씌우고 높은 자리에 앉게 했다." 이
   는 타티온이 회당에 필요한 식량을 일부 대주었기 때문이다.
   야고보도 이와 비슷한 상황을 묘사했을 거라는 예측이 충분히
   가능하다.

7. 루크 티머시 존슨, *Letter of James*, AB 37A (New York:
   Doubleday, 1995), pp. 222~223.

8. 참조. 70인역 시편 12:4, 24:16, 32:13, 68:17.

9. 그렇기는 하지만, 결과적으로 가난한 자들이 부자들보다 더 많

은 물질 혹은 더 부요한 믿음을 가졌는지는 언급되지 않았다. 야고보는 아무런 비교도 하지 않았다. 여기서 언급된 '나라'는 미래에 속한 것이 분명하다. 그것은 하나님을 사랑하는 자들에게 주신 약속이되 아직 실현되지 않은 약속이다.

10. 엘사 타메즈, *The Scandalous Message of James: Faith without Works Is Dead* (New York: Crossroad, 1990), pp. 44~45.

11. 알프레드 플러머, *St. James and St. Jude* (London: Hodder and Stoughton, 1891), p. 125. 이탤릭체 추가

12. 존슨, *Letter of James*, p. 239.

13. 피터 데이빗, *The Epistle of James: A Commentary on the Greek Text*, NIGTC (Grand Rapids: Eerdmans, 1982), p. 122.

14. J. B. 메이어, *The Epistle of St. James*, 3rd ed. (London: MacMillan, 1910), p. 154. 헬라어를 음역했음.

15. 유딧서 16장 17절을 보라.

16. 존슨, *Letter of James*, p. 301. 본문에서 이 말은 심하게 냉소적이거나 아이러니한 의미를 지닌다.

17. 윌리엄 W. 브로센드, *James and Jude*, NCBC (Cambridge: Cambridge University Press, 2004), p. 134.

CHAPTER 06
〈누가복음〉과 〈사도행전〉이 말하는 부와 가난

1. 벤 위더링턴 3세, 〈Appendix2: Salvation and Health in Christian Antiquity〉, *The Acts of the Apostles* (Grands Rapids: Eerdmans, 1988), pp. 821~843를 참고하라.

2. 벤 위더링턴 3세, *Women in the Earliest Churches* (Cambridge: Cambridge University Press, 1988), pp. 128~129의 논의를 참고하라.

3. 주어진 헬라어 신약성경의 누가복음 4장 18~19절은 히브리어 구약성경 본문보다 70인역 본문과 더 많이 일치한다.

4. p.73을 참고하라.

5. 대부분의 학자는 예수님이 주후 30년에 처형당하셨다고 믿는다. 네 번째 복음서를 살펴보면 예수님의 사역이 분명히 1년 이상 지속된 것이 분명하다. 따라서 예수님이 유대력 중 매우 적절한 시기에 이 본문을 인용하셨다고 보는 것이 타당하다. 하워드 마샬, *The Gospel of Luke: Commentary on the Greek Text*, NIGTC (Grand Rapids: Eerdmans; Exeter: Paternoster, 1978), pp. 184~185를 참고하라.

6. 더 자세한 사항은 벤 위더링턴 3세, *Jesus the Seer* (Peabody, MA: Hendrickson, 1999)를 참고하라.

7. 존 놀란드, *Luke 1:9~20*, WBC 35a (Waco, TX: Word, 1989), p. 201.

8. *b. Qiddushin* 72a-b를 보라. 유대인들은 아브라함의 품이 천국에서 가장 영광스러운 자리라고 생각한다.

9. 일부 학자들은 사도행전 2장 42~27절을 쿰란 사본과 비교하여 도움을 얻을 수 있었다(1QS V, 1~3; IX, 3~11; CDIX, 1~15를 보라). 그러나 참된 형제애나 우정이 아닌 종교적 순수성을 유지하고 죄를 피하는 것이 주목적이었다.

10. 이 구절이 참된 친구는 모든 것을 공유한다는 그리스 로마 시대의 통념을 상기시킨다는 사실이 사뭇 흥미롭다(플라톤, *Republic* 449C; *Critias* 110C-D; 아리스토텔레스, *Nicomachean Ethics* 1168B; 필로, *On the Life of Abraham* 235를 보라). 누가는 그러한 통념이 익숙했던 데오빌로에게 그리스도인들이 참으로 이상적인 우정을 나누고 있음을 알려 이 공동체의 후원자가 되어주기를 바랐는지도 모른다.

11. 이에 대하여 더 많은 정보를 얻고 싶다면 위더링턴, *Acts of*

the Apostles, pp. 204~9를 참고하라. 이 구절 또한 데오빌로의 마음을 움직였을 것이다.

12. 과부의 두 렙돈에 대한 설명을 참고하라, p. 77.

13. 후스토 곤잘레스, *Faith and Wealth: A History of Early Christian Ideas on the Origin, Significance, and Use of Money* (Eugene, OR: Wipf and Stock, 1990), p. 82.

1. 더 자세한 사항이나 참고 문헌을 원한다면 벤 위더링턴 3세, *Grace in Galatia* (Grand Rapids: Eerdmans, 1998), pp. 417~438를 참고하라.

2. J. G. 스트렐런, 〈Burden-Bearing and the Law of Christ: A Re-examination of Galatians 6.2〉, *JBL* 94 (1975): pp. 266~276.

3. 존 블라이, *Galatians: A Study of Paul's Epistle* (London: St. Paul, 1969), p. 486.

4. 래리 W. 허테이도, 〈The Jerusalem Collection and the Book of Galatians〉 *JSNT* 5 (1979): pp. 46~62. 이 마지막 권고는 갈라디아서 2장 10절에 근거한 것일 수 있다. 바울이 2장 10절에서 그 문제를 그렇게 대충 언급하고 넘어간 것이 좀 이상하기 때문이다. 6장 2절과 3절이 '가르'(gar, 왜냐하면)라는 말로 연결되어 있다는 사실로 인해 스트렐런의 주장이 더 설득력을 얻게 된다. 그 말이 아예 불필요한 표현이 아닌 이상 "짐을 서로 지라"와 "…된 줄로 생각하면" 사이에 어떤 관계가 있을 거라고 가정하지 않을 수 없다. 스트렐런은 바울이 교만함에 사로잡혀 자기보다 낮은 지위의 사람과 경제적 짐을 공유하는 것을 훼방하는 사람을 염두에 두고 기록했을 거라고 주장한다. "그가 얼마나 중요한 인물인지 혹은 자신이 얼마나 중요하

다고 느끼는지는 중요하지 않다. 어쨌든 그는 주님 안에서, 그리고 주님을 위해 하는 일을 공유하는 책임으로부터 벗어날수 없다"(스트렐런, "Burden-Bearing," 271). 6장 5절과 6절도 연결되어 있다. 즉, 6절이 5절의 내용을 제한해준다. 그리스도인들은 각자의 경제적 짐을 감당해야 한다. 그러나 많은 시간을들여 형제를 가르치는 일에 헌신하는 자를 후원해야 할 의무도 있다. 이것은 바울이 6장 6절에서 예수님의 말씀을 염두에두었으리라는 의견을 토대로 한 것이다(아래를 참조하라).

5. 시락서 13장 2절을 보라. 느헤미아 5장 18절과 비교해보라.

6. 리차드 헤이즈, 〈Christology and Ethics in Galatians: The Law of Christ〉, *CBQ* 49 (1987): pp. 268~290 중 p. 280. 그는 로마서 15장 1~9절에 대해서도 이와 비슷한 주장을 한다.

7. 고대에는 자연스럽게 여겨졌던 자기 자랑과 바울이 이러한 관습에 대하여 어떻게 다루고 있는가는 벤 위더링턴 3세, *Conflict and Community in Corinth* (Grand Rapids: Eerdmans, 1994), pp. 432~437을 참고하라. 이 논의의 핵심은 다음과 같다: (1)자기 자랑은 수사학자들이나 철학자들처럼 당시 유명한 선생들의 특징이었다. (2)자신의 진짜 업적을 자랑하는 것은 용인되었다. 그러나 사실보다 부풀려 말하는 것은 오만하다고 여겨졌다(키케로, *On Invention* 1.16.22를 보라). (3)로마에서 이러한 관습이 얼마나 일반화되어 있었고또 중요하게 여겨졌는지는 바울과 거의 동시대 사람인 플루타르크의 〈*On Inoffensive Self-Praise*〉라는 논문을 참고하라. (4)바울은 고린도후서 10~13장에서 볼 수 있는 것처럼 이러한 관습을 매우 반어적으로 사용하는 경향이 있었다. 에드워드 저지, 〈Paul's Boasting in Relation to Contemporary Professional Practice〉, *ABR* 16 (1968): pp. 37~48와 포브스, 〈Comparison, Self Praise and Irony〉, *NTS* 32 (1986): 1~30

을 참고하라.

8. 참조. 크세노폰, *Memorabilia* 3. 13. 6.

9. 제임스 던, *The Epistle to the Galatians* (Peabody, MA: Hendrickson, 1993), p. 326.

10. 여기서 그들이 전한 말씀("the word")은 그리스도의 메시지, 즉 예수 그리스도의 이야기가 중심이 된 구원의 메시지라는 사실에 주목하라.

11. 참조. 아리스토텔레스, *Rhetoric* 3.3.4; 플라톤, *Phaedrus* 260D; 욥 4:8; 잠 22:8; 렘 12:13; 시락서 7:3; *Testament of Levi* 13. 6.

12. 이는 데살로니가전서 4장 11절("조용히 자기 일을 하고 너희 손으로 일하기를 힘쓰라 이는 외인에 대하여 … 아무 궁핍함이 없게 하려 함이라)과 5장 14절(게으른 자들을 권계하며), 데살로니가후서 3장 10절(누구든지 일하기 싫어하거든 먹지도 말게 하라)에 상세히 기록되어 있다.

13. 창세기 1장 2절에 대해 *Genesis Rabbah* 2. 2를 참고하라.

14. 런던 지하철역의 뮤지션들처럼, 웅변가들은 청중이 돈을 모아주리라는 전제하에 포럼이나 아고라에서 즉흥적인 강연을 하였다. 이 자체는 후원이 아니었으며 티켓을 사서 강연을 들으러 오데온에 가는 것도 후원으로 여기지 않았다.

15. 〈고린도전서〉에 대한 자료를 더 원한다면 위더링턴의 *Conflict and Community*를 참고하라.

16. 참조. 세네카, *Epistle* 108; 에픽테투스, *Dissertations* 3. 13. 7; 마르크스 아우렐리우스, *To Himself* 6. 16; 요세푸스 *Jewish Antiquities* 12. 294; 2마카비 5:15; 4마카비 6. 28.

17. 주후 44년 에베소에 있던 흥미로운 비문을 *New Documents Illustrating Early Christianity*(Vol. 4, *A Review of the Greek Inscriptions and Papyri Published in* 1979 ed. 호슬리 〔Sydney:

Macquarrie University Press, 1987), p. 169)에서 찾을 수 있다. 비문에는 경매로 성직을 매각한 총독 파울루스 파비우스 페르시쿠스 등 신앙을 이용하여 개인의 경제적 이익, '포리스모스'(porismos, 이 어휘는 신약에서 본문 디모데전서 6장 5~6절에만 사용되었다)를 창출하려는 자들에 대한 비난이 기록되어 있다. 이 당시에 신앙을 이익의 방도로 여기는 악한 행위가 에베소에서 문제시되었음이 분명하다.

18. 솔로몬의 지혜서 7:6; 세네카, *Epistle* 102. 25를 참고하라.

19. 참조. 아리스토텔레스, *Politics* 1336A는 첫 번째 의미로, *Metaphysics* 1043A는 두 번째 의미로 사용하였다. 이 또한 격언이다(참조. 시락서 29:21; 플루타르크, *Dinner of Seven Sages* 12).

20. 크레이그 블룸버그, *Neither Poverty nor Riches* (Downers Grove, IL: Intervarsity, 1999), p. 230.

21. 참조. 예를 들어 RSV 성경에는 뿌리(root) 앞에 정관사 'the'를 넣어 "money is the root…"라고 잘못 번역되어 있다.

22. 참조. 필로, *On the Decalogue 5*, 173; *On the Special Laws* 1. 121; *On the Contemplative Life 39*.

23. 디오게네스 라에르티오스, *Lives of Eminent Philosopher* 6. 50에 인용; 참조. 스토베우스, *Eclogues 3*; *Testament of Judah* 19. 1; 디도루스 시쿨루스, 21. 1; 필로, *On the Special Laws 4*. 65.

24. 디오 크리소스톰, *Oration* 54. 1.

25. 〈디모데전서〉의 이 본문을 연구하기에 앞서 지혜 문학의 수사법을 염두에 둘 필요가 있다. 지혜 문학은 주로 다채롭거나 기억하기 쉬운 비유적 언어를 통해 일반적인 원칙이나 진리를 전한다. 그리고 보다 구체적인 종교적, 사회적 배경을 상정하여 그에 적합한 특정 격언을 제시한다. 때로는 과장된

언어를 사용하기도 한다. 예를 들어, 본문의 격언도 "돈을 사랑함이 모든 악의 뿌리가 되나니"로 번역할 수도 있다. 만일 이 번역에 큰 문제가 없고 당연히 그것이 뿌리라는 말을 강조하기 위한 것이라면, 무언가를 극적으로 강조하거나 관심을 끄는 것, 독자들에게 강한 공감을 심어주는 것이 과장의 기능이라는 사실을 지적하기 위함이다. 물론 이 경우에는 탐욕을 피하도록 권고하는 것이 그 목적이다. 이렇듯 논쟁을 불러일으킬 만한 격언들은 문자 그대로 해석하면 안 된다.

26. 2마카비 14:34; 필로, *Against Flaccus* 121; *On the Virtues* 57; 요세푸스, *Jewish Antiquities* 4. 40도 참고하라.

27. 요세푸스, *Jewish War* 5. 380.

28. 세네카, *Natural Questions* 3, 서문 p. 14; 참조. 아테나고라스, *Embassy for the Christians* 13. 2; *1 Clement* 29. 1.

29. 참조. 요세푸스, *Jewish War* 2. 8. 4.

30. 요세푸스, *Jewish Antiquities* 6. 262; 필로, *On the Embassy to Gaius* 352.

31. 필로, *On the Life of Moses* 2. 234; *On the Contemplative Life* 33; *Against Flaccus* 89.

32. 존 크리소스톰, *Homily 8 on 1Timothy*.

33. 제임스 헐리, *Man and Woman in Biblical Perspective* (Downers Grove, IL: InterVarsity, 1981), p. 199. 그의 박사학위 논문에서 폭넓은 자료들을 찾아볼 수 있다. *Man and Woman in Corinth* (PhD diss., Cambridge University, 1973). 존 퍼시, *Roman Women* (London: Bodley Head, 1962)를 참고하라.

34. *Testament of Reuben* 5. 5; 참조. 쥬베날, *Satire* 6; 플루타르크, *Moralia* 141E.

35. 아리스토텔레스, *Nicomachean Ethics* 3. 10~12를 보라.

CHAPTER 08
**밧모섬의 요한,
상인들과
미스터 666을
위한 뉴스 속보**

1. 타키투스, *Annals* 4. pp. 55~56을 보라.

2. 조지 엘리엇의 소설. 물질만을 좇아 외롭게 살던 주인공이 인간미를 되찾게 된다는 내용으로 인과응보의 교훈을 담고 있는 작품이다.

3. 넬슨 크레이빌, *Imperial Cult and Commerce in John's Apocalypse* (Sheffield: Sheffield Academic Press, 1996).

4. 자세한 사항은 벤 위더링턴 3세, *Revelation* (Cambridge: Cambridge University Press, 2003)을 참고하라.

5. 비단 미국에서만 일어나는 일은 아니다. 독일이나 유럽, 아시아 각처에서도 이런 일들을 목격할 수 있다. 예를 들어 독일에서는 수백만 명의 터키인이 육체 노동을 하는 최하층민으로 살고 있다. 이제는 그렇게 낮은 임금으로 육체 노동을 하려는 독일인이 없기 때문이다. 점점 늘어나는 터키인들을 독일 시민으로 인정하는 문제가 제기된다면 분명 거센 항의가 터져 나올 것이다.

CHAPTER 09
**신약성경이
말하는
돈, 청지기적 삶, 구제**

1. 손드라 윌러, *Wealth and Peril as Obligation* (Grand Rapids: Eerdmans, 1995), p. 122.

2. *Ibid.*, pp. 129~132.

3. *Ibid.*, pp. 133~134.

4. *Ibid.*, pp. 139~140.

5. 크레이그 블룸버그, *Neither Poverty nor Riches* (Downers Grove, IL: InterVarsity, 1999), p. 244.

6. *Ibid.*, p. 245.

7. 아리스토텔레스, *Nicomachean Ethics* 4. 1. 19.

8. 벤 위더링턴 3세, *Philemon, Colossians, and Ephesians* (Grand Rapids: Eerdmans, 2007).

9. 이 부분에 대해서는 그리스도인의 노동과 쉼, 놀이를 다룬 속편
   에서 더 자세히 다룰 예정이다.

1. 나는 지금 노동에 대한 성경의 가르침을 주제로 새로운 책을 집
   필 중이다.

부록 1
**그리스도인들이
가지고 있는
돈에 대한
10가지 근거
없는 믿음**